KB148456

시간의 정체

시간의 정체 : 데자뷔 · 인과론 · 양자론

발행일 초판1쇄 2019년 3월 15일 • **지은이** 군지 페기오-유키오 • **옮긴이** 박철은
펴낸이 유재건 • **펴낸곳** (주)그린비출판사 • **주소** 서울시 마포구 와우산로 180, 4층
전화 02-702-2717 • **이메일** editor@greenbee.co.kr • **신고번호** 제2017-000094호

ISBN 978-89-7682-461-5 93100
이 도서의 국립중앙도서관 출판예정도서목록(CIP)은 서지정보유통지원시스템 홈페이지(http://seoji.nl.go.kr)와 국가자료공동목록시스템(http://www.nl.go.kr/kolisnet)에서 이용하실 수 있습니다.(CIP제어번호: CIP2019007928)

철학이 있는 삶 **그린비출판사** www.greenbee.co.kr

시간의 정체

데자뷔 · 인과론 · 양자론

군지 페기오-유키오 지음
박철은 옮김

그린비

한국어판 서문

졸저 『시간의 정체』를 한국어로 번역, 한국의 독자 여러분들께 소개하게 되어 대단히 기쁩니다. 이 책의 주제는 시간의 비실재성을 주장한 맥태거트의 시간론을 해체하여 타입적이고 집합적인 시간과, 토큰적이고 원소적인 시간의 상호작용으로서 시간을 구상하는 것입니다. 결과적으로 시간은 완료와 예기를 구별하면서 혼동하고, 기지(旣知)와 미지(未知)를 공립시키는 동세를 가지게 됩니다.

기지와 미지의 구별이 있기 때문에 아직 체험되지 않은 미래와 이미 체험된 과거가 구별되고 시간이 흐른다고 느낍니다. 양자가 혼동될 때 시간은 성립하지 않고 우리가 살고 있는 시간도 사라져 버릴 것 같은 느낌이 듭니다. 이런 한에서 기지와 미지의 공립 같은 것은 있을 수 없는 일 같습니다. 그렇지만 우리는 데자뷔나 자메뷔를 체험합니다. 그것은 한편으로는 기지이고, 다른 한편으로는 미지인 체험의 존재를 의미합니다. 즉 타입적이고 집합적인 시간과 토큰적이고 원소적인 시간의 상호작용은 데자뷔나 자메뷔를 포함한 시간론입니다.

데자뷔나 자메뷔는 특수한 사례는 아닙니다. 예를 들어 당신이 시야 한구석으로 보이는 검은 그림자를 고양이인지 개인지 분명하지 않지만 뭔가 동물이 드러누워 있는 모습이라고 생각한다고 합시다. 이때 동물로서 기지이고 그 세목(개인지 고양이인지)으로서 미지인 셈입니다. 여기서 기지와 미지가 공립하지만 동물이라는 큰 범주와 그 세목인 개나 고양이라는 기지와 미지는, 분류 층위를 달리하는 곳에서 공립하기 때문에 층위의 혼동과 같은 어떤 종류의 혼란 같은 것은 없다고 생각하기 십상입니다. 그렇지만 그렇지 않습니다. 실은 검은 그림자를 동물이라고 생각하고 있는 것 자체가 틀렸고, 그것은 맨홀 뚜껑이었습니다. 맨홀 뚜껑이므로 동물과는 다른 범주임을, 즉 세목을 앎으로서 범주를 알게 됩니다. 층위의 차이를 담보하고 기지와 미지의 공립에 있어 혼란이 없다고 생각하는 것은 논리적으로 나중에 덧붙인 것에 지나지 않습니다. 데자뷔나 자메뷔와 마찬가지로 기지와 미지는 인지의 일상 도처에서 구별과 혼동을 계기(繼起)하고 있습니다.

구별과 혼동이야말로 '지금-여기'를 만들어 내고 시간을 자아냅니다. 그러나 그것은 시간에 한정되지는 않습니다. 우리들 각자의 세계는 도처에서 구별과 혼동을 띠고, 현실과 접하는 무류한 '세계'일 수 없습니다. 현실과 '세계'의 조정이 '세계'의 가장자리에서만 행해지고 무류한 '세계'가 존재하는 일은 있을 수 없습니다. 현실은 우리들 한 사람 한 사람의 세계의 미세한 점, 국소 한 군데 한 군데에 침윤하여 '세계'의 성립을 방해합니다. 그러나 바로 그렇기 때문에 해체된 세계는 시간을 자아내는 것입니다. 그것은 우리가 세계 내에 있고 행위하는, 내부관측자임의 귀결입니다. 마르쿠스 가브리엘이 지적하듯이 많은 포스트모던 철학은 이 점이 불명확했습니다. 구별과 혼동을 도처에서 띠는 추상으로서만 포스트모던 철학은 현실 세계와 갖는 접속을 전회하고 과학과 갖는 접속을 발견합니다.

번역은 고베대학 시절 대학원생이었던 박철은 씨가 수고해 주셨습니다. 그가 저를 발견하지 않았다면 이 번역은 도저히 성립하지 않았을 것입니다. 여기에 사의를 표합니다.

2018년 8월

군지 페기오-유키오

차례

| 일러두기 |

1 이 책은 郡司ペギオ-幸夫, 『時間の正体: デジャブ · 因果論 · 量子論』, 講談社, 2008을 완역한 것이다.
2 단행본·정기간행물의 제목에는 겹낫표(『 』)를, 논문 제목에는 홑낫표(「 」)를 사용했다.
3 외국어 고유명사는 2002년에 국립국어원에서 펴낸 외래어표기법을 따라 표기하되, 관례가 굳어서 쓰이는 것들은 관례를 따랐다.

시간의 정체

1장 _ 왜 시간인가

당돌하지만 우선 이렇게 말해 보자. 유체이탈과 경제는 같은 문제이다. 단, 여기서 말하는 유체이탈이란 어떤 지각 체험이지, 유체가 실재할 필요는 없는 현상이다. 그런데 유체이탈과 경제를 공통의 문제계로서 이해할 때, 여기서 무대와 배우의 관계와 같이 계층을 구별하면서도 혼동하는 양의성을 확인할 수 있다. 다양한 개체가 배치되고 개체를 지정하기 위한 토대가 되는 무대와, 무대라는 토대를 얻음으로써 개체성을 주장하고 행위하는 배우는 논리적 층위와 차원이 다른 개념의 은유이다. 이 둘을 구별하는 것은 인식이나 존재를 말하기 위한 첫 번째 전제라고 생각할 수 있다. 그렇지만 양자는 철저하게 구별되고 분리되면서도 매우 간단하게 혼동된다.

우선 유체이탈과 경제가 어떠한 의미에서 같은 문제인지 기술해 보자. 이것들의 본질적 성격이 가장 부각되는 개념이자 현상인 장치가 바로 시간이다. 유체이탈이라는 감각을 가질 수 있는 '나'와 과잉하게 운동하고 과잉하게 정체하며 항상 운동 그 자체를 실체화함으로써 새로운 가치를 계속 만들어 내는 경제활동은 모두 '현재-과거-미래로 분절되면서 흘러

간다'는 형태를 갖고 또 이 형태가 해체되면서 파지되는, 실로 그러한 '시간'에서 이해된다.

1. 유체이탈

2007년 여름, 권위 있는 국제 과학지 『사이언스』에 뜻밖에도 유체이탈을 체험하는 실험 논문이 게재되었다. 원문에서는 유체이탈(out of body) 체험, 유체(entity), 영체라는 오컬트적인 단어나 개념은 등장하지 않는다. 그러나 그 논문에서 문제로 삼고 있는 현상은 틀림없이 유체이탈이었다. 자신의 신체감각이 자기 신체가 아니라 어딘가 떨어진 장소, 예컨대 '거기'에 있다는 감각이 지각된다고 한다.

논문의 내용은 이러하다. 헤드마운티드 디스플레이(head mounted display)라는 안경 모양의 디스플레이를 쓴다. 이것은 오른쪽 눈과 왼쪽 눈에 각기 다른 영상을 비추기 때문에 좌우 눈의 시차(視差)를 이용해 입체적 시야로 볼 수 있게 한다. 투영되는 영상은 피험자 자신의 실시간(real time) 뒷모습이다. 즉, 두 대의 카메라로 자신의 배후를 촬영한다. 그리고 등을 봉으로 건드린다. 피험자는 바로 지금 보고 있는 등이 만져지는 순간에 자신의 등이 만져지고 있다고 느낀다. 실험이 잘 되면 뒤에서 보고 있는 그 모습이 바로 자신이라고 느낀다. '여기에 있는' 나의 신체가 저기에 있다고 지각되는 것이다.

나는 연구실에서 실제로 논문과 같은 장치를 준비하여 같은 실험을 해보았다. 나는 엄폐, 밀폐되도록 머리부터 코트를 뒤집어쓰고 임의의 타이밍에서 몸을 흔들며 대학원생에게 손이나 봉으로 등을 건드리게 하면서 내 등의 영상을 바라보았다. 내가 의도하는 타이밍에서 흔들리는 '이'

신체, 전혀 규칙을 발견할 수 없는 접촉에서 느끼는 등의 '이' 감촉은 확실히 눈앞의 저기에 있어서 내가 저기에 있다고 지각된다고 할 수 있을 듯했다. 그러나 결과는 기대한 만큼 흥미롭지는 않았고 자신과는 무관계한 무언가를 방관자처럼 들여다보고 있다는 감각밖에 떠오르지 않았다. 이 실험 환경은 보이는 대상으로서의 내 존재방식에만 주의를 집중하고 있다. 대상으로서 '여기'에 있는 나를 눈앞의 '저기'에서 지각하는 장치가 실험 환경의 전부이다. 역으로 지각하는 주체인 나에 관해서는 아무런 눈에 띄는 장치도 없다. 지각하는 나는 이 신체를 갖고 세계 속 특정 장소를 점하는 개체이다. 여기에는 이 한정적 상황에서 관찰자인 '내'가 빠져나갈 수 있는 설정은 전혀 갖추어져 있지 않다.

필시 유체이탈을 느끼기 위해서는 대상으로서의 '나' 이상으로 관찰하는 주체로서 행동하는 '나'의 변화가 중요할 것이다. 내가 개체가 아니라 오히려 세계=나인 듯한 감각, 대상과 관찰자의 분리를 무효로 하는 어떤 종류의 초월적인 '나'가 필요한 것이다. 그러한 초월적 감각에 의해 대상인 나를 세계의 일부로서 포함하고 또한 지각하는 새로운 지각양식이 나타나며, 그런 한에서 부유하는 느낌이나 이탈하는 느낌이 생길지도 모른다. 어린 시절 감기에 걸려 열에 들뜨게 되면 자신의 얼굴이나 입술, 신체가 제한 없이 크게 부풀어 올라 세계 속에 자신이 있는 것인지, 자신 속에 세계가 있는 것인지 분명하지 않게 되는 경험을 자주 했었다. 그러한 주체의 팽창=세계라는 감각과 유체이탈하는 감각은 밀접하게 묶여 있으리라고 생각된다.

우리는 일상적으로 어느 정도는 유체이탈에 가까운 감각을 경험하고 있을 것이다. 나는 잠을 험하게 자서 가끔 머리와 발의 방향이 완전히 반대가 된다. 보통 나보다 먼저 일어나는 가족은 기상하면서 내 머리 위에 있는 텔레비전의 스위치를 켠다. 잠이 덜 깨 몽롱한 상태의 나에게 머리 쪽에서 들려오는 텔레비전 소리는 자명종 대신인 셈이다. 머리와 발이 역전되어 있으면 어떻게 될까? 보통과는 반대로 발 쪽에서 텔레비전 소리가 들리게 된다. 이때 아직 각성하고 있지 않은 나는 자신의 자세가 역전되어 있다고는 전혀 생각하지 못한다. 반대로 자신의 자세가 보통인 채라고 여기고 발 쪽에서 나는 소리를 해석하려고 한다. 그 결과 '텔레비전으로 머리를 향한 나를 발 쪽에서 느끼는 나'가 지각되고 평소대로의 자세인 나를 초월적으로 싸 넣고 지각하는 그러한 감각이 미묘하게 느껴진다. 이 감각은 유체이탈이라고 불리는 것에 꽤 가까울 것이다. 즉 유체이탈이란 '내'가 한정 없이 팽창하는 느낌이 아닐까.

내가 팽창하는 느낌이 유체이탈 시의 느낌이라면 역으로 수축하는 느낌은 무엇일까. 그것은 아마도 가위눌림일 것이다. 가위눌림은 종종 의식은 각성하고 있지만 신체는 각성하고 있지 않은 상황으로 이해된다. 확실히 가위에 눌릴 때는 '내'가 이 신체를 주체 못하고 온전히 다루지 못하며 손이나 발을 움직이려고 해도 전혀 움직일 수 없다. 그것은 이 신체와 등신대일 터인 '내'가 과잉 수축하여 나에게는 너무 큰 신체를 움직일 수 없는 감각으로 해석할 수 있다. 팽창-수축의 쌍에 유체이탈 감각-가위눌림 감각이 대응한다.

유체이탈 감각과 잠이 덜 깨 몽롱한 상태일 때 느끼는 신체감각은 그렇게 다르지는 않다. 우리는 상상력의 세계, 사유의 세계에서 생각하는 대상이 되는 자신이나 이것을 조작하는 초월적 나를 의식할 수 있다. 그러나 이렇게 의식적으로 조작하는 개념과 신체 사이에는 압도적인 차이가 있어서 전자는 상상되고 만들어지는 것이며, 후자는 현전하고 그 존재에 의문이 없는 것으로 생각되기 십상이다. 상상력으로 상정되는 나는 자의적으로 구상할 수 있고 자유롭게 변화하지만 실재하는 나의 신체는 변화할 도리가 없다. 양자 간에서 이러한 결정적인 괴리를 발견하는 한 팽창하는 신체나 수축하는 신체는 이해하기 힘든 현상인 채로 남는다. 당신이 유체 이탈을 체험했다고 하자. 팽창하고 신체와 정합적이지 않은 '나'를 현상으로서 인식했음에도 불구하고 당신이 엄연히 계속 존재하는 '나라는 동일성과 확실성'을 옹호하려 한다고 하자. 이때 당신은 어떻게 대처할 것인가. '나'의 동일성은 이미 신체로 보증되지 않는다. 그럼에도 불구하고 인식의 기저를 이루는 '나'의 확실성을 옹호하고 싶다면 '나'를 영혼이라고 불리는 것으로 회수할 수밖에 없다.

역으로 의식되는 나와 마찬가지로 신체를 포함하는 이 나나 세계와 갖는 관계성으로서 존재하는 '나' 또한 마찬가지로 확실한 것이 아니라 변화가능하다고 인정해도 좋은, 혹은 인정할 수밖에 없는 것은 아닐까. 팽창하고 세계와 융합해 버리는 '나'나 수축하고 순수하게 추상적인 개념이 되는 '나'를 인정하면 나의 동일성을 회수하는 영혼이나 유체라는 장치는 더 이상 필요하지 않다. 단, '나'의 확실성, 인식의 기저에 존재하는 의문 없는 '나'는 동시에 극히 미덥지 않고 취약한 것이 된다. 여기에 있는 것은 괄호가 쳐진 인식의 기저이고 어떤 경우에는 신체로 보증되면서도 실제로는 자유롭게 팽창하고 수축해 버리는 '나'이다.

팽창하고 수축하는 것은 이 맨몸으로서의 육체와 육체가 지각하고 있을 터인 세계가 갖는 관계성이다. 이 관계성이 신체라 불린다. 오히려 통상 육체와 일치한다고 생각되는 신체가 팽창, 수축을 경험함으로써 그 차이가 명백해진다. 물론 나는 신체가 주체에 의해 해석되고 야기되는 것이고 육체는 소여라고 말하고 싶은 것은 아니다. 신체가 인식의 취약한 기저라는 태도를 표명함으로써, 신체가 인식하는 대상인 육체에 그 확실성을 위탁, 가설(假設)하고 있는 데 지나지 않는다. 따라서 '내'가 토대이면서도 불확실하듯이, 육체도 나의 지각세계에서 어떤 종류의 극한이면서 상대적으로 비일정한 것으로 이해된다. '나'의 팽창, 수축에 의해 '나'와 '내'가 인식하는 대상, 또는 '나'와 '나'를 배분하는 세계와 같은 계층성이 현재화(顯在化)한다. 그리고 그 경계가 항상 비일정하며 점선이기 때문에 세계나 대상 중 어느 쪽인 듯 행동하는 '나'는 항상 새로운 변화를 껴안으려고 하는 것이다.

2. 베이비시터 경제학

경제활동의 변동은 경제사회에서 유체이탈이나 가위눌림이 일어남으로써 실현된다. 이 문구를 은유 이상의 것으로서 이해하기 위해 경제활동을 친숙한 예로 이해할 수 있는 우화에서 시작하자. 그것은 경제학자 크루그먼(Paul Krugman)의 에세이에 등장하는 베이비시터 조합의 일화이다. 여기서 크루그먼은 1978년의 「금융이론과 미 의회 베이비시터 협동조합의 대위기」(Monetary Theory and the Great Capitol Hill Baby Sitting Co-op Crisis)라는 논문을 인용하고 1970년대에 실제로 있었던 베이비시터 조합을 소개했다. 대략적인 이야기는 이러하다. (논문의 집필자인) 스위니 부부(Joan Sweeney and Richard Sweeney)는 둘 다 대학의 젊은 교원이었고 밤에는 외출해서 식사나 파티를 즐기고 싶어 했다. 그러나 아이만 집에 두고 갈 수도 없어서 외출할 때는 베이비시터에게 아이를 부탁했는데 이 지출이 꽤 커서 무시할 수 없었다. 비용을 들이지 않고 아이 문제를 해결하고 외출을 즐기려면 어떻게 하면 좋을지 부부는 매일 골머리를 앓았다.

그러던 중에 부부는 친구 부부도 같은 문제를 갖고 있다는 것을 깨달았다. 친구 부부는 둘 다 변호사로, 외출은 하고 싶었지만 쓸데없는 지출은 하고 싶지 않았던 것이다. 그래서 그들은 공동으로 베이비시터 협동조합을 설립했다. 한가할 때는 다른 조합원의 아이를 맡고 조합이 발행한 쿠폰을 받는 반면 자신들이 외출할 때는 이 쿠폰을 사용해서 다른 조합원이 아이를 돌보도록 하는 구조였다. 이 시스템은 잘 운용될 것 같았지만 실제로는 금세 기능하지 않게 되었다. 두 부부 다 일단 충분한 쿠폰을 모아 놓으려고 생각해 버렸기 때문이다. 서로 상대 부부의 아이를 돌보려고 외출을 자제했다. 결과적으로 누구도 아이를 맡을 필요가 없고 누구도 아이를 맡을 수 없는 것이다.

스위니 부부의 베이비시터 협동조합은 쿠폰을 대량 발행해서 위기를 극복했다. 일단 쿠폰을 남아돌게 만들어서 조합원은 잉여 쿠폰을 갖고는 안심하고 외출할 수 있었다. 크루그먼은 쿠폰을 나라가 발행하는 통화로 치환했다. 화폐가 모자라 경제가 정체했을 때는 일단 화폐를 대량 발행하면 된다는 낙관적인 태도가 의외로 잘 먹힌다는 것이 바로 크루그먼의 주장이다.

크루그먼의 주장은 그렇다 치고 베이비시터 조합의 일화는 경제활동의 기본을 보여 주는 이야기로서 잘 만들어졌다고 생각한다. 쿠폰을 손에 넣는 활동이야말로 경제활동이고 그것은 '내' 욕망의 구현화이기 때문이다. 그리고 베이비시터 조합의 파탄이야말로 '나'의 비일정성에서 기원하는 현상일 것이다. '내'가 다음 주 금요일에 있을 파티에 참석하고 싶다고 하자. 그때는 확실히 아이를 누군가에게 맡기고 싶다. 그래서 그때 사용할 쿠폰을 얻기 위해 오늘 누군가의 아이를 돌봐주기로 한다. 이 시점에서 '나'는 다음 주 금요일까지를 포함하는 '나'라 생각해도 좋을 것이다. 그렇지만 잘 생각해 보면 다음 주 토요일은 마침 표를 손에 넣은 영화 시사회 날이다. 본래 가지 않을 작정이었지만 베이비시터 쿠폰이 있다면 이것도 가보고 싶다. 영화 시사회도 포함해서 쿠폰을 원하는 '나'는 다음 주 토요일까지를 포함하는 '나'로 팽창한다. 여기서 나는 또 생각한다. 영화 시사회는 돌발적인 사건이었다. 이것과 마찬가지로 언제 또 돌연 부득이하게 외출하게 될 사태가 생겨날지 알 수 없다. 이러한 불의의 사태에 대비해 쿠폰을 더 보유할 필요가 있지 않을까? 이리하여 불의의 사태까지 고려하는 '나'는 어떤 유한한 미래까지만 포함하는 나임에도 불구하고 점선의 '나', 무한정한 '나'로서 발견된다.

그렇다. 욕망을 규정하는 '나'는 한정 없이 팽창한다. 그 무한정성이 바로 과잉한 불안을 낳는 원천이다. 일단 점선이 된 '나'의 경계는 더욱더 많이 쿠폰을 원하여 결코 채워지지 않는다. 이 불안은 아무리 쿠폰을 뿌려도 해소할 수 없는 사태일 것이다. 즉, 나는 크루그먼과는 역으로 베이비시터 조합이 주는 교훈이란 경제활동에서 제한 없는 불안이 불가역적이라는 것, 동시에 제한 없는 기대감과 자신감이 불가역적이라는 것이라고 생각한다. 그 불안과 기대는 본질적으로 내재적 '나'의 비일정성에서 기인하고 경제활동이 '나'의 욕망에 기초를 두는 이상 피할 수 없는 것이다. '나'의 비일정성, 점선성은 과잉한 불안이나 과잉한 기대에서 발견되는 것이 아니라 오히려 '내' 팽창의 근거이기 때문이다.

이야기는 베이비시터 조합의 우화에 머무르지 않는다. 경제활동은 일반적으로 '내'가 팽창·수축 가능하도록 그 경계를 점선으로 함으로써 가능한 것이다.

경제적 활동은 물물교환을 기초로 해서 논의된다. 주체는 어떤 종류의 상인(商人)으로 상정되고 각 상인은 유한 종류, 유한 개의 상품을 소유한다. 상인은 자신이 바라는 상품을 일람표로 작성하는데 이것이 바로 '나'의 욕망이 된다. 다른 상인과 만나면 상인은 상품을 교환한다. 이것이 물물교환에 해당할 것이다. 상품 교환은 각각의 상인이 상대의 상품군 내에서 자신이 바라는 상품을 발견함으로써 성립한다. 이것은 간단한 조건은 아니다. 두 사람의 상인이 모두 자신의 욕망을 성취해야만 하기 때문이다. 이것은 경제학에서 욕망의 이중적 일치(double coincidence of wants)의 문제라 불린다.

욕망의 이중적 일치의 문제를 완화하지 않으면 물물교환조차 성립하지 않는다. 이것을 완화하는 장치가 바로 팽창·수축 가능한 '나'이다. '나'의 욕망이 나에 한정될 때 상대의 몇 개 되지 않는 상품군에서 그것을 발견하기는 아무래도 어려울 것이다. 지금 눈앞에 있는 상대가 갖고 있는 상품이 남자인 나와는 무관한 여성용 가방이나 지갑이라고 가정하면 상황을 잘 이해할 수 있을 것이다. 그러나 여기서 내가 가족의 욕망까지 염두에 둔다면 가방이나 지갑도 욕망의 범주에 들어온다. 이때 '나'는 가족으로까지 확장된 집합적 내가 된다. '나'는 더욱 확장할 수 있다. 동네 주민의 욕망, 도시 주민의 욕망 등 '나'는 얼마든지 확장가능하다. 그러므로 나는 '나'로서 타자의 욕망을 대행하고 이를 나의 욕망으로 삼음으로써 교환조건을 완화하고 교환을 실현한다.

베이비시터 조합의 경우 '나'의 욕망은 시간적으로 확장된다. 물물교환할 때의 '나'는 공간적으로 확장된다. 그것은 유체이탈과 마찬가지로 '나'의 확장이다. 그러면 유체이탈과 쌍을 이루는 가위눌림과 같은 현상이 경제활동에도 있을까? 물론 있을 것이다. 욕망의 기초인 '내'가 무제한으로 수축한다는 것은 내가 추상적인 존재가 되어 구체적인 욕망을 규정할 수 없게 되는 것과 같다. 확실히 내가 가위눌림 상태에 빠지면 바라는 상품의 부재 때문에 교환은 실현할 수 없다. 혹은 역으로 욕망의 평가를 잃어버림으로써 동물적인 욕망, 브레이크가 듣지 않는 욕망이 폭주할 것이다. 그것은 근거가 없는 과잉한 자신이자, 과잉한 기대이다. 가위눌림과 폭주는 동전의 앞뒷면이다.

우리는 유체이탈에서 나의 팽창·수축을 발견했고 마찬가지로 경제활동에서도 욕망의 기초인 '나'의 팽창·수축을 발견했다. 유체이탈은 보통 거의 경험할 수 없는 희귀한 체험이다. 그 희소성은 세계와 접점을 이루는 신체의 팽창이 극히 어렵다는 것을 말한다. 이에 비해 경제활동에서 '나'의 팽창은 상인이 일상적으로 행하는 것이다. 상인은 타자의 욕망을 대행해서 어떠한 상품이 수요가 높은지, 이른바 시장성을 끊임없이 살피기 때문이다. 즉, 상인의 '나'는 유체이탈과 같은 이상한 것과는 무관해 보인다.

그러나 상인이 소유하는 '나'는 그 비일정성, 경계의 점선성으로 말미암아 실은 유체이탈과 같은 정도의 내적 난점을 갖는다. 그것이 보통 간과되기 십상인 과잉한 불안, 과잉한 기대이다. '나'의 욕망은 그 경계가 본질적으로 비일정하기 때문에 자유롭게 변경할 수 있다. 경계가 점선이기 때문에 자유롭게 팽창하고 수축한다. 경계의 비일정성이 경계 변경의 근거를 부여할 뿐이라면 문제는 없다. 그렇지만 경계의 비일정성은 적극적으로 경계의 변경을 강제하고 계속해서 이를 강요한다. 그것이 제한 없는 '나'의 팽창, 제한 없는 '나'의 수축이다. 제한이 없음은 운동을 함의한다. 이 운동을 함의하는 나의 심적 상태가 불안이나 기대라는 심적 상태라 생각된다. 즉, 그것은 상태라고 하기에는 의미상 모순을 포함하고 있다. 확정기술의 다발이나 어떤 종류의 양(量)으로서 지정되어야 하는 상태이면서도, 지정되고 확정되는 것을 제한 없이 계속해서 거부하는 운동이야말로 불안이나 기대이기 때문이다.

상인이 갖는 '나'의 욕망이 무제한적 운동, 즉 과잉한 불안이나 과잉한 기대와는 무관계하다면 그것은 확실히 유체이탈이나 가위눌림과 무관계할 것이다. 그러나 무제한적 운동으로서 정위되는 상인의 심적 상태는 무제한적 운동으로서 정위되는 신체(유체이탈이나 가위눌림) 그 자체라 말해도 좋다. 무제한으로 계속 팽창하는 운동이 표현으로서는 유한한 크기를 취하면서 내적으로 운동을 품을 때, 독특한 부유감을 갖는 심적 상태로서 유체이탈감이 나타날 것이기 때문이다.

팽창하고 수축하는 '나'란 무엇인가? 그것은 '지금-여기'이자 현재라 불리는 것은 아닐까? 이러한 의미에서 우리는 시간을 개설(開設)하게 된다.

3. 약속되고, 결제되는 현재

유체이탈이라는 체험은 공간적인 팽창감으로 상정되지만 물론 시간적 체험을 포함한다. 내가 지금, 현재의 순간이라 느끼는 것은 어떤 시간적 두께를 갖는 지속이고 나의 뇌가 동시간면으로 계산해서 만들어 낸 어떤 배치이기 때문이다. 즉, 객관적 시간 축 내에서 선후 관계를 갖는 사건이 채취되고 배치되며 동시간면으로서 개설된다. 이 지속의 두께가 보다 커지고 이전에 본 사건까지 동시성 내에 배치되는 경우는 쉽게 생각할 수 있다.

5분 전까지 밖에서 바라보던 빌딩의 한 방에 지금 내가 있다고 하자. 5분 전에 나의 망막에 비치고 있던 것은 전면 유리가 있는 빌딩이었다. 지금 나의 망막에 비치는 것은 커피잔이 놓인 대리석 테이블이다. 이 5분간이 동시간면을 이룬다고 생각해 보자. 나의 뇌는 전면 유리의 뇌 영상과 테이블이 '지금-여기'를 모순 없이 구성하도록 배치할 것이다. 그 하나의 방법이 테이블을 전면 유리가 설치된 빌딩 내에 겹쳐 그리는 것이다. 이리하여 테이블을 눈앞에서 보는 체험을 부감하는 시점이 나에게 주어진다. 그것은 유체이탈의 시점이다.

이상의 사고실험은 유체이탈의 지각이 과거의 지각 체험을 잘못 배치한 일종의 오류라고 주장하는 셈인데 필시 과거에 정위한다는 점에서 잘못되었을 것이다. 유체이탈 체험은 대부분의 경우 자기 자신을 바라볼 수 있다. 앞의 사고실험의 예로 기술한다면 빌딩의 한 방에서 테이블을 앞에 둔 자기 자신을 눈으로 확인할 수 있어야만 한다. 그것이 과거의 시각 체험 내에서 발견될 것인가. 물론 아득한 이전에 거울을 몇 장 사용해서 자기 자신을 비스듬히 본 영상이 시각체험으로서 존재했을지도 모른다. 그러나 그 영상을 충실하게 재현할 수 있는 것은 아니며 기껏해야 그것을 소재로 해서 자신의 이미지를 만들어 낼 수 있을 뿐이다. 그렇다면 테이블을 앞에 둔 자기 자신의 영상은 과거의 체험이라기보다 오히려 '내'가 만들어 내는 미래라 말하는 쪽이 타당하다. 유체이탈이란 현재를 기점으로 해서 과거로 확장된 현재가 아니라 오히려 미래로 확장된 현재는 아닐까? 그렇게 전회해야 할 것이다.

대학원생 시절, 친구가 눈을 감고 어둠이 사라지도록 집중하면 어둠이 마치 데운 우유의 표면에 만들어진 막을 걷어 내는 것처럼 사라지고 거기에 뚜렷이 뭔가가 보인다고 말을 꺼냈다. 나는 바보 같다고 생각했지만, 몇 번 시도해 보는 동안에 어둠이 사라지고 방구석에서 책상을 향해 있는 자신의 뒷모습을 볼 수 있게 되었다. 때때로 그것은 꽤 선명해서 눈을 감고 있다는 것을 잊을 정도였다. 훗날 마찬가지의 일이 가능하다는 뇌과학자와 만날 수 있었다. 따라서 그것은 훈련에 따라 가능하고 그렇게까지 이상한 체험은 아닐 것이다. 무릇 자고 있을 때는 꿈을 꿀 수 있고 꿈 체험과 그것은 정도가 다른 데 지나지 않다고 생각되기 때문이다.

이 체험은 어둠이 사라지고 뭔가가 보인다고 집중함으로써 뇌가 영상을 만들어 낼 가능성을 시사한다. 자기 자신이 보인다는 점도 시사적이다. 그 점도 유체이탈 체험과 유사하다. 무엇보다 중요한 점은 그것이 뭔가를 보려고 함으로써 만들어진다는 점이다. 그것은 과거의 체험은 아니다. 오히려 미래이며 미래로서 이해됨으로써 소급적으로 이해되는, 결코 떠올릴 수 없는 과거인 것이다.

이 점에 주의해서 다시 한 번 경제활동에 관해 생각해 보자. 베이비시터 조합의 예든, 물물교환의 예든 우리가 살펴본 것은 시간·공간적으로 팽창하고 수축하는 '나'였다. 즉, 그것은 '지금-여기'의 팽창·수축이었다. 여기서 현재가 이미 어떤 폭을 함의함을 생각하면, 그것은 '현재'의 팽창·수축이라 말해도 좋을 것이다.

베이비시터 쿠폰을 원하는 '나'는 확실히 일주일 뒤라는 객관적 미래를 '나'의 현재로 함으로써 욕망을 규정했던 것이다. 객관적 미래를 주관적 현재로 하는 것이 (주관적) 현재의 팽창이었다. 그리고 그것은 스스로에 대한 약정(그러나 이것은 세계-타자에 대한 작용이고, 타자-세계에 대한 약정이기도 하다)이었다. 실제로 일주일 뒤, 쿠폰을 사용해 '나'는 외출할 것이다. 그때 (주관적) 현재는 그 시점으로 축퇴(degeneracy)하고, 쿠폰을 원한 시점은 과거로서 분절되어 현재가 수축됨으로써 약정은 결제된다. 경제활동에서 이 약정, 결제의 연쇄가 바로 시간을 만들어 내는 것은 아닐까? 그 시간이란 (객관적) 미래를 (주관적) 현재가 팽창함으로써 현재화(現在化)하고 그것이 수축함으로써 과거를 낳는 연쇄이다(그림 1-1).

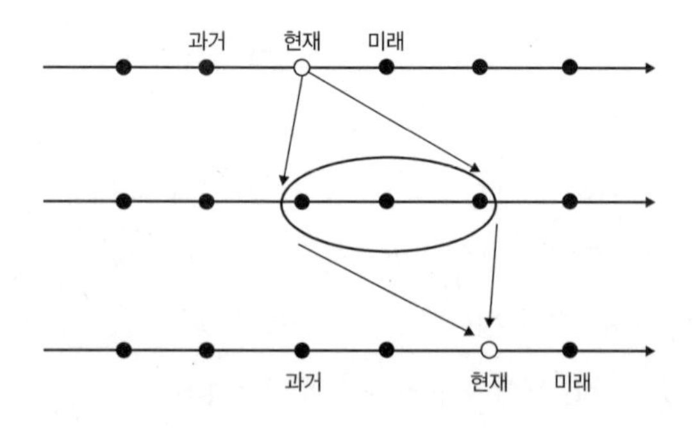

그림 1-1 사건열로서 주어지는 역사에서 팽창·수축을 반복함으로써 진행하는 현재의 이미지

마찬가지의 시간상을 주장하는 세 명의 논자를 언급하고자 한다. 한 사람은 해부학자인 요로 다케시(養老孟司)이다. 요로는 이렇게 지적한다. "수첩에 예정을 적어넣죠. 그것은 그 예정의 시점까지가 그 사람에게 있어서 현재라는 것입니다." 두 번째는 철학자인 우에노 오사무(上野修)이다. 우에노는 의도적 행위를 타자에 대한 약속으로 파악, 의도함으로써 오히려 소급적으로 의지가 개설(開設)된다는 논의를 전개한다. 이것들은 현재가 점이면서도 폭이 있는 영역이라는 양의성을 시사한다. 세 번째는 맥태거트(John M. E. McTaggart)를 깊이 연구하고 있는 이리후지 모토요시(入不二基義)이다. 이리후지의 논의는 지정된 토대(사건의 순서)와 지정하는 배우(현재, 과거, 미래)에게서 확인되는, 어떤 종류의 공범 관계를 맺으면서 양자가 예정조화적 전체를 이루지 않고 어긋남을 계속 은폐하는 구조를 추적한다. 이리후지는 철학자답게 신중하게도 현재의 신축이라는 표현은 하지 않지만 그 의도하는 구조는 극히 가깝다.

우리는 유체이탈이나 경제활동에서 '나'의 팽창·수축을 발견했고 그것이 현재의 팽창·수축이라는 것을 발견했다. 그것은 시간의 문제였던 것이다. 그리고 그 근저에 있는 것은 현재가 갖는, 무한히 수축하는 어떤 원점을 지시하는 극한이면서도 팽창함으로써 폭이 있는 영역, 다른 점을 포섭하는 집합이기도 하다는 양의성이다.

이 책에서 나는 이러한 현재에 기반하는 시간론을 전개하려고 한다. 점이면서 영역이기도 한 현재에 잘 도달하려면, 자칫하면 모호하다고 받아들여질 이 양의성을 회피하면서 논의할 필요가 있다. <그림 1-1>에서도 알아챌 수 있듯이 시간을 논할 때 현재, 과거, 미래를 이야기하면서 현재가 지시하는 역사적 사건을 이야기할 필요가 생긴다. 이때 곧 현재란 관찰자의 위치, 나의 위치를 나타내는 것으로, 원리적으로 일인칭으로서만 있을 수 있음을 이해할 수 있다. 나는 언제까지나 이 현재에 서 있다. 나에게는 현재밖에 허용되지 않는다. 그럼에도 불구하고 조금 전의 현재, 5분 뒤의 현재라는 변화를 확인하려면 현재가 운동하는 토대로서 삼인칭적 역사가 필요하다. 이리하여 시간은 일인칭과 삼인칭이 접속하는 장소로서 개설된다.

이 책은 아래와 같이 구성된다. 다음 2장에서 우선 나는 '나'나 현재를 기점으로 하는 시간의 이미지를 나의 개인적인 데자뷔 체험에서 읽어 내려고 한다. 우리가 데자뷔 체험을 할 수 있다는 것은 우리의 시간에서 본질적이다. 현재가 일인칭이고 내가 현재라는 탈것에 타서 객관적 시간(삼인칭)의 흐름에 몸을 맡기고 있다면, 항상 다가오는 것(미래), 지나쳐 가는 것(과거)의 분절은 실재하는 소여일 것이다. 이때 지금 실제로 일어나고 있는 것을 이미 일어났다고 착각하는 것, 즉 다가오고 있는 것(미래~현재)과 지나쳐 가는 것(과거)을 오해하는 일은 결코 일어나지 않을 것이다. 즉, 데자뷔는 우리의 시간이 일인칭적 시간과 삼인칭적 시간의 접속점에 개설되는 것이기는 하지만 양자의 분리는 통상 의례로서의 의미밖에 가질 수 없다고 예상케 한다.

3장에서는 일인칭적 시간과 삼인칭적 시간을 구별하는 물리학자(양자역학 및 우주론) 마르코풀루(Fotini Markopoulou)의 논의를 소개할 것이다. 이것은 물리학자의 논의임에도 불구하고 관측자의 포섭을 시도한 시간론인데, 내가 여기서 이것을 채택한 것은 오히려 그 구조가 100년 전의 철학자인 맥태거트가 제시한 시간론의 전제와 같기 때문이다. 맥태거트는 삼인칭적 이전, 이후로 규정되는 시간을 B계열, 일인칭적 현재, 과거, 미래를 A계열이라 부른다. 이 책에서는 이 호칭을 일관해서 사용할 것이다. 같은 구조를 채용하면서도 마르코풀루는 이것을 자기충족적인 시공구조의 이론으로 삼았고, 맥태거트는 양자의 상대운동으로서 시간을 논하는 시도는 실패한다고 기술했다. 양자 간 대립의 의미를 해독하기 위해 4장에서는 반대로 A계열, B계열의 대립 이전으로 되돌아가서 A계열, B계열의 쌍에서 출발하는 것이 타당한가를 논한다. 특히 베르그송과 들뢰즈의 논의도 역시 현재를 시간론의 초점에 놓으면서 토대와 그 위를 운동하는 계열이라는 A계열, B계열의 쌍과 같은 구도에 봉착한다는 것을 개관한다. 그리고 베르그송-들뢰즈가 주장하는 시간이 A계열, B계열의 쌍을 탈구축한 운동이라는 것을 조망한다.

이리하여 5장에서 우리는 A계열과 B계열의 상호작용이라는 이미지에 도달한다. 우선 맥태거트가 어떠한 의미에서 A계열, B계열 상호운동의 불가능성을 기술하고 있는지 그 논점을 정리해 둔다. 그다음 B계열과 A계열의 접점인 현재가 접점이기 때문에 점이자 어떤 폭이기도 하다는 양의성을 갖는다고 논한다. 그럼으로써 B계열과 A계열의 상호운동 그 자체에 의해 구동되는 B계열, A계열의 변화가 구축된다. 6장에서는 사건의 계열에 인과론적 결정론과 숙명론의 대립을 도입하고 이것을 엮어 넣은

B, A의 상대운동과 양자론적 구조의 상동성을 논의한다. 이리하여 A계열, B계열의 상호작용에 이인칭적 타자의 침투와 삼출(滲出)이 발견된다.

마지막으로 7장에서는 이상에서 전개한 시간론이 인지과학이나 뇌과학에서 논하는 주관적 시간과 어떻게 타협될 수 있는지 논의한다. 시간의 문제는 이미 단순히 철학적인 관념적 문제는 아니다. 현대 뇌과학이나 인지과학은 주체가 이 세계 속에서 산다는 것은 세계와 스스로를 타협시키는 것임을 명백하게 밝히고 있다. 그것은 세계와 그 표현을 끊임없이 조정(調停)하는 것이고 양자 간에 동기(同期)를 취하는 것이다. 자기 자신의 운동과 그 결과를 지각할 때 뇌는 끊임없이 동기를 만들어 낸다. 때로 시간은 수축하고, 때로 인과 관계는 역전되기조차 한다. 이러한 주관적 시간의 현상이 실험적으로 논증되고 있다. 역으로 말해 동기를 만든다는 것은 바로 '현재'를 끊임없이 만드는 것이다. 이 책에서 전개하는 시간론은 이 현상들을 이해하는 강력한 도구가 될 것이다.

2장 _ 데자뷔와 나무/숲의 가환성

1. 카드 마술의 시간

여기에 트럼프 카드가 6장 있다. 이 중에서 어떤 것이든 좋으니까 한 장을 마음속으로 선택해 보라. 직관적으로 바로 골라서 그 카드를 잘 기억하라. 지금부터 나는 당신이 고른 카드를 지워 보겠다.

당신이 고른 카드를 빼고 현재 카드는 5장이 되었다. 고른 카드를 잘 기억하고 다음 5장을 보라. 당신이 고른 카드는 확실히 없을 것이다.

자, 당신은 이 속임수에 속았는가? 유명한 마술이므로 많은 사람이 알고 있을지도 모른다. 이에 비해 처음 접하는 독자는 놀랄 것이다. 당신이 고른 카드가 확실히 사라졌기 때문이다. 이 원고는 당신이 읽기 훨씬 전에 작성되었기 때문에 나는 당신이 고른 카드를 알아맞히는 작업을 당신이 고르기 훨씬 이전에 한 셈이 된다. 이렇게 생각하면 아무래도 이상하다고 느껴질 것이다. 처음 제시한 6장과 다음에 제시된 5장을 비교해 보자. 그렇다. 같은 카드는 한 장도 없다. 즉, 당신이 고른 카드뿐만 아니라 모든 카드가 바뀐 것이다. 그러므로 처음 제시된 어떤 카드를 고르든 당신이 고른 카드를 없앨 수 있는 것이다.

이 속임수에 걸려들었다는 것은 무엇을 의미할까. 나는 딱히 당신이 고른 카드만을 없앤다고는 말하지 않았다. 그러나 당신은 자신이 고른 카드만 없애고 그 이외의 카드는 그대로 유지된다고 마음대로 생각했다. '당신이 고른 카드를 없앴다'라고 들으면 자신이 고른 카드가 다른 카드와 구별되고 특권화된다고 생각하는 것은 자연스럽다. 이 구별의 믿음 때문에 당신은 자신의 카드만이 선택적으로 제거되었다고 믿어 버린다.

속임수에 걸려드는 사태를 조금 다른 말을 빌려 숲과 나무의 관계로 기술해 보자. 카드 한 장 한 장을 나무, 카드 전체의 인상을 숲이라고 생각해 보자. 숲은 나무를 모은 것이므로 나무의 집단이고 한 그루의 나무는 부분, 숲은 전체이다. 그러나 숲은 나무를 단순히 그러모은 것은 아니며 전체로서 어떤 한 통일적 인상을 이룬다. 숲이라고 간주되는 나무 한 그루 한 그루의 개성은 은폐되고 각각의 나무는 숲의 인상을 성립시키기 위해 쓰인다. 인공의 삼나무 숲이라면 균질감, 원시림이라면 다채로우면서도 음울한 인상을 주는 식으로, 이러한 전체의 인상을 성립시키도록 각각의 나무는 조직화된다. 일면 숲은 나무보다 큰 전체지만 전체를 이루는 한 개념이라는 의미에서는 나무와 숲은 같다. 그러나 물론 같은 하나이지만 나무와 숲은 구체적인 개체와 인상이라는 의미에서 명백하게 다른 개념이다.

앞에서 기술한 카드 마술의 경우, 당신은 자신이 고른 카드를 한 그루의 나무로 간주함과 동시에 고르지 않은 나머지를 일괄해서 숲으로 간주한다. 양자는 같은 한 개념으로서 쌍을 이룸과 동시에 선택된 것, 선택되지 않은 것이라는 대비를 이룬다. 그 대비는 조작 가능하고 움직일 수 있는 대상과 움직이지 않는 배후로 이루어지므로 당신은 고르지 않은 카드는 움직이지 않았고 변경되지도 않았다고 믿어버린다. 다른 한편 마술사인 나의 관점에서 보면 당신이 고른 카드(고를 카드)는 알 도리가 없다. 어떤 한 장과 그 이외의 것이라는 대비는 나에게 존재하지 않는다. 그러므로 6장의 카드는 흩어진 나무의 집단이든, 숲이든 어느 쪽도 가능하고 또 양자택일하는 것이 되어야 한다. 나무와 숲이 공존해서 대비를 이루는 일은 있을 수 없다. 이렇게 해서 나는 모든 카드를 동시에 바꿔 버릴 수 있다.

속임수에 걸려드는 것도, 간파하는 것도, 속임수를 고안하는 것도 인간이다. 속임수에 걸려들 때 나무와 숲은 대상과 배후의 대비를 이루며 공존했다. 다시 말하면 배후가 된 카드군은 나무의 집단이었음에도 불구하고 멋대로 숲으로 규정된 것이다. 이것이 선택된 한 나무와 쌍을 이루는 한 전체, 즉 배후를 만들어 내는 인식 과정이다. 대상과 배후라는 나무와 숲의 대비는 나무 집단이 무의식적으로 숲으로 바뀌짐으로써, 숲과 나무를 혼동함으로써 야기된 것이다. 속임수를 눈치채고 간파하는 경우는 어떠한가. 처음 제시된 카드를 선택할 때 나는 '직관적으로 바로 골라 달라'고 했다. 선택을 머뭇거리면 속임수를 간단하게 눈치채기 때문이다. 당신이 처음 첫 번째 카드를 선택하고 다음으로 그 바로 다음 카드를 골랐다고 하자. 당신은 "당신이 고른 카드는 사라졌습니다" 하고 들은 순간 고른 카드는 확실히 사라져 있지만 고른 다른 카드도 사라져 있음을 눈치챌 것이다. 여기서 모든 카드가 바뀌었다고 눈치채는 것은 순식간이다. 즉, 속임수를 눈치챌 때 고른 카드 한 장의 특권성은 소실되고 어떤 대상과 배후라는 대비가 사라진다. 배후를 만들어 내고 나무가 숲으로 혼동되지 않는다.

어떤 경우에는 숲과 나무가 무의식중에 혼동되고 어떤 경우에는 구별된 채 선택된다. 이 양자 간을 우리는 막힘없이 건너다닌다. 그렇기 때문에 속임수에 걸려들어 마술을 즐기면서 이것을 간파하거나, 나아가서는 마술의 속임수를 고안할 수도 있다. 그러나 같은 이유로 사기에 걸려들거나 미신에 빠질 수 있을 것이다. 물론 사기나 미신을 막기 위해서는 나무와 숲을 구별하고 양자를 부주의하게 혼동하지 않는 주의가 필요하다. 그러나 동시에 나무와 숲의 혼동은 우리 인식의 근저에 있기 때문에 불가피하기도 하다. 어떤 것을 대상으로서 골라내는 것과 그 이외의 것을 배후로서 숲으로 보는 것은 독립적이지 않다. 고른 것 이외의 것을 적극적으로 무색화하고 숲으로 간주함으로써 선택된 것이 대상화된다. 전경과 배경의 상보성이 나무와 숲의 혼동을 불가피한 것으로 만든다. 또한 나무와 숲의 혼동은 나무 또한 나무를 구성하는 다양한 원소인 잎이나 가지, 줄기 등으로 이루어진 숲이라는 점에서도 불가피할 것이다. 절대적인 나무나 절대적인 숲이 있는 것이 아니라 나무는 어떠한 숲이고 숲은 보다 메타적인 숲의 나무이다. 여기에는 나무와 숲의 제한 없는 계층성이 있다. 이상의 두 가지, 즉 상보성과 계층성으로 인해 나무와 숲을 혼동하는 것은 우리 인식의 깊은 곳에서 간취할 수 있다.

만약 절대적인 나무와 숲이 실재하고 양자가 항상 구별되어서 그 혼동이 단적으로 오류라 한다면 속임수에 걸려들거나, 이것을 눈치챘다는 일련의 사건은 일어나지 않을 것임에 틀림없다. 이 일련의 사건은 나무와 숲의 혼동과 구별 모두 가능하기 때문에 비로소 일어나기 때문이다. 즉, 나무와 숲의 혼동과 구별이 어떤 사건을 발생시키고 소멸시킨다. 이것은 시간의 단위를 하나 셈하는 과정, 그 반복을 의미하는 시계와 같은 것이 아닐까? 즉 이 속임수의 논의에서 시간 단위의 기원이나 단위의 지정을 반복하는 기원에 관해 중요한 논점이 시사된다. 시간의 기원을 일견 소박한 시계의 기원에서 구했다고 해도 단위의 셈을 일방적으로 부여받는 것이 아니라, 그 기원을 논하려고 한다면 우리는 단위 그 자체에 내재하는 순서를 생각하고, 운동의 지향성이 잠재하는 반복 단위를 생각하게 될 것이다. 그 생성되는 반복에서 출발해서 시간을 이해할 때 나무와 숲의 구별과 혼동이 본질적 역할을 하는 것은 아닐까? 그것이 속임수가 시사하는, 시간을 이해하는 열쇠이다.

2. 아직 절반, 이미 절반

행동경제학자 길로비치(Thomas Gilovich)는 잘못된 믿음으로 인해 인간이 얼마나 그릇된 판단에 빠지는지, 속임수에 걸려드는지를 논했다. 잘못된 믿음의 최소 모델(minimal model)로서 인지의 원리적 성격을 파악하려는 것이다. 예컨대 사회적으로도 경제적으로도 성공한 유명인을 채택하여 그 인물과 자신이 바뀌었다고 상상해 본다. 많은 사람이 처음에는 유명인과 교체되는 것을 우선 환영한다. 여기서 성공의 등급을 조금 내린 유명인을 상정하고 다시 교체 가능성을 생각한다. 이것을 순차적으로 행할 때 사람은 아주 조금 등급을 내린 것만으로 타자와 교체되기를 주저한다고 한다. 객관적으로 보는 한 상정한 유명인은 그 사람보다 훨씬 성공한

그림 2-1 잘못된 믿음에 기인한 불합리한 판단

사람임에도 불구하고 말이다. 그 이유로서 길로비치는 기본재산효과(the endowment effect)를 들었다. 경제적 교환을 할 때 소유한 것을 손에서 놓을 때, 소유자가 느끼는 가치는 이것을 받아들이는 타자가 느끼는 가치보다 훨씬 크다. 이것이 기본재산효과이다. 유명인과 교체될 경우, '내'가 바로 소유물이라는 것이다. 이렇게 길로비치는 다양한 비합리적 판단의 예를 들고 그 이유로서 인지가 갖는 어떤 종류의 경향성을 논했다.

길로비치의 예는 텔레비전의 상업 광고에도 등장했다. 이것도 잘못된 믿음에 의한 그릇된 판단의 예이다. 그것은 다음과 같다(그림 2-1).

• 가게 주인이 "이 급료의 2할을 저금하도록" 하고 말하면 청년은 "무리다"라고 답했다.

• 그러나 주인이 "이 급료의 8할로 생활하도록 해" 하고 바꿔 말하면 왜인지 청년은 "그래 보겠다"라고 답했다.

• (그리고 화면에) 사람은 잘못된 믿음 때문에 사실을 정확히 파악하

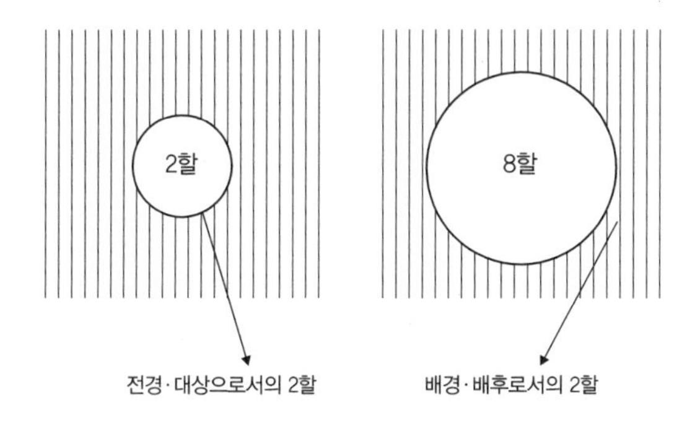

그림 2-2　의식되는 2할과 배경으로 물러나는 2할

지 않는 경우가 있다(라는 문장이 출현한다).

여기서도 논점은 제멋대로 갖는 잘못된 믿음과 근거 없이 그것에 따르는 우리의 경향성에 있다. 그러나 나는 여기서 확인되는 청년의 믿음도 역시 나무와 숲의 구별과 혼동에서 기인한다고 생각한다.

'이 급료의 2할'이라고 들었을 때, 2할은 바로 대상화되고 나무가 된다. 명령받은 2할은 구체적 개체로서 의식되고 거기에는 전혀 모호함이 없다. 그러므로 청년은 2할을 명확하게 의식하고 그 금액의 크기에 벌벌 떨며, '무리다'라고 답했다. 이에 비해 '8할로 생활하도록 해'라고 들었을 때 8할이 대상화되고 2할은 숲이 되어 배경으로 물러난다. 따라서 2할의 윤곽은 모호해지고 그는 그 금액의 크기를 파악하지 못하고 노력해 보겠다고 대답하는 것이다(그림 2-2).

같은 2할이면서 나무로서의 2할과 숲으로서의 2할은 청년의 의사결정에서 커다란 차이를 갖는다. 역으로 말하면 그러한 차이를 야기하는 것에서 알 수 있듯이, 숲과 나무는 명확하게 다른 것이다. 그런데도 무의식적으로 혼동되고 나무가 숲으로 바뀌어도 청년은 눈치채지 못한다. 그러므로 심리학자는 이러한 바꿔치기를 의식적인 태도 변경, 관점의 변경(리프레이밍reframing이라 불린다)으로 간주함으로써 오히려 비관적인 판단에서 낙관적인 판단으로 변경할 수 있다고 설명한다. 물론 어떤 층위로 의식적으로 관점을 변경할 수는 있을 것이다. 그러나 나는 나무로 보느냐 숲으로 보느냐는 그렇게 손쉽게 분리해서 다룰 수 있는 것은 아니며, 본질적인 양의성이 인식의 보다 원리적인 수준까지 파고 들어와 있다고 생각한다. 오히려 나무와 숲을 구별한 찰나 어쩔 수 없이 혼동하게 되고 혼동에서 기인하는 논리적 혼란을 회피하기 위해 다시 다른 차원에서 나무와 숲의 구별을 필요로 한다. 바로 이 반복이 시간을 만들어 내고 시계를 움직이게 하는 것은 아닐까?

청년의 우화에서 중요한 것은 다음과 같다. '무리다'라는 판단은 그 시점에서 행동을 완료시켜 버리고 현재에서 단숨에 과거로 전이한다. 다른 한편 '그래 보겠다'는 행동이 미래로 향하고 있다. 즉, 현재에서 미래로 전이한다. 나무로서 명확한 윤곽을 가진 것으로 시점이 이동할 때 과거가 만들어지고 숲이라는 모호한 것으로 시점이 옮겨질 때 미래가 만들어진다. 이 쌍(set)이 시간의 단위를 생성한다. 물론 이 대비는 아직 소박한 유비에 지나지 않는다. 그러나 청년의 우화는 그러한 직관을 우리에게 준다.

나는 시간론에 관한 구상을 2005~2006년 즈음 여러 번 발표할 기회가 있었다. 그 당시 긴키대학 요쓰야 아트스튜디움 주최로 '시간의 형체'라 이름 붙인 심포지움이 있었다. 토론자 중 한 사람으로서 참가한 내가 나무와 숲의 구별과 혼동, 그것과 시간의 관계를 시사하고 2할-8할의 이야기를 끄집어냈다. 토론자의 한 사람인 마쓰우라 히사오(松浦寿夫)는 "그 이야기는 잘 알겠다. 옛날 산토리에 위스키를 절반 남긴 병의 포스터가 있었는데, 왼쪽에는 '이미 절반', 오른쪽에는 '아직 절반'이라 적혀 있었다.

어디에 주목하는가가 시제(時制)에 관여하고 시간은 시제를 어떻게 만드는가(이미 절반, 아직 절반)에 관여한다"고 답했다. '이미 절반, 아직 절반'은 2할-8할의 우화보다 더욱 직관적으로 시제에 관여한다. 이미는 완료, 과거를 의미하고 아직은 미래를 의미하기 때문이다. 그러므로 이것을 나무와 숲의 관점에서 봐 두기로 하자.

'이미 절반'도, '아직 절반'도 절반만큼 위스키가 든 병을 앞에 두고 하는 말이다. 그러므로 양자는 모두 남은 위스키(나무)와 위스키를 마셔서 출현한 공허한 공간-배후(숲)의 대립을 앞에 두고 발화된다. 병 속 나무와 숲의 대립은 동시에 병과 외부의 관계, 즉 절반만큼 위스키를 남긴 구체적인 병(나무)과 그것이 나에게 끼치는 기능(숲)의 대립이다. 기능은 항상 구조의 외측을 향해 열린, 비일정성을 노리는 개념 장치이므로 숲에 대응한다. 남은 위스키와 빈 공간은 확실히 대상과 배후의 관계를 이룬다. 그러나 전술한 2할-8할의 우화와 달리 대상과 배후가 이루는 전체가 병이라는 명확한 윤곽으로 둘러싸여 있다. 그렇기 때문에 병속의 나무와 숲이 이루는 전체=절반만큼 남은 병이 새로운 나무로서 그 외부의 숲과 갖는 대립관계를 두드러지게 한다.

이중의 나무와 숲이 그렇게 대립한 채로 있을 때, '이미 절반'에서는 당초 이미 없어진 위스키로 발화하는 자=나의 무게 중심이 이동한다. '이미 절반, 마셔 버렸다'에서는 마셔 버려 존재하지 않는 위스키로 눈길을 주게 된다. 그러나 아무것도 없는 공간이 개체로서 의식되는 것은 공간에 경계가 생기고 개체화되었기 때문이라는 역설이 여기에 있다. 그러므로 숲에서 나무로 전도한다. 그것은 병 속 절반의 공허한 공간(숲)에서 절반만큼 위스키가 남은 병(나무)으로 전도하는 것이다. 절반만큼 위스키가 남은 병이라는 전체를 개체화하고 거기에 정위하는 것은 병 전체의 외

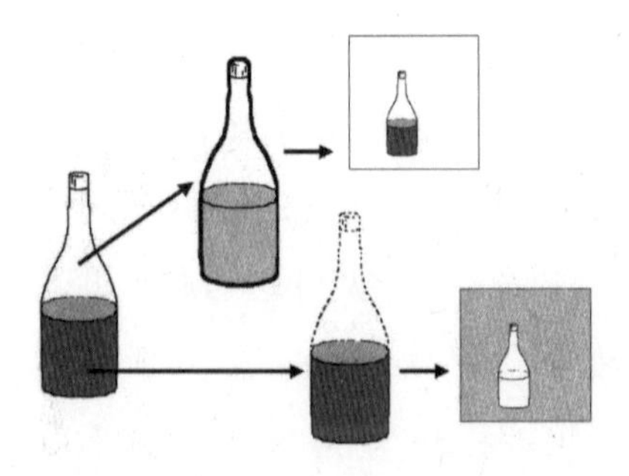

그림 2-3 '이미 절반, 아직 절반'이 담지하는 나무(명시적 대상)와 숲(배후 전체)의 지정과 나무, 숲의 전도

부를 부정적(否定的)으로 지시하는 것이기도 하다. 그러므로 병 전체에 대한 개체화는 병 전체가 나에게 미치는 기능이나 그 비일정성을 제거하고 윤곽을 가진 구체적 개체로서 병과 나의 관계를 결정화(結晶化)한다(그림 2-3 위쪽 화살표 계열). 즉, 이미 바뀔 수 없이 지나간 과거로서 병과 나의 관계가 성립한다. 이리하여 '이미 절반'은 병 속의 숲에서, 균열을 갖는 병과 그 외부의 관계 전체를 오히려 나무(절반만큼 위스키가 남은 병)로 봄으로써 완료, 과거를 생성한다. '아직 절반'의 경우 사태는 완전히 반대로 진행한다. 우선 병 속의 숲과 나무의 대립에서 남아 있는 위스키로 시점이 이동한다. (아직) 이렇게 남아 있다는 감각은 남아 있는 위스키에만 눈길을 주고 있기 때문이다. 병 속의 위스키는 호박색의 덩어리로서 인식되어 그 자체가 명확한 윤곽을 갖고, 아무것도 없는 공간까지 경계 짓는 유리병의 존재 따위는 필요로 하지 않는다. 즉, 유리병으로 경계가 설정된 병을 무효로 한다. 위스키 그 자체에 정위함으로써 역설적으로 병 전체라는 나무가 무효가 되고 병의 외부라는 숲으로 전도한다(그림 2-3 아래 화살표 계열). 이리하여 (아직) '절반 남아 있다'는 병 속의 공허한 공간이 아니

라 남은 구체적인 위스키로 시점을 옮김으로써 역설적으로 절반 위스키가 남은 병의 열려진 외부=숲으로서 균열이 있는 나무와 숲의 대립 도식을 보게 된다. 나는 '아직 절반'으로 숲을 지향하고 그럼으로써 행위하는 미래를 생성한다.

'이미 절반, 아직 절반'에서 나무와 숲의 구별과 혼동이 이미라는 완료, 과거나 아직이라는 미래를 만들어 낸다. 이때 나는 나무와 숲의 대립에서 '내'가 숲을 봄으로써 나무로 전도하여 과거가 생성되며, 나무를 봄으로써 숲으로 전도하여 미래가 생성된다고 논했다. 이 전도에 나무와 숲 사이의 상보성과 계층성, 양자가 본질적 역할을 했다. 확실히 적어도 시제에 숲과 나무의 구별과 혼동이 깊게 관련된다. 그러나 '이미, 아직'은 기억된 사건의 계열에 수식되는 인상에 지나지 않는다. 해석에 지나지 않는다. 과연 이 연장선상에 내가 느낀 시간 감각(주관적 시간)이나 과거나 미래, 현재의 생성까지도 위치하게 될까? 그래서 다음 절에서는 우선 기억의 착오나 오해에 관해 간단한 사고실험을 시도하여 주관적 시간을 논하기 위한 실마리로 삼기로 했다.

3. 전경을 본다, 배경을 봤다

나무와 숲의 양의성, 불가분성은 우리 인지의 심부까지 파고들어 와 있다. 이것은 우리가 인식하는 대상이 객관적으로 실재하는 것이 아니라 주관적으로 '있는 것'으로서 보인다는 점에서도 명백하다. 앞 절 말미에서 '이미, 아직'은 사건의 계열 즉 역사에 대한 인상에 지나지 않는다고 기술했지만, 인식이란 무릇 거기에 있는 실재와 주관적 해석이 분리하기 어려운 형태로 성립하는 어떤 과정(process)이다. 그렇다면 이미 거기에 있는 실

그림 2-4 얼룩 패턴에서 발견되는 사자

재물이라 불리는 것조차 상대적인 실재에 지나지 않고, 그것도 역시 거기에 있는 실재와 주관적 해석의 혼합물은 아닌가? 그렇다고 한다면 해석 이전의 것으로 상정되는 사건의 계열, 역사라 하는 것도 이미 어떠한 해석과 무관하지는 않을 것이다. 그렇다면 단순한 인상, 해석이라 생각되는 '이미, 아직'의 감각과 사건의 순서, 계열로서 시간을 인식하는 것 사이는 소박하게 상정할 만큼 떨어져 있지도 않을 것이다.

여기서 <그림 2-4>와 같은 얼룩상의 패턴 A와 B를 생각해 보자. 얼룩의 단편에는 밝고 어두운 두 종류가 있는데 A와 B는 명암의 분포가 서로 다르다. 단, 각각의 얼룩 형태와 그 분포 패턴은 A, B 모두 같다. 그런데 B에서는 갈기를 기른 수사자의 상반신이 보인다. 패턴이 같으므로 일단 사자가 보이면 A에서도 사자를 발견할 수 있을 것이다. 역시 얼룩은 나무, 사자는 숲이다. 단순한 나무의 집단이 어느 때에는 숲으로 인식된다. 역으로 말하면 부여된 도형을 나무의 집단으로 보는가, 숲으로 보는가는 본래 양의적이지 시각이 어느 한쪽으로 결정되지는 않는다는 것이다. 게다가 이 양의성에 대해 우리가 자유롭게 멋대로 어느 쪽을 선택할 수 있는 것도 아니다. 사자는 돌연 출현한다. 역으로 일단 B를 염두에 두고 사자가 보였

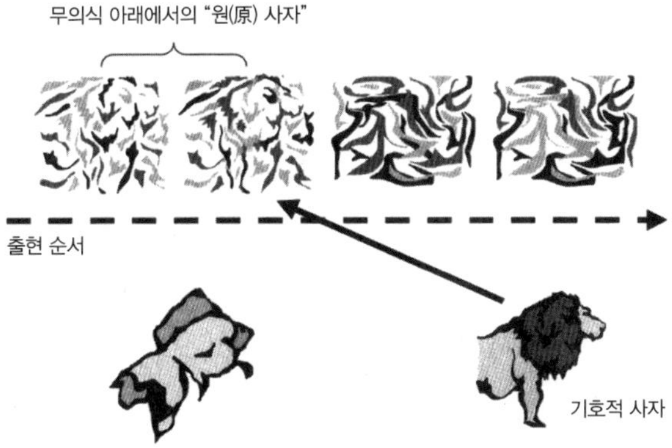

무의식 아래에서의 "원(原) 사자"

출현 순서

기호적 사자

그림 2-5　기호적 사자와 원(原)사자. 사자는 언제 본 것인가.

다면 A에서도 사자를 발견하기 쉬워지고 오히려 사자 이미지와 독립적으로 A를 단순한 얼룩의 분포로 볼 수 있게 된다.

이 양의성 때문에 '보고 있었다'라는 기억은 본질적으로 모호해지는 것은 아닐까? 패턴 A나 B와 같은 전경을 이전부터 몇 번이나 봤지만 사자라고는 깨닫지 못했다고 하자. 하지만 당신은 어느 순간, '뭐야, 사자였어' 하고 깨닫는다. 그러면 '사자다' 하고 깨달았을 때 그때까지 깨닫지 못한 채 있었던 체험은 어떠한 기억으로서 처리되는 것일까?

여기서 <그림 2-5>와 같은 실험을 상정해 보자. 시계(視界)에는 상단에 제시했듯이 부정형(不定形)의 얼룩 패턴이 투영되었다고 하자. 이것을 배경으로 해서 때때로 하단에 제시한 보다 구체적인 기호적 도형이 비춰진다고 하자. 예시했듯이 금붕어나 사자를 의미하는 그림문자가 주어진다. 그런데 상단의 얼룩 패턴에서 처음 두 장은 명암의 분포가 다를 뿐으로 <그림 2-4>의 A나 B와 같은 패턴이다. 뒤이은 두 장의 얼룩 패턴은 의미가 없는 패턴이다. 이 순서는 제시되는 시(時)계열을 의미하고 점선 화

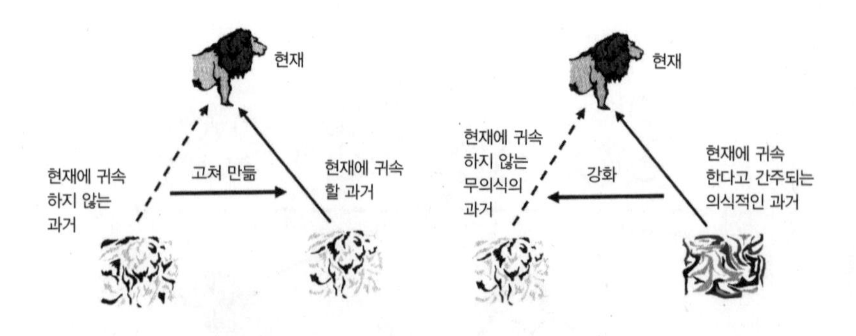

그림 2-6 갑자기 제시된 기호적 사자에 대한 반응. 두 가지 예. 좌측의 예에서는 '사자를 보고 있었던 거야'라고 생각함으로써 얼룩 패턴의 기억을 사자가 되도록 고쳐 만들고 있다. 우측의 예에서는 기호적 사자에 도달한 얼룩 체험의 위화감이 역으로 무의식중에 보고 있던 패턴 그 자체를 강화하고 무의식의 과거를 강화한다.

살표의 시간에 따라 금붕어나 사자의 그림문자가 겹쳐 표시된다고 하자. 즉, 사자로 보이는 얼룩을 배경으로 할 때 단시간 동안 금붕어가 보이고, 의미가 없는 얼룩 패턴의 배경이 이어질 때 단시간 동안 사자가 보인다. 이 기호적 사자는 이전에 배경으로서 비춰지고 있던 패턴의 일부를 명확하게 남기고 불필요한 얼룩을 제거해서 얻은 패턴이다. 따라서 기호적 사자는 말하자면 얼룩으로서(얼룩으로서의 사자를 여기서는 원原사자라 부르자) 이미 보던 것이지만 얼룩은 얼룩이었으므로 결코 사자로서는 보지 않았다.

기호적 사자가 출현했을 때 얼룩으로서 보던 기억은 어떻게 될 것인가? 크게 나눠 두 가지 경우를 생각할 수 있다. 이전에 희미하게 보고 있던 얼룩이 실은 사자였음을 깨닫고 기억을 변경하는 경우와 그렇지 않은 경우이다. 이 양극단 사이에 다양한 파생적 중간 형태가 있을 것이다. 두 개의 예에 관해 생각해 보자(그림 2-6). '실은 사자였던 거야'라고 생각할 때 이전에 보던 얼룩이 의미가 없는 패턴이었던 것이 아니라 사자였다고 변경되는 셈이다. 실은 사자였던 얼룩과 대면하고 있었을 터인 과거, 그것이 기호적 사자와 대면한 현재에 이르는 참된 과거가 된다. 그러나 설령 얼룩이 사자였다고 해도 그것을 의미없는 패턴으로서 보고 있던 나의 과거가 사라지지는 않는다. 현재에 이르는 과거는 아닌, 현재에 귀속하지 않는 과거로서 나의 실제 경험은 처리된다. 이리하여 현재에 귀속하는 "옳은 과거"와 현재에 귀속되지 않는 과거가 공존한다(그림 2-6 좌측). 그러나 이 공립은 약하고, 짐짓 고쳐 만들어진 현재에 귀속되는 과거는 압도적으로 우세하다. 기껏해야 '과거에 사자였다고는 깨닫지 못했다'라는 느낌이 드는 데 지나지 않고 두 계열의 공존이라는 어긋남이 의식에 떠오르지는 않는다. 우리는 이러한 '착각'이나 '잘못된 기억'을 종종 알아채는 경험을 한다.

기호적 사자를 제시해도 이전에 본 얼룩 패턴과 관련성이 있음을 눈치채지 못하는 경우를 생각해 보자. 단, 의식적으로는 눈치채지 못하지만 무의식적으로 원사자의 기억이 있고, 기호적 사자로 대치했을 때 본 적 있는 것인지 본 적 없는 것인지 분명하지 않은 감각을 갖는 그러한 경우를 상정하자. 이 경우 의식적·무의식적 기억이 경합하지 않기 때문에 원사자의 기억은 변경되지 않고 보존될 수 있을 것이다. 의식적인 경험 시간은 의미가 없는 패턴 경험에서 기호적 사자 경험으로 이행하는 것으로 기억된다. 이것에 무의식적인 원사자 기억이 공존하고 있다. 이 상황을 <그림 2-6> 우측에 나타내 보자. 한쪽이 의식적, 다른 한쪽이 무의식적이기 때문에 <그림 2-6> 좌측과 같은 '사자였구나'라는 깨달음이 없기 때문에 기호적 사자와 원사자는 공존한다. 내가 '사자'를 본 것은 언제일까? 기호적 사자를 보고 있는 현재인가, 원사자를 본 (듯한) 과거인가? 결정 불가능한가?

<그림 2-6> 우측과 같은 상황은 뇌과학으로 해석할 수 있다. 눈으로

들어온 시각 정보는 뇌에서는 처음 1차 시각영역이라 불리는 후두부로 전달된다. 이것은 말하자면 망막이 처리한 화상 그 자체이다. 이것이 언어영역으로 전송되어 화상 전체에 관해 어떤 개념, 언어가 부여되고 기호적 사자='사자를 알고 있는 자가 이해하고 있는 사자 일반'으로 인식된다. 1차 시각영역의 정보는 금방 사라지지 않아 얼룩 패턴인 원사자는 여기서 보존된다. 단, 기호적 사자의 생성에 의해 원사자는 무효가 된다. 반대로 기호적 사자의 생성이 어떤 원인으로 약해지면 1차 시각영역에 보존된 원사자가 직접 의식에 떠오를 수도 있다. 서번트 증후군이라 불리는 증상을 가진 사람들 중에는 이렇게 해서 1차 시각영역의 정보를 직접 꺼내 그것을 그림으로 표현할 수 있는 경우가 있다. 그 그림들은 흡사 사진과 같이 정확하고 리얼하다. 보다 정도는 약하다 해도 언어적 사자와 원사자의 공립은 원리적으로 가능한 것이다.

실재로 <그림 2-6> 우측과 같은 상황에서 의식적인 현재의 언어적 사자와 무의식 아래 과거의 원사자를 모순 없이 인식하려고 하면 '지금 보고 있는 사자를 과거에 본 듯한 느낌이 든다'라는 감각이 만들어지는 것은 아닐까? 그것은 데자뷔라 불리는 시간에 관한 착오감이다. 얼룩(나무의 집단)과 사자(숲)라는 양의성은 단순히 상술한 사자 도형에 머물지 않고, 정도의 차이는 있지만 우리의 인식에 보편적으로 나타나는 성격이다. 이 양의성을 보다 명시적으로 제시할 때 원사자와 기호적 사자의 양의성이 나타나고, 이 공립에 의해 두 종류의 과거가 공존할 수 있으며 거기서부터 데자뷔와 같은 주관적인 시간의 변질이 야기된다. 우리는 시간을 논하기 위해 그러한 데자뷔로 보조선을 그은 것이다. 이 보조선에 주의를 기울이면서 다음 절에서는 나의 개인적 데자뷔 체험에 관해 생각해 보기로 하자.

4. 데자뷔 체험

데자뷔란 처음 본 광경인데도 이미 본 것처럼 느껴지는 어떤 감각을 말하는 것으로 기시감(既視感)이라 번역된다. 일반적으로는 시각에 한정되지 않고 첫 체험인데도 이미 경험한 듯이 느끼는 감각을 데자뷔라 하는 듯하다. 데자뷔를 어떤 신비주의적 현상 — 예컨대 전생 체험 등 — 으로 오해하는 사람도 있고, 역사적으로는 그렇게 다룬 적도 있었다. 그러나 데자뷔는 결코 그러한 것이 아니며 보통 누구에게나 일어나는 시간에 관한 착오감이다. 최근에는 데자뷔에 관한 연구서도 나와 있다.[1] 잘못된 기억이나 건망(健忘)은 누구에게나 빈번히 일어날 것이다. 데자뷔도 결코 그것과 무관하지 않으며 뇌내 현상으로서 그 연장선상에 있음이 틀림없다. 실제로 데자뷔는 인지과학에서,

데자뷔 = 기억 없음 + 친근감 있음

이라는 구도로 이해되고 있다.[2] 여기서 무언가를 생각해 내는 뇌내 과정은 기억 내용과 그것에 대한 의미(어떤 종류의 그리움, 친근감)의 쌍으로서 이해되고 있다. 보통은 확실히 자신이 경험한 기억을, 그리움을 동반해 불러내는 것을 상기한다고 한다. 문제는 기억과 그 의미가 어느 정도

---

1) A. S. Brown, *The Déjà vu Experience: Essays in Cognitive Psychology*, New York: Psychology Press, 2004.

2) P. Gloor, "Experimental Phenomena of Temporal Lobe Epilepsy: Facts and Hypotheses", *Brain*, 113, 1990, pp.1673~1694; P. Gloor, *The Temporal Lobe and Limbic System*, New York: Oxford University Press, 1997.

독립적으로 조작된다는 점에 있다. 그러므로 양자의 부조화(mismatch)가 있을 수 있고, 첫 체험인데도 어딘가 그리운 데자뷔가 일어난다는 것이다. 기억과 의미의 독립성으로 인해 당연히 '기억 있음+친근감 없음'이라는 조합도 가능하고 실제로 이러한 현상도 알려져 있다. 그것은 몇 번이나 경험한 것인데도 처음이라고 느끼는 현상으로 자메뷔(jamais vu)라 불린다.

기억과 친근감의 부조화라는 구도를 그대로 유지하면서 신경과학적으로는 다양한 설명이 시도되고 있다. 예컨대 데자뷔는 측두엽 간질의 전조 현상이라고도 이해된다.[3] 실제로 우측두엽 간질 환자의 편도체나 해마라 불리는 뇌 부위를 자극하면 데자뷔를 유발한다고 알려져 있다. 또한 신경 전달 속도가 가속되면, 대상의 지각에 친밀감을 부여하는 데 오작동이 생긴다는 약 100년 전의 가설이 최근의 뇌과학 연구에 의해 뒷받침되고 있다. 버넘(W. H. Burnham)은 개인의 에네르기 레벨이 신경 전달 속도에 영향을 주고 선행하는 경험없음(무경험) 상태에 지각의 완화가 일어나서 그 결과 데자뷔가 일어난다고 생각했다.[4] 뇌가 과잉된 휴식 상태에 있다면 대상의 지각을 받아들이기 쉬워진다. 받아들이는 정도란 미지인가 기지인가의 정도이고 그 정도는 친밀감으로 측정된다는 것이다. 뇌가 활동 상태에 있을 때에는 친밀감이 강한 기지의 대상밖에 받아들일 수 없다. 역으로 뇌가 휴식 상태에 있을 때에는 친밀감이 약한 미지의 대상도 친밀감이 있는 대상으로 받아들일 수 있다. 그것이 데자뷔라고 설명되는 것이다.

---

3) 深尾憲二郎,「死のまなざしとしてのデジャビュ」,『講座生命』97(2), 1997, 111~147頁.
4) W. H. Burnham, "Memory, Historically and Experimentally Considered. III. Paramnesia", *American Journal of Psychology*, 2, 1889, pp.431~464.

이것에 비해 샥터(Daniel Schacter)는 아드레날린이 빠르게 방출되면 각성 수준이 급격하게 올라가서 시간 감각도 가속되고 그 결과 친밀감이 과장된 주관적 감각이 만들어져 데자뷔를 야기한다고 생각했다. 이것이 버넘의 가설을 어떤 의미에서 뒷받침하고 있다. 우측두엽에 장애를 가진 간질 환자의 우대뇌 반구에서 발생하는 전기적 동요가 전조적 발작을 일으켜 시간적 지연을 발생시키고 데자뷔를 야기한다고 알려져 있어 위의 이론을 뒷받침한다고 생각되고 있다.

나의 개인적 데자뷔 체험에 비추어 생각해 보면, 감각으로서 단순히 잘못된 기억과는 달리 독특한 부유감을 동반한다. 단순한 건망으로 이전에 본 적이 있음에도 불구하고 그 체험을 잊어버려서 '처음 봤다' 하고 느낄 때 이 부유감은 없다. 건망의 경우 확실히 그 대상을 이전에 봤던 적이 없는지 그렇지 않은지, 기억을 불러일으켜 상세하게 따져 보기 위해 그 대상에 의식을 집중할 수 있다. 그러나 데자뷔의 경우 보고 있는 대상 그 자체에 의식을 집중하려고 해도 대상과 대상을 보고 있는 나의 행위 사이가 모호하고 어딘가를 선택하여 의식을 집중시키기 곤란하다고 느껴진다. 대상에 정위하는 것이 불가능하다는 의미에서 정위해야 할 내가 확고한 윤곽을 갖지 않고 땅에 다리를 딛고 있는 느낌이 들지 않는 부유감이 동반되는 것이다. 이런 한에서 나는 데자뷔가 시각에 한정되지 않으며, 이미 일어났다는 체험 일반에 관해 아주 당연하게 말할 수 있다고 생각한다. 본 대상에 의식을 집중할 수 없고 그 대상을 이미 봤다는 감각인지, 그것을 봤다는 체험이 이미 경험되었다는 감각인지 판단이 서지 않는 부유감에 그 특징이 있기 때문이다.

시각이 환기되는 경우에도 본 대상에 관한 기억과 그 대상을 봤다는 체험의 기억 사이가 모호해진다. 현명한 독자는 여기서 앞 절에서 기술한

그림 2-7 나의 데자뷔 체험. 아파트 10층에서 영화에 몰두하고 있을 때 돌연 창밖에서 사람 그림자를 발견하고 느낀 데자뷔

나무와 숲의 구별과 혼동이 관여할 것이라는 예감을 품을지도 모른다. 여기서는 전술한 시제 ― 아직, 이미 ― 와 갖는 관계에 유의하면서 데자뷔 체험을 어떻게 해독할 수 있는지 그 가능성을 생각해 보자.

우선 내가 일찍이 체험한 데자뷔의 예를 들어보자. 나는 그때 자택의 텔레비전으로 영화를 보고 있었다. 자택은 아파트의 10층으로 나는 창 가까이 놓인 화면에 몰두하고 있었다(그림 2-7). 그때 갑자기 내 시야 가장자리 부분에 어떤 사람 그림자 같은 것이 보인 느낌이 들었다. 내 아파트 옆은 건설회사던가 하는 건물로 마침 그 건물 옥상과 자택의 10층이 같은 높이였다. 당시 나는 단 한 번도 그 건물 옥상에서 사람을 본 적이 없고 따라서 내 시야에 그러한 상황에서 사람 그림자가 들어오는 일은 있을 수 없다고 막연하게 생각하고 있었다. 그러나 그것은 잘못 본 것이 아니라 확실히 사람이었다. 그것은 별로 신기한 일도 아니고 마침 옥상의 공기 조절 설비를 점검하러 온 사람이 눈에 띈 것일 뿐이었다. 그뿐인 일인데도 나는

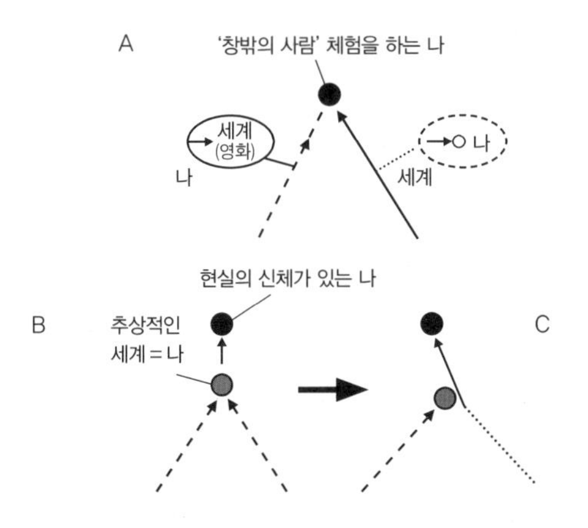

그림 2-8 영화에 몰두함으로써 출현한 데자뷔의 설명. A. '창 밖의 사람'의 출현을 체험하는 현재에 이르는 두 종류의 과거. B. 두 종류의 과거가 공립함으로써 만들어지는 제2의 꼬리표. C. 두 꼬리표에 의해 두 과거의 공립이 보존된다.

강한 기시감에 사로잡혔다. 자신이 제멋대로 없을 거라고 일방적으로 단정하고 있던 장소에 사람이 있었을 뿐일 터이지만 사람 그림자를 눈치채기 이전과 이후에 극적인 차이가 있다고 생각된다.

이 데자뷔 체험을 나는 나중에 다음과 같이 생각해 보았다. 사람 그림자가 출현하기 이전에 나는 확실히 영화에 몰두하고 있었다. 나는 영화의 세계 외부에 서서 마치 초월자와 같이 영화의 세계 전체를 조망했다. 내가 아무리 감정이입하고 영화에 들어간 듯한 느낌이 들어도 나는 영화 밖에서 있다. 영화 밖에 있어서 영화의 극적인 진행이나 위험과는 무관계하고 안전이 보장되기 때문에 영화를 즐길 수 있는 것이다. 이때 나는 무의식중에 <그림 2-8A>의 왼쪽에 제시한 그림처럼 영화의 세계를 평가하고 해석하며 형태 짓는 자로서 존재한다. 이때 돌연 창 밖에 사람이 나타난 것이다. 나에게 '창밖의 사람'은 상정 바깥의 존재였다. 상정 바깥의 현실이

육박해 옴으로써, '세계를 경계 짓는 나'라는 상정과도 대비되는, 나와 세계의 다른 관계가 발견된다. 옆 건물에 사람이 있을 수 없음은 그때의 나에게 '세계를 경계 짓는 나'의 외측은 존재하지 않는다는 것과 같은 의미였다. 즉, 창 밖에 나타난 사람은 초월자인 나에게 이의를 제기하는 자로서 출현한 것이고, 이리하여 나는 '나도 역시 세계의 거주자'임을 자각하는 데 이르렀던 것이다. 이리하여 나는 어디까지 확장되어 있는지조차 알 수 없는 세계 내의 존재로서 상정된다. 그것이 <그림 2-8A>의 오른쪽에 제시한 그림이다.

육박해 온 현재는 창밖의 사람이자 그것을 체험하는 나이다. 이때 영화에 몰두하고 있었기 때문에 '세계를 경계 짓는 나'로서 영화에 몰두해 온 과거와 그렇지 않고 계속 이 세계의 거주자로서 (영화를 보면서도) 살아온 과거가 공립한다. 확실히 나는 초월자로서 몰두하고 있으면서도 실은 이 세계의 거주자였다. 그러나 초월자의 이미지는 이 세계의 거주자라는 것과 어떤 어긋남도 없이 공립할 정도로 표면적인 감각은 아니었다. 자신의 외부는 존재하지 않고 사람같은 것은 있을 리가 없기 때문에 '세계의 거주자인 나'는 초월자인 나와 거세게 충돌한다.

이 거센 충돌에 의해 '뭐야, 실은 나는 세계의 거주자였던 것이구나' 하는 감각이 강하게 용솟음쳐서, 초월자로서의 내가 옳지 않고 세계의 거주자인 내가 옳다고 한다면 단순히 '착각이었다'고 결론짓는 것으로 끝날 것이다. 바로 <그림 2-6> 좌측에 있었듯이 초월자로서의 과거는 세계의 거주자였던 과거로 고쳐 만들어진다. 과거의 정당성을 평가하는 방법이란 어떠한 방법일까? 그것은 현재와 갖는 정합성에 다름 아닌데, 말하자면 여기에 존재하는 현재=창밖의 사람과 갖는 정합성에 의해 두 과거가 경합하게 된다. 즉, 이 현재를 두 과거가 다투고, 어딘가 한쪽이 이 현재에 이르는 과거로서의 지위를 얻게 된다. 창밖의 사람은 명백하게 '세계의 거주자'라는 과거에만 정합적이고 초월자로서의 나라는 과거와는 모순된다. 그러므로 보통은 세계의 거주자로서의 과거가 현재에 귀속하는 과거가 되고 초월자로서의 과거를 구축(驅逐)한다.

역으로 말하면 복수의 과거 중에서 현재라는 명확한 꼬리표(표지, 구별을 위한 표식)를 얻은 과거의 계열만이 과거로서 존재하는 것은 아닐까? 복수의 과거가 끊임없이 존재해도 현재라는 꼬리표에 의해 명확한 과거는 끊임없이 하나로 결정된다. 그렇다면 꼬리표만 붙여 버리면 복수의 다른 과거 계열도 온전히 보존될 것이다. 여기서 다시 창밖의 사람 체험을 생각해 보자. 첫 번째 꼬리표는 '창밖의 사람'을 체험하는 나이자 살아 있는 몸을 가진 나였다. 그러나 우리는 때때로 추상적인 존재이고, 나 자신이나 세계에 관해 곰곰이 생각해 보는 일은 그다지 드물지 않다. 즉, 육체를 갖고 있는 나에 대해 추상적인 '세계=나'인 나도 일상화한, 생생한 감각이다. 물론 세계를 추상적으로 상정할 때 세계=나를 일상화하는가 그렇지 않은가에는 정도의 문제가 있다. 나의 경우 '세계=나'라는 꼬리표는 간단하게 만들어진 것이다. 즉, 두 개의 과거가 공립하고 충돌하며 현재라는 꼬리표의 쟁탈전이 시작된 찰나, 이미 한 다른 꼬리표, '세계=나'라는 꼬리표가 마침 만들어지고(그림 2-8B), 이 꼬리표에 의해 '초월자로서의 나'였던 과거가 완전히 지워지는 것이 아니라 온전히 보존된다. 두 개의 꼬리표에 의해 두 과거의 공립이 보존된 것이다(그림 2-8C).

두 과거는 공존하지만 물론 같은 강도로 병존하지는 않는다. 왜냐하면 우리는 하나의 현재에 의해 자아져 가는 시간을 살기 때문에 복수의 현재를 지각하지는 않기 때문이다. 즉, 두 개의 꼬리표 중 하나가 현재라면 또 하나의 꼬리표는 현재가 아닌, 이성적으로는 인식이 아닌 무언가가 된

다. 따라서 현재에 귀속하는 과거와 현재가 아닌 무언가에 귀속하는 과거, 두 과거가 공립하게 된다. 꼬리표가 붙어 고정된 계열인 이상 그것은 과거로 취급받는다. 그러나 한쪽은 현재에 귀속하고 다른 한쪽은 현재에 귀속하지 않는 과거이다. 그러면 현재가 아닌 이 꼬리표 자체는 무엇일까? 계열에 '갈 곳'(行き先)을 지정하는 현재와 같은 신분을 갖는 이상 어떤 사건(event)일 듯하다. 그러나 현재는 아니고 시간 속에 어떤 형태로 위치 하게 되는 것도 아니다. 나는 이것을 갈 곳이 없는 과거라 부른다. 두 개의 과거는 현재에 귀속하는 과거 계열과 갈 곳이 없는 과거에 귀속하는 과거 계열이다. 두 번째 계열은 확실히 역시 이제 막 지나간 나의 체험일 것이다. 그런데도 그것은 갈 곳 없는 과거에 귀속한 과거, 어디에서 체험했는지 모르는 과거로 취급받는다. 두 계열은 모두 현재완료일 것이다. 그러나 한쪽은 갈 곳 없는 과거에 귀속한, 말하자면 과거완료로 대우받게 된다. 두 과거의 공립으로 야기되는 갈 곳 없는 과거에 귀속한 과거완료라는 감각, 그것이 데자뷔가 아닐까?

다시 나무와 숲의 관점에서 이 데자뷔 체험을 바라보자. 초월자일 것이라고 간주되는 과거는 외부를 무효로 하고 세계를 대상화한다는 의미에서 나무로서 체험되는 과거이다. 다른 한편 세계의 거주자로서의 나를 체험하는 과거는 나를 에워싸는 비일정성이고 크기를 모르는 세계를 체험함으로써 숲을 체험한다. 즉, 두 계열은 두 꼬리표를 작성하기 이전에 이미 나무와 숲이라는 강한 대비 및 보완관계를 이루며 공립하기 쉬운 성격을 갖고 있었던 것이다.

5. 데자뷔에서 시간으로

데자뷔 이해가 어떠한 틀 아래에서 이루어지는지 논해 보자. 처음 기술했듯이 인지과학, 뇌과학에서는 '데자뷔=기억 없음+친근감 있음', '자메뷔=기억 있음+친근감 없음'과 같이 공식화되어 이해된다. 그러나 친근감의 유무일 뿐이라면 부인이 우주인에게 납치되었다(친근감의 부재)는 카그라스 증후군 환자의 감각이나 모르는 사람을 친구라 생각해서 말을 거는(친근감만 존재) 그 반대의 경우 등에서 느끼는 감각과 어떻게 다른지를 설명할 때는 적용할 수 없다. 이들에게는 데자뷔, 자메뷔와 같은 시간에 관한 도착감, 독특한 부유감이 없다. 카그라스 증후군이란 눈앞에 있는 대상의 기억이 있고, 무엇인가는 인식하고 있음에도 불구하고 그것에 대한 친밀감이 없는 감각이다. 공식적으로는 자메뷔와 일치하지만 인식된 대상을 새롭다고 느끼는 것이 아니라 거짓된 것과 교환되었다고 느끼는 것이다. 모르는 사람을 친구로 생각해 버리는 것도 어떤 미지의 사람과 조우할 때 기억이 없음에도 불구하고 친밀감을 느끼는 것이므로 공식적으로는 데자뷔와 같다. 그렇지만 여기에는 과거에 체험했었다는 감각이 전혀 없다. 체험을 대상화해서 감각한다는 필터가 없고, 그리움이 돌출하여 시간 축 내에 체험을 위치 짓는 처리도 전혀 없다. 친밀감을 발생시키는 뇌 부위가 데자뷔, 자메뷔, 카그라스 증후군 등은 서로 다를 것이다. 그것은 그렇다. 그러나 다른 뇌 부위로 매핑된다고 해서 감각의 차이를 이해할 수 있는 것은 아니다. 오히려 다양한 감각, 나아가서는 논리적 계산이나 감각까지도 같은 뇌의 신경회로에 의해 작동하고 있음을 이해하는 것은 매핑과는 독립적으로 어려운 문제이다. 질적으로 다른 것, 즉 나무와 숲을 만들어 내고 숲과 나무 사이를 거침없이 이행하며 혼동한다는 것을 어떻게 이해해야 할까? 문제는 바로 이것이다. 카그라스 증후군의 감각과 달리 시간을 동반하는 데자뷔나 자메뷔를 이해한다고 할 때만 나무와 숲의 문제가 돌출한 형태로 제기된다.

데자뷔, 자메뷔 현상의 특수성이란 무엇인가? 그것은 사건이라는 나무와, 그 계열-집합으로서의 숲 양자를 필요로 하고 또한 양자의 구별과 혼동이 불가피하다는 점에 있다. 우선 어떤 사건이 체험된다. 이 사건이 현재로서 체험된다는 것이 데자뷔의 요점이다. 사건이 현재가 된다는 것은 사건을 그 사건에 이르는 과거와 이루는 쌍으로 보는 것이고 과거란 현재에 이르는(귀속하는) 사건의 계열이다. 따라서 어떤 한 사건이 현재가 되는 단계에서 사건과 사건 계열의 쌍이 요청된다.

사건과 사건 계열의 쌍, 나무와 숲이라는 틀은 오히려 기억과 친근감의 불일치를 이해하는 데 구체성을 부여하는 것이기도 하다. 전술했듯이 기억과 친근감이 불일치할 뿐이라면 카그라스 증후군의 감각과 구별되지 않는다. 문제는 친근감이란 무엇에 대한 친근감인가 하는 것이다. 무릇 친근감이란 어떤 것과 어떤 것의 거리감에 의해 측정되는 것이고, 데자뷔에서 문제가 되는 체험에 관한 친근감이란 지금 직면하고 있는 사건과 그것에 의해 파생되는 해석 사이의 정합성이다. 즉, 사건을 현재로 하는 것, 사건과 거기에 이르는 사건 계열의 정합성이야말로 과거에 관한 친근감이라 생각된다. 이리하여 시간에 관한, 과거에 관한 친근감이 정의되고 비로소 기억과 친근감의 불일치라는 문구가 실질적 의미를 갖는다.

그렇다면 현재라 간주되는 사건과 사건 계열의 관계는 어떻게 이해될 것인가? 계열의 어떤 곳에 현재가 더해져 가는 것인가, 현재로부터 계열이 끊임없이 만들어지는 것인가? 이미 지나간 것은 변화하지 않는다는 감각으로 보면 지나쳐 간 사건의 계열은 변화하지 않고 이것에 부가되는 형태로 한 사건이 더해져 간다고 생각하는 것이 타당하다. 그러나 확실히 데자뷔는 그것만이 아니라 과거라는 사건 계열이 끊임없이 만들어지고 있기도 하다는 것을 보여 준다. 스스로의 체험, 과거를 객관적으로 지정할 수 있다면 그것은 한 가지로 결정될 듯하다. 그러나 데자뷔는 명백하게 복수 과거의 공립을 시사한다. 복수 과거의 공립에서 기인한 위화감이야말로 기시감이라 생각되기 때문이다. 과거에 관한 착각이나 잘못된 기억에는 데자뷔와 달리 복수 과거의 공립이 없다. 그렇기 때문에 거기에는 독특한 부유감이 없다. 그러나 또한 과거에 관한 착각이 가능하고 과거가 바뀌 만들어지거나 교환되는 것이 가능하기 때문에 교환의 찰나에 어떤 복수 과거의 공립도 가능케 될 것이다.

실로 데자뷔를 이해하는 틀은 다음과 같이 이해할 수 있다. 첫 번째로 현재라 불리는 특화된 사건과 사건의 계열-집합이라는, 층위가 다른 두 개념 장치를 필요로 한다. 말하자면 그것은 나무와 숲이라는 두 개의 쌍이다. 두 번째로 사건을 현재로 하는 구조가 필요하다. 그것은 해당 사건과 거기에 이르는 사건 계열의 정합성을 잼으로써 가능케 될 것이다. 그러나 그것은 나무와 숲과 같은 대비 불가능한 것이 혼동되고 동일 층위에 놓이는 일까지 함의한다. 세 번째로 현재라는 사건에 귀속하는 과거인 사건 계열이 현재 이전에 준비되어 있는 경우와 현재 이후에 만들어지는 경우 두 가지가 있을 필요가 있다. 이것은 두 번째 정리에서 기술한 나무와 숲의 혼동에서 귀결된다. 어떤 사건이라는 원소가 바로 집합을 의미한다면 거기서 사건 계열을 만들어 낼 수 있기 때문이다. 이상의 틀 아래에서 데자뷔는 복수 과거의 공립에 관한 위화감으로 이해할 수 있다.

이 장에서 우리는 인식에 잠재하는 나무와 숲이라는 문제에서 출발하여 양자가 보완관계를 이루고, 또한 계층적 구조를 이루기 때문에 양자의 구별과 혼동이 가능하다는 점을 살펴보았다. 또한 그것은 인지의 심부에서 작동하고 있으며 시제나 데자뷔라는 주관적 시간 감각에도 관여할 것임을 개관했다. 특히 데자뷔와 복수 과거의 공립이 갖는 관계를 논의했고 복수의 과거가 나무-숲의 보완관계를 구성했을 때 양자의 공존이 고정되고 데자뷔가 일어난다고 기술했다. 역으로 보완관계를 이루는 복수의 과거라는 존재를 허용하기 위해서는 무릇 사건과 사건의 계열-집합이라는 나무와 숲의 존재 및 그 혼동이 이미 전제된다는 것이 명백해졌다. 역으로 그러한 틀은 데자뷔를 이해하는 데 특화된 은유적 모델이 아니라 실은 시간 그 자체를 이해하기 위한 틀을 제공하는 것은 아닐까? 나무와 숲의 구별과 혼동이 현재나 시간을 만들어 내고 나무와 숲의 대비가 특화한 형태로 보이는 현상이 바로 데자뷔이다. 이리하여 우리는 데자뷔를 발판으로 삼아 시간을 이해하는 모델로 발을 내딛게 된다. 그리고 그것은 적어도 데자뷔와 같은 시간적 착오를 포함한 시간의 모델이 됨에 틀림없다.

3장 _ 마르코풀루: 시공의 내적 기술(記述)

1. 마르코풀루와 맥태거트

시제의 문제에서 출발해서 데자뷔와 같은 주관적 시간 감각을 모델화하려고 하면 사건의 순서 계열과 계열에 대한 해석과 같은 두 개념 장치가 필요하게 될 것이다. 이것이 바로 앞 장에서 시사한 것이었다. 그러나 두 개념 장치를 이용해 시간을 구상하고 그 최소 모델을 구상한다는 접근은 앞 장에 국한된 논의는 아니다. 오히려 시간을 논하려고 하면 어떠한 분야에서도 두 개념 장치의 쌍이 마찬가지로 출현한다. 21세기에 이르러 물리학자인 마르코풀루는 사건의 계열인 인과집합 전체를 생각, 그 속을 관측자인 우리가 운동하고 역사로서 시간을 파악할 때, 그 논리 구조가 어떠한 것이 되는가를 평가했다. 그것은 순서의 계열과 그 집합으로서의 과거-미래라는 시간 양상의 쌍을 기초로 한다.

그러나 이 틀은 약 100년 전 철학자 맥태거트가 제안한 것과 완전히 같은 것이다. 맥태거트는 사건의 순서 계열을 B계열, 과거-현재-미래라는 시간 양상의 순서를 A계열이라 부르고 양자의 상대운동으로서 시간을 기술할 수 있는가를 논했다. 그러나 두 사람의 결론은 완전히 다르다. 마르코폴루는 이 틀에서 어떤 논리 구조-시간의 의미론을 끄집어내 보였지만, 맥태거트는 이 틀 자체가 모순을 잉태하므로 시간은 실재하지 않는다고 결론지은 것이다.

같은 틀을 이용하면서도 물리학자와 철학자의 이 대극적인 결론은 무엇을 의미할까? 양자가 시간에 관해 주목하고 있는 성격이 다른 것일까? 여기서 나의 결론을 먼저 말해 두자. 첫 번째로 맥태거트와 마르코폴루는 같은 문제를 다루고 있다. 그들은 모두 시공간 전체를 밖에서 바라보는 초월자가 아닌, 말하자면 내측에서 관측되는 시공간을 논하려고 했다. 두 번째로, 그러나 내적인 기술이라는 관점에서 마르코폴루는 철저하지 못했다. 이 점에 관해 확실히 맥태거트가 일견 유리하다. 그러면 뒤집어서 애당초 사건의 순서와 시간 양상이라는 두 개념 장치에 오류는 없을까? 명백하게 맥태거트의 논의는 이 점에서 출발하고 있고, 그런 한에서 맥태거트는 시간을 구성할 때 나타나게 되는 내부 모순을 규탄한다. 바로 나의 논점은 시간을 논의하려고 하면 출발점에서 어떤 종류의 내부 모순을 갖고 들어갈 수밖에 없고, 맥태거트의 극단적인 논의 역시도 역으로 철저하지 못하다는 것이다. 즉, 무모순적인 시간에 관한 논리를 제안하는 마르코폴루와, 모순되어 있으므로 시간은 실재하지 않는다고 주장하는 맥태거트 중 어느 쪽이 옳다고 판정하는 논의에는 개입하지 않을 것이다. 그 대신 나는 이 장 이후 계속해서 마르코폴루만큼 기하학적이지도 않고 맥태거트만큼 파멸적이지도 않은, 어떤 종류의 어긋남을 갖고 들어가면서 그 자체가 변화해 버리는 시간 이미지를 부여하려고 한다.

이러한 동적인 시간 이미지를 얻기 위해서는 마르코폴루에서 출발해서 맥태거트적 전회를 행하여 반성적으로 내재하는 모순을 발견한 다음,

뒤집어 이것을 적극적으로 갖고 들어간다는 전개를 취해야 한다. 이때 마르코풀루적 전제가 어떠한 문제를 다루고 있지 않은지도 명백해진다. 첫 번째로 마르코풀루는 내적 기술이라는 태도를 철저히 취하지 않는다. 두 번째로 사건의 계열을 변환해서 양자론과 관계를 맺으려고 시도하지만 비일관성이 있다. 이것들을 살피기 위해 우선은 마르코풀루의 시간상을 상세하게 살펴보기로 하자.

2. 인과집합과 인과적 역사

앞에서도 기술했듯이 마르코풀루의 첫 번째 목적은 시공간을 그 내측에서 기술하는 것이었다. 그러므로 우선 시공간 전체를 초월적으로 조망할 수 있다고 하고 그 전체를 준비한다. 그것은 원인과 결과의 연쇄로 나타나는 전체이고 인과 관계라는 구조가 도입된 사건의 집합이다. 예컨대 그것은 <그림 3-1>과 같은 것으로 상정된다.

이 그림은 횡단보도 부근에서 일어난 인과적인 사건의 연쇄를 나타낸 것이다. 이것을 보면서 인과집합의 특징을 기술해 보자. 여기서 화살표의 꼬리 쪽이나 머리 쪽에 배치된 사건이 인과집합의 원소이다. 화살표로 묶인 사건은 인과적으로 관계가 있다고 하고, 화살표의 꼬리 쪽이 원인, 머리 쪽이 결과가 된다. 인과집합에서는 모든 사건에 인과적 관계가 있다고는 할 수 없다. 예컨대 'A씨 모자가 바람에 날아가면서 도로 횡단'이라는 사건은 'B씨 자전거 점등'이라는 사건과 인과적으로 관계가 없다. <그림 3-1> 전체에 등장하는 것은 A~E씨와 장수풍뎅이지만 각각은 특정 사건을 개재하여 그 이후 관련된다. A씨에 주목하여 A씨에게서 기인한 사건에 따라 인과 관계를 추적하기로 하자. 우선 'A씨 귀가를 서두르다'에

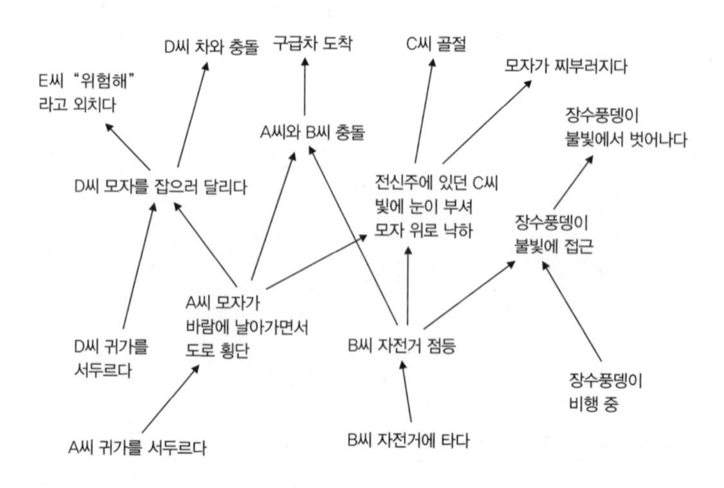

그림 3-1 인과집합의 예. 사건이 화살표로 나타난 인과 관계로 묶여 밑에서 위로 사건의 연쇄가 진행하고 있다.

서 시작, 이 A씨가 걷기 시작한 것에서 기인하여 'A씨 모자가 바람에 날아가면서 도로 횡단'라는 사건이 일어난다. 이 사건이 첫 번째로 모자를 잡으려고 하는 D씨와 갖는 관계('D씨 모자를 잡으러 달리다')를 야기하여 두 번째로 'A씨와 B씨 충돌'로 B씨와 관련을 맺고, 세 번째로 날아간 모자와 C씨가 갖는 관계('전신주에 있던 C씨 빛에 눈이 부셔 모자 위로 낙하')까지 야기한다. 이리하여 A씨의 사건은 다양한 사건과 관계를 갖고 분기하면서 진행한다.

우선 인과집합의 본질적 특징을 열거해 보자. 여기서는 사건을 알파벳 a, b, c, …… 등으로 나타내고 그 사이의 관계를 화살표 →로 나타낸다. 우선 두 사건이 몇 가지 사건을 개재하여 화살표로 묶이고 있는 경우, 두 사건은 인과 관계가 있다고 생각하는 것이 타당하다. 인과집합은 이것을 만족하는 것으로서 정의된다. 즉, 임의의 사건 a, b, c에서,

$a \to b$ 그리고 $b \to c$ 라면, $a \to c$ (추이율)

이다. 사건 b를 개재한 간접적인 관계라도, a는 c의 원인이고 양자에 인과 관계가 있다. 또한 인과집합에서는 인과 관계의 순환이 허용되지 않는다. 그러므로 만약 사건 a와 b가 순환한다면 양자는 같다고 정해 둔다. 즉,

$a \to b$ 그리고 $b \to a$ 라면 $a = b$ (반대칭률)

을 인정한다. 또한 사건이 자기 자신과 동등하다는 자기동일성을 허용하는 것도 자연스럽다. 즉, a=a이지만 여기서는 이것을 직접 인정하는 대신,

$a \to a$ (반사율)

을 인정한다고 하자. 이것에 반대칭률을 적용하면 a=a를 바로 얻는다. 바로 수학적으로 임의의 원소 a, b, c에 대해 추이율, 반대칭률, 반사율을 만족하는 원소 간의 구조를 갖는 집합을 순서집합이라 한다. 인과집합이란 순서집합인 것이다.

인과집합은 초월자가 본 시공이다. <그림 3-1>의 화살표 전체를 살펴봐도 A씨는 결코 여기에 등장하는 장수풍뎅이와 인과적 관계를 갖지 않는다. 장수풍뎅이는 단지 B씨가 점등한 자전거 램프를 향해 날다가 도중에 이것을 그만두고 어둠 속으로 사라져서 이후 결코 A씨의 인생과 교착하지 않는다. 초월자는 확실히 A씨도, 또한 A씨와 접촉하지 않았던 장수풍뎅이도 모두 알고 있다. 그러나 초월자가 아닌 인과적 연쇄의 내부에 있고 사건을 체험하며 인과 관계를 그때마다 체험하는 자 — 이것을 본

고에서는 내적 한정 관측자라 부르자 — 에게 어떤 사건은 전혀 무관계하고, 또 어떤 사건은 이미 관계를 가지며, 또 다른 사건은 꽤 나중에 관계를 갖는다는 형식을 취한다. 예컨대 <그림 3-1>에서 A씨는 'A씨와 B씨 충돌'이라는 사건으로서 B씨와 처음 관계를 갖는데, 바꿔 말하면 'B씨 자전거 점등'이나 'B씨 자전거에 타다'와 갖는 인과 관계를 A씨는 거기서 취득한 셈이다. 마르코풀루는 이렇게 내적 한정 관측자가 얼마만큼 앞으로 있을 사건과 인과 관계를 갖게 되는가, 그렇지 않으면 가질 수 없는가 등 어떤 종류의 기대치야말로 내적 한정 관측자의 시간이라고 주장한다. 이 기대치와 같은 시간을 잘 정의하기 위해 우선 과거나 미래를 정의해야 한다.

내적 한정 관측자의 시간을 구성하기 위해 인과적 역사를 정의하자. 우리가 역사에 관해 말한다는 것은 사건의 계열을 정리해 말하는 것이고 사건의 집합을 말하는 것이다. 이것에 입각해서 인과적 역사는 사건의 집합으로 정의된다. 인과적 역사에는 다양한 종류가 있을 것이다. 그것들은 모두 인과집합의 한 사건에 대해 사건의 집합을 결정하는 변환 조작으로 주어진다. 인과집합의 사건을 하나 지정하는 것, 그것은 시공간 내에 현재를 지정하는 것과 다르지 않다. 즉, 현재의 위치를 인과집합 내에 지정할 때 그 현재에서 체험되는 인과적 역사가 결정되는 변환 조작이 정의된다.

예컨대 과거를 지정하는 변환 조작 Past는 지정된 사건 p 이전 사건의 집합을 준다. <그림 3-2>와 같이 인과집합 P가 주어져 있다고 하자. 여기서 사건 d를 선택, 이것에 Past를 적용하면 d 이전의 사건 전부가 인과집합으로 모여서 사건 d의 과거를 얻는다. 그것은 사건 d로 인과적으로 이르는 — 즉 원인을 이루는 — 사건 전부이기 때문에 d의 과거란 집합 {d, a, b, c, f}가 된다. 변환 조작 Past는 인과집합의 모든 원소에 대해 적

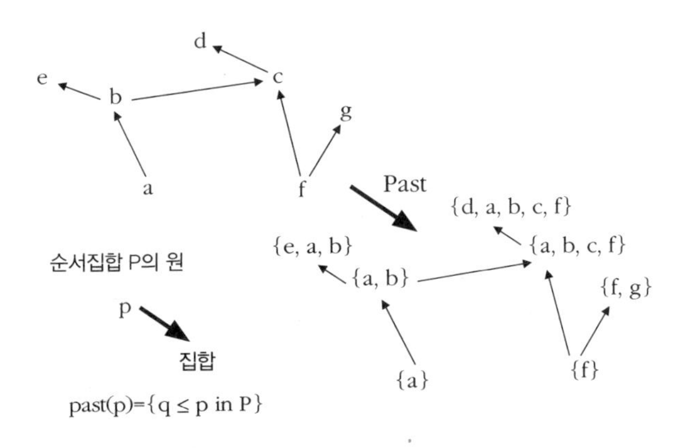

그림 3-2 과거를 인과집합의 원소(사건)로부터 사건의 집합으로 지정하는 변환 조작 Past

용할 수 있다(원소를 원元이라고도 한다). 그런데 모든 원소에 하나하나 적용하면 인과집합 전체는 <그림 3-2> 오른쪽 아래에 제시한 집합을 원소로 하는, 역시 화살표로 순서 지어진 집합에 대응됨을 알 수 있다. 이 집합 간의 관계는 포함 관계라는 관계로 이것도 순서 관계를 이루고 있다. 포함 관계에서는 화살표의 꼬리 쪽에 위치하는 집합의 원소는 반드시 화살표 머리 쪽에 위치하는 집합에 포함된다. 예컨대 {a}→{e, a, b}에서는 화살표의 꼬리 쪽 집합의 원소 a가 화살표 머리 쪽 집합에 포함되어 있음을 알 수 있다. 사건의 집합을 알파벳 대문자로 나타낼 때 A→B 그리고 B→C라면, A의 어떤 원소도 B에 포함되고 또한 C에 포함된다는 것을 알 수 있으므로 A→C를 얻는다. 즉, 포함 관계가 추이율을 만족한다는 것을 알 수 있다. 반대칭률, 반사율에 관해서도 만족하고 있다는 것은 바로 알 수 있다. 포함 관계도 역시 순서집합인 것이다.

인과집합에서 인과적 역사를 얻는 변환 조작을 Past에 한정하지 않고 보다 일반화된 형식으로 생각해 보자. <그림 3-2>를 보면 인과집합의 순서 구조가 인과적 역사의 포함 관계에서도 보존되어 있음을 알 수 있다. 이렇게 구조를 보존하는 한에서 변환 조작을 일반화해 보자. 그것은 Past나 Future라는 변환에 머무르지 않고 조작으로 얻은 사건집합의 순서 구조를 인과적 역사로 간주하는 것과 다름이 없다. 포함 관계 A→B에서 A의 원소는 모두 B에 포함되기 때문에 포함 관계는 A의 원소를 B 내의 같은 원소에 대응하는 사상(집합에서 집합에 대한 변환 조작으로, 화살표의 꼬리 쪽 집합의 모든 원소에 대응하는 방향 화살표 머리 쪽 집합의 원소를 단 하나 지정한 것)으로 간주된다. 예컨대 {a, b}→{a, b, f}에서 화살표 꼬리 쪽 a는 머리 쪽의 a에, b는 b에 대응한다고 간주된다. 이렇게 화살표를 사상으로서 일반화하고 인과집합의 원소를 집합으로, 원소 간의 순서 관계를 사상으로 대응하는 변환을 생각하자. 단, 이 변환이 인과집합의 구조를 보존한다고 정의한다. 이리하여 꽤 자유롭게 변환 조작을 정의할 수 있다.

<그림 3-3>에서는 그 예를 든다. 변환 Future는 지정된 사건 이후의 사건을 모아 이른바 미래를 지정하는 변환으로 생각할 수 있다. 이 경우 대응된 순서 관계는 인과집합의 그것과 완전히 역이지만 구조는 보존되어 있음을 알 수 있다. 변환 F도 역시 임의로 정의한 변환 사례 중 하나이다. 이 변환에서는 몇 개의 사건에 대해 지정되는 사건집합이 같다. 즉, 인과집합의 사건 a, b, c 모두 인과적 역사의 사건집합 {a, b, c}로 대응된다. 이러한 경우에도 반사율을 고려하면 확장된 변환 조작이 원래 순서 구조를 보존하고 있음을 이해할 수 있다.

인과집합에 대해 인과적 역사를 지정하는 변환. 그것은 내적 한정 관측자의 체험이자, 내적 한정 관측자의 사건 계열에 대한 해석을 나타낸다고 생각할 수 있다. 이리하여 이 장 첫 부분에서 기술한 두 개념 장치, 사건의 계열(인과집합)과 그 해석(인과적 역사)이 갖추어졌다. 바로 이 두 가지

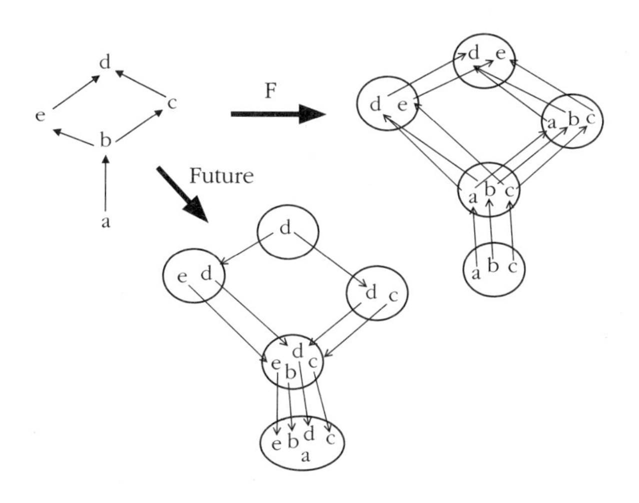

그림 3-3 인과집합의 원소를 집합으로, 원소 간의 순서 관계를 사상으로 대응하는 변환으로서 확장된 인과적 역사에 대한 변환 조작. 변환 F 및 Future를 적용한 뒤의 그림에서 가는 화살표는 원소가 대응되는 방식을 나타낸다.

에 의해 내적 한정 관측자의 시간이 구성된다. 그것은 인과적 역사를 지정하는 변환 조작 전체의 의미론으로서 구성된다. 의미론은 과거의 확실성을 재는 것으로서 정의된다. <그림 3-4>에서는 <그림 3-1>에서 주어진 인과집합 내 A씨에 관한 부분을 굵은 화살표로 뽑아냈다. 여기서 사건 'A씨 모자가 바람에 날아가면서 도로 횡단'에 주목해 보자. 이 사건에 Past를 적용하면 {A씨 모자가 바람에 날아가면서 도로 횡단, A씨 귀가를 서두르다}라는 과거를 얻는다. 이 집합 내에 {A씨 귀가를 서두르다}가 포함되어 있으므로 이 사건은 'A씨 모자가 바람에 날아가면서 도로 횡단'의 과거라고 확실히 말할 수 있다. 다른 한편 {B씨 자전거 점등}은 이 과거의 집합에 포함되어 있지 않으므로 과거는 아니다. 그러나 A씨의 미래에서 'A씨와 B씨 충돌' 이후, 'B씨 자전거 점등'은 A씨의 과거가 된다. 언젠

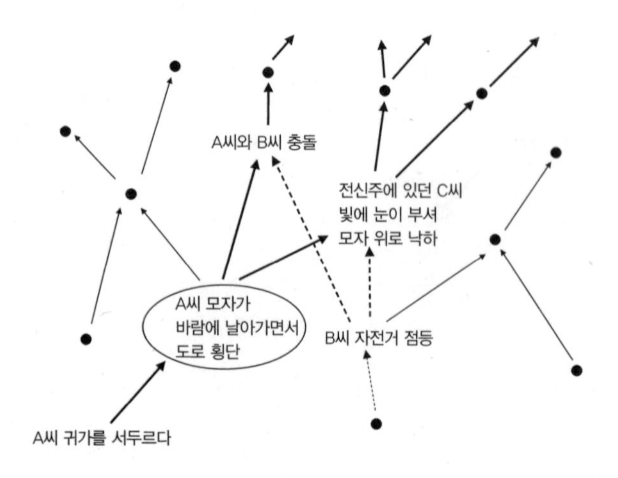

그림 3-4 내부 관측자의 시간을 인과집합 상에서 정의되는 인과적 역사의 의미론으로서 구성한다. 과거의 확실성이 그 후보가 된다.

가는 과거로서 체험되는 사건은 현시점에서 확실한 과거는 아닐지라도 어느 정도 그 과거성을 인정해도 좋지 않을까. 마르코풀루는 그렇게 생각하여 언젠가는 과거가 될 정도를 잴 수단으로서 체(sieve)라는 수학적 도구를 도입한 것이다.

3. 시간을 평가하는 체

언젠가는 과거가 되는 정도를 어림잡는 평가 시스템이란 미래를 조망할 수 있는 사건 계열의 집합이라고 생각할 수 있다. 여기서 인과집합의 사건이 하루 단위로 주어져 있다고 가정하자. 이때 오늘 하루를 나타내는 미래(1), 내일을 나타내는 미래(2), 3일 후의 미래(3),……, n일 후의 미래(n)이라는 식으로 다양한 미래 계열 미래(1), 미래(2), ……, 미래(n), ……

이 준비되어 있다고 하자. 이것만 있으면, 어떤 인과집합의 사건이 주어지고 그것이 언제 과거가 되는가를 묻는다면 신속히 평가할 수 있다. 어떤 사람 B의 초등학교 시절을 A씨는 아직 과거로 삼고 있지 않다고 하자. 그러나 5일 뒤 A씨는 B씨와 만나 B씨의 초등학교 시절을 인과적으로 과거로 삼게 된다. 거기에 존재하는 B씨는 바로 초등학교 시절의 B씨가 있었기 때문에 비로소 존재하기 때문이다. 이때 미래(5)를 갖고 있다면 미래(5)가 'B씨의 초등학교 시절'을 과거로 함으로써 이 사건이 언젠가는 과거가 된다는 것, 게다가 단 5일을 기다리면 되는 미래에 실현된다는 것을 알 수 있다.

미래(1), 미래(2), ……, 미래(n)을 모은 집합은 어떤 원소도 현재로부터 앞쪽으로 배열돼 있는 사건 계열로서의 미래열이다. 원소를 모은 전체를 일괄한다는 의미에서 집합을 {미래(1), 미래(2), ……, 미래(n)}과 같이 표시하자. 각자의 계열은 계열의 종점인 사건에 의해 인식되고 도중의 사건은 전부 무시된다. 그래도 계열로서 주어져 있는 것은 종점에 있는 사건이 확실히 현재의 앞에 위치하는 사건이라는 것을 나타내기 때문이다. 이 계열의 집합들이 과거가 되는 정도를 어림잡는 평가 시스템이 된다. 어떤 과거를 평가할 때 필요에 따라 미래를 끄집어내 평가하면 된다.

이 평가 시스템은 다양한 변형(variation)이 가능할 것이다. 일주일 단위로밖에 미래를 조망할 수 없는 {이번 주, 다음 주의 미래, ……, n주 뒤의 미래, ……}는 평가 시스템이 될 수 있을까? 이것은 다르게 말하면 {7일 뒤의 미래, 14일 뒤의 미래, ……}를 의미하기 때문에 주 사이에 위치하는 미래, 예컨대 10일 뒤에 과거를 평가하는 것은 불가능하다. 그러므로 평가 시스템으로서 사용할 수 없을 것이다. 다른 한편 {이번 주, 8일 뒤의 미래, 9일 뒤의 미래, ……}는 어떨까? 이 시스템은 중복을 허용하고 일

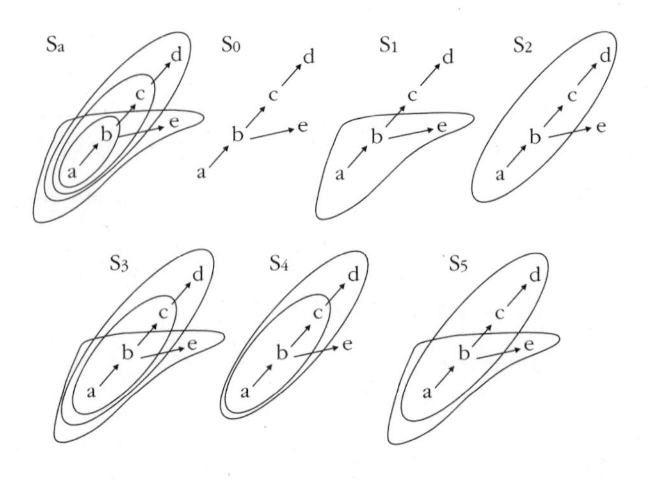

그림 3-5 Sa, S0~S5는 인과집합 {a, b, c, d, e}의 체 전부이다. 제시된 Sa, S0~S5의 각 체에서 그 체에 속하는 계열이 인과집합에서 체로 둘러싸여 있다(a → b는 a에서부터 b를 둘러싸고 있다). 여기서 Sa는 모든 계열을 포함하는 최대의 체이고 S0는 계열을 포함하지 않는 공집합이다.

주일이 1일 단위로 미끄러져 가는 시스템이다. 이번 주 이내의 사건은 상세하게 평가할 수 없지만 다른 것은 모두 인과집합의 정밀도(즉, 여기서는 하루 단위)로 사건을 확정할 수 있다. 이때 이번 주 이내를 일괄해 버리는 것은 바로 이 평가 시스템을 사용하는 사람의 현재가 일주일 단위이고, 그의 일주일은 순간적으로 지나쳐 가기 때문이라고 생각하면 될 것이다. 그의 현재에서 사건의 평가는 권외이다.

방금 기술한 평가 시스템을 추상화한 것이 체이다. 그 정의를 제시해 두자. 임의의 인과집합(순서집합)이 주어져 있다고 하자. 이때 어떤 사건 a의 체란 이하 두 조건을 만족하는 사건 계열을 원소로 하는 집합이다. 첫 번째로 사건 a의 체의 원소는 사건 a에서 시작되는 계열이다. 두 번째로 체의 어떤 원소에 대해서도 이후의 계열을 늘려서 얻은 계열은 해당 체의 원소가 된다. 체의 원소란 계열이다. 그 화살표의 제일 끝부분을 연장하는 것이 계열을 늘리는 것이다. 도중에서 연장하는 것은 생각하지 않는다.

<그림 3-5>에 인과집합 {a, b, c, d, e}가 주어졌을 때의 모든 체를 나타냈다. 계열의 수에 관해 최대인 체 Sa는 사건 a에서 시작되는 모든 계열을 포함하고 있다. 이때 계열 a →b를 다음 c까지 연장해서 얻어진 a →c(원주: 계열은 최초의 사건과 최후의 사건만 쓰기로 한다)도, d나 e까지 연장해서 얻어진 a →d, a →e도 S_a에 속한다. 어떤 S_a 원소에 관해서도 마찬가지로 그 미래를 향한 연장계열이 S_a에 포함된다는 것을 알 수 있으므로 Sa는 체라는 것을 알 수 있다. 마찬가지로 S_4에서는 a →c에 관한 연장만 생각하면 되므로 a →e등은 관계없고 a →d가 존재하는 것만으로 체의 조건을 만족한다는 것을 알 수 있다. S_1은 한 개의 계열 a →e로 이루어져 있다. 이 경로 도중에 있는 b에서 시작하는 연장은 정의에 따라 허용되지 않으므로 a →c나 a →d는 이 체에 포함되지 않는다. 이상에서 체가 {이번 주, 8일 뒤의 미래, 9일 뒤의 미래, ……}와 같이 우선 현재(이번 주와 같은)를 정의하고 그 뒤의 미래를 전부 포함하는 계열을 일반화한 것임을 잘 이해할 수 있다.

이제 우리는 과거를 만드는 변환 Past에 머물지 않고 인과집합의 원소에 대해 그 집합을 지정하는 변환(단 구조보존이라는 제약을 갖는다) 일반으로까지 변환 조작을 확장하여, 여기서 얻어지는 사건집합으로서 인과적 역사가 확장되는 것을 보았다. 바로 체는 이 변환 일반에 관한 모델이 되고, 인과적 역사 및 인과적 역사를 만든다는 조작의 논리 구조를 특징짓는다. 인과적 역사는 말하자면 인과집합을 해석하는 관측자의 시간이기 때문에 그 모델은 관측자에게서 유래하는 내적 시간의 모델이라 생각할 수 있다.

체를 모델로 해서 관측자에게서 유래하는 시간을 생각해 보자. 마르코풀루의 목표는 그것이다. 그러면 우선 모델이라는 개념이 무엇인지 설명해 보자. 모델이란 일반적으로 조작 체계를 해석하고 그 본질에 의미를 부여하는 구체적 사례이다. 집합의 예로 생각해 보자. 집합이란 어떤 '사물'을 모으는 조작으로 만들어진다. 어떤 집합과 다른 어떤 집합은 같은 원소를 포함하는가 포함하지 않는가에 따라 집합으로서 같은지 다른지 결정된다. 즉, 두 집합을 준비했을 때 그 본질은 포함 관계이다. 포함 관계를 가장 간단히 말하려면 어떻게 말하면 좋을까?

어떤 사람이 집합 {a, b}와 집합 {a, b, c} 두 개를 알고 있고 이것을 예로 언제나 포함하고 있는 쪽 일반을 지시할 때 'a, b인 쪽'이라 말했다고 하자. 그러나 다른 사람은 같은 집합 {a, b, c}를 앞에 두고 포함되어 있는 쪽 일반을 지시할 때 언제나 집합 {c}를 의식해서 'c인 쪽'이라 말했다고 하자. 이 경우 두 사람은 포함 관계에 관해 서로 반대되는 것을 말하고 있는 듯 느낄 것이다. 이러한 혼란은 공통 모델을 주고, '포함되는 것'을 모델의 언어로 치환함으로써 피할 수 있다.

<그림 3-6>에 포함 관계를 해석하는 모델 {내측, 외측}을 나타내 보자. 모델에서 해석한다는 것은 포함되는 집합의 원소는 전부 '내측'에 대응하고 그 이외의 것은 전부 '외측'에 대응한다는 것이다. 대응하는 조작을 특성 관계라 부른다. 이것이라면 {a, b}가 {a, b, c}에 포함될 때에는 a와 b가 '내측'으로, 그 이외는 '외측'으로 대응되고 {c}가 {a, b, c}에 포함된다고 할 때에는 c만이 '내측'으로, 그 이외의 것이 '외측'으로 대응된다. 즉, 어떤 집합의 조합이든, 포함한다-포함된다라는 관계는 같은 모델로

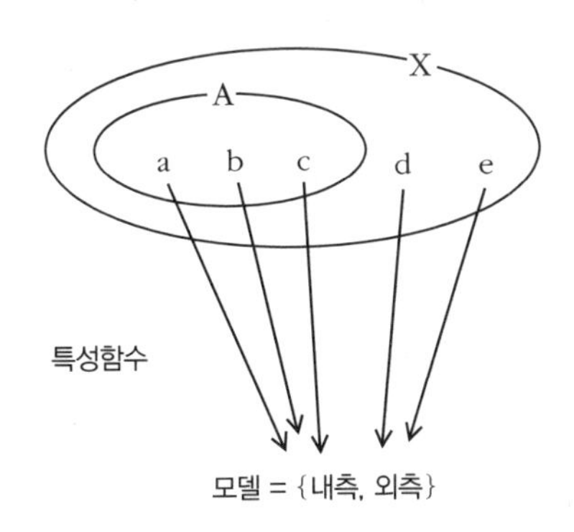

그림 3-6 집합 A와 X의 포함 관계를 해석하는 모델인 {내측, 외측} 집합

해석 가능케 된다. 중요한 점은 조작 체계에 해석을 부여하는 모델은 무언가를 모은 집합이라는 것이다. 무언가란 '내측, 외측'의 경우는 말이지만 말에 한정되지 않는다. 인과적 역사를 해석하는 모델의 경우 앞 절에서 예고했듯이 그것이 체가 되는 것이다.

인과적 역사를 해석하는 모델이 체로 주어진다. 이것을 설명해 보자. 간단히 하기 위해 <그림 3-7>과 같은 구체적인 예를 생각하자. 인과집합을 순서집합 P={a, b, c, d, e}로 준다. 이때 두 인과적 역사를 만드는 방식 F와 G를 생각하자. 이것은 바로 예로써 선택했던 두 변환이다. 인과집합의 원소 각각에 F를 적용하고 그것을 모은 것을 F(P)={F(a), F(b), F(c), F(d), F(e)}라 쓰기로 하자(G에 관해서도 마찬가지). 말하자면 이것이 인과적 역사의 집합인데, 혼란이 없는 한 F(P)의 원소와 F(P), 나아가서는 F도 구별하지 않고 모두 인과적 역사로 한다. 그런데 F(P)는 단순한 집합이 아니고 P가 담지하는 순서 관계를 구조적으로 보존하고 있어야만 한다. 여기서 F(P)란 현재인 시점 이외는 기억하고 있지 않은 그러한 역사관이라고 하고, F(a)={a}와 같이 정의한다. 즉, F에 의해 생성되는 인과적 역사

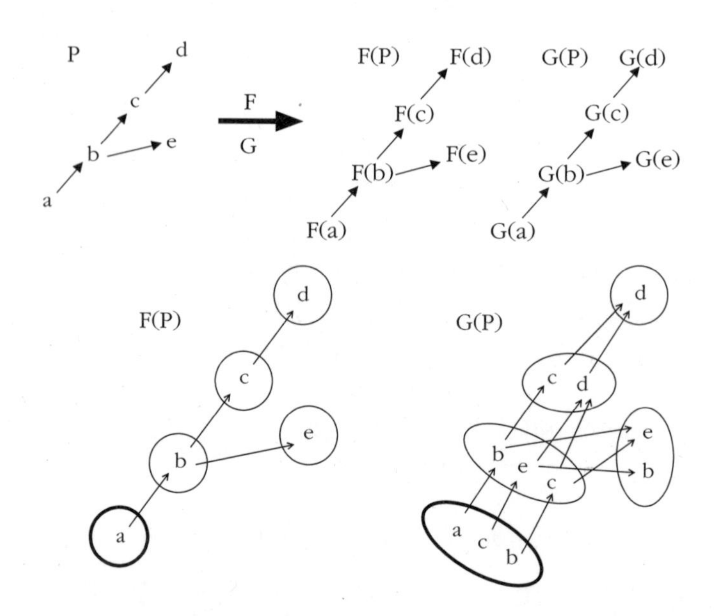

그림 3-7 인과집합 P가 주어졌을 때 두 인과적 역사 F(P) 및 G(P)가 주어지는 예. 그 구체적 내용은 하단에 나타낸 사상의 계열이다. 상단의 F(P) 및 G(P) 내에 그려진 화살표는 집합 간의 사상을, 하단에 그려진 화살표는 집합 내 원소 간의 대응을 나타내는 화살표이다

각각은 원소를 하나만 갖는 집합이다. 여기서 인과적 역사의 관계를 사상(원소가 대응하는 방식)으로 부여하면 순서 관계가 보존됨을 발견할 수 있다. 사상을 →로 생각하면 F의 경우 화살표 꼬리 쪽 원소는 하나고 머리 쪽도 하나이므로 대응 방식은 단 하나로 결정된다. 두 사상 F(a)→F(b)와 F(b)→F(c)가 연결되어 있다면 두 대응을 이어서 연결된 전체의 대응도 정의할 수 있다. 이것도 물론 사상이 되고 화살표가 된다. 즉, 순서 관계의 추이성이 만족된다(F(a)→F(b)→F(c)는 a를 b에 대응하고 또한 b를 c에 대응하는 사상이 된다). 이리하여 인과적 역사의 계열이 인과집합의 구조를 보존하고 있다고 이해할 수 있다. <그림 3-7>의 화살표는 집합 간의

사상을, 하단에 그려진 화살표는 집합 내 원소의 대응을 나타내는 화살표이다.

마찬가지로 또 하나의 인과적 역사 G를 생각해 보자(그림 3-7). 이쪽은 F와 달리 인과집합의 각 시점에서 그 시점의 사건과 그 전후의 사건을 적당하게 모아 인과적 역사를 구성하고 있다. 인과적 역사 간의 관계는 물론 F와 마찬가지로 사상으로 정의되지만 이쪽은 사건의 수가 복수이므로 그 대응 관계는 하나하나 정의된다. 이 사상에 관한 인과적 역사 내 원소(즉 사건)의 대응을 <그림 3-7> 하단에 나타냈다. 예컨대 G(a)={a, b, c}, G(b)={b, e, c}이고 인과집합에서 확인되는 화살표 a → b는 G(a) → G(b)에서 a를 b에, c를 e에, b를 c에 대응하는 사상으로 변환된다.

<그림 3-7>에서 제시한 두 인과적 역사 F와 G는 <그림 3-6>에 제시한 집합 A와 X의 관계처럼 포함 관계를 이룬다. 실제로 사건 a에서 기인한 인과적 역사 F(a)와 G(a)를 비교하면 F(a)에 있는 사건은 반드시 G(a)에 들어가 있다. 이 포함 관계는 사건을 a 이외의 다른 것과 바꿔 넣어도 성립한다는 것을 알 수 있다. 또한 인과적 역사 간의 사상을 살펴 보아도 F(a) → F(b)의 사건 대응 방식, 즉 a → b는 G(a) → G(b)에도 포함되어 있고 또한 이러한 관계는 모든 인과적 역사 간의 관계에서 발견된다. 이상과 같이 각 인과적 역사에서 포함 관계, 사상 간에 보이는 포함 관계로서 변환 F가 G에 포함된다고 한다. 그러나 인과적 역사의 경우 {내측, 외측}이 아니라 체를 모은 것이 모델이 된다.

체를 모델로 한다는 것은 어떤 사건의 해석을 그 뒤의 역사를 고려해서 의미 짓는다는 것이다. 이후의 역사를 고려하지 않고 그 시점에서만 사건의 해석을 생각한다면 F(a)는 a만으로 구성되고 G(a)는 a, b, c로 구성되므로 'F(a)는 G(a)에 포함된다'고 할 수 있고, F(a)의 원소인 a를 '안'으

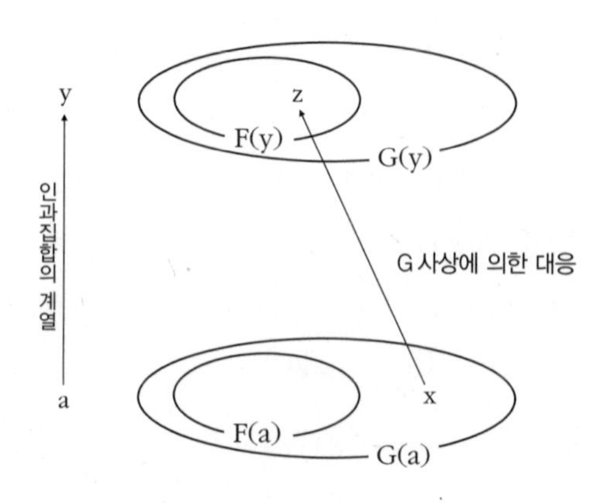

그림 3-8 인과적 역사의 원소 x의 의미인 체를 결정하는 방법

로, 그 이외의 G(a) 원소를 '밖'으로 대응시켜 보는 것이 사건의 해석이 된다. 그러나 여기서는 사건의 해석을 '안'이나 '밖'이 아니라 하나하나 그 뒤의 역사를 고려해서 체로 대응하고, 이것을 역사 해석으로 삼았다. 두 역사 해석 F와 G의 관계를 사건의 이후 계열을 고려해서 안과 밖 이상으로 다양하게 대응시켜 보는 것이다.

두 역사 해석 F와 G가 주어졌을 때 F에 대해 G가 어떻게 체로 대응되는지 나타내 보자. 그것은 G(a)에 속하고 있는 사건이 어떻게 체로 대응되는가를 나타내는 것이다(그림 3-8). 인과집합은 사건 a에서 시작되는 순서집합이므로 그 역사 해석에 관한 모델은 a체의 집합이 된다. 그것은 <그림 3-5>로 나타낸 순서 계열의 집합인 S_a, S_0, ……, S_5이다. 인과적 역사 G는 사건을 사건의 집합으로, 순서의 계열을 사상으로 변환한다. 여기서는 각각을 G집합, G사상이라 부르기로 하자. 그런데 G(a)={a, b, c}의 임의의 원소 x는 다음과 같이 체로 대응된다. 우선 인과집합의 사건 계열 a→y를 취하고, 이 G사상 G(a)→G(y)를 생각한다. 계열의 종점 y에는

{a, b, c, d, e}의 어느 것이나 들어갈 수 있다. 여기서 생각하고 있는 것은 G(a)의 원소 x가 G(y) 내의 어떤 원소로 대응되는가이다. 대응한 원소를 z라 하자. 이때 z가 F(y)에 들어 있으면 계열 a →y를 원소 x가 대응되는 a 체의 원소로 한다. 이 상황을 <그림 3-8>로 나타낸다. 체는 계열의 집합이므로 이리하여 조건을 만족하는 계열을 모아 보면 체를 얻는다. 얻어진 체가 바로 원소 x의 (내적 시간에 관한) 의미가 된다.

이 조작은 다음을 의미한다. 사건의 대응 원소를 (G에서) 보고 그것을 F에서도 인식할 수 있다면 그 사건에 관해 F는 G와 같은 정밀도의 역사 인식을 갖는다고 할 수 있다고 판단하는 것이다. 이리하여 두 역사 인식의 정밀도에 관한 차이를 평가한 것을 체로서 얻는다.

구체적으로 이 조작에서 <그림 3-7>의 체를 찾아보자. 우선 인과집합에서 계열 a →b가 G(a)의 원소 a의 체의 구성 원소인지 아닌지 판정한다. G사상 G(a) →G(b)에서는 G(a)의 원소 a는 G(b)의 원소 b에 대응된다.

이 b는 F(b)={b}에 들어 있으므로, 계열 a →b는 a의 의미에 속한다.

즉, 계열 a →b는 a의 의미라 간주되는 어떤 체의 구성 원소라는 것이다(그림 3-9). 검토해야 할 계열 전부, 즉 a →c, a →d, a →e 전부에 관해 계산해 보면 어느 것이나 체의 구성 원소가 되는 조건을 만족한다(예컨대 계열 a →c가 G(a)의 원소 a의 의미에 속하는지 속하지 않는지 판단해 본다. G(a)의 원소 a는 G(c)의 원소 c에 대응되고 그것은 F(c)에 속한다는 것을 알 수 있다. 때문에 a →c도 역시 G(a)의 원소 a의 의미에 속한다). 따라서 원소 a의 (내적 시간에 관한) 의미는 <그림 3-9>에 나타냈듯이 Sa={a →b, a →c, a →d, a →e}가 된다. 또 하나 G(a)={a, b, c}의 원소 b에 관해서도 그 의미(체)를 생각해 보자. 이번에는 G(a)의 원소 b의 G사상에서 어

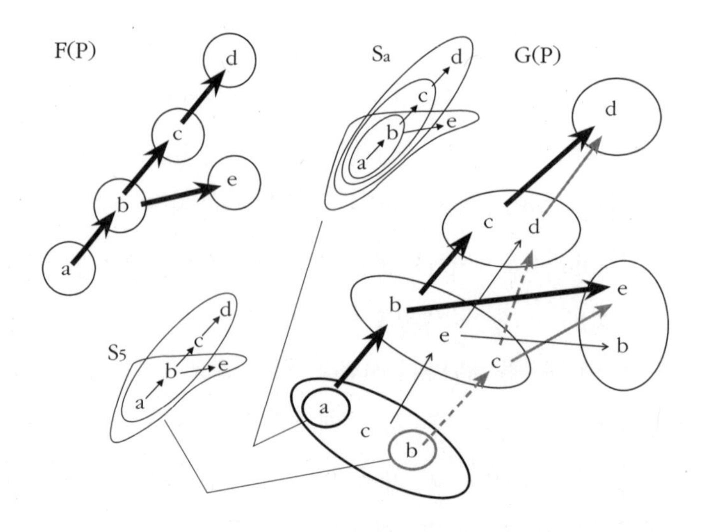

그림 3-9 포함 관계에 있는 인과적 역사 F와 G에서 G(a)의 원소인 사건은 어떠한 체로 해석되는가? 왼쪽 상단 계열은 인과집합 P가 F에 의해 변환된 역사 해석의 계열(F(P) 인과적 역사)이다. 각 원으로 둘러싸인 기호는 그 기호로서만 구성되는 집합을 나타낸다. 오른쪽 계열은 인과집합 P가 G에 의해 변환된 역사 해석의 계열 G(P)이다. 계열 G(P)의 최하단에 위치하는 G(a)는 사건 a, b, c로 구성되는 집합이다. 그 원소 a는 가는 꺾인 선으로 묶인 체 S_a에 대응된다. 마찬가지로 원소 b는 가는 꺾인 선으로 묶인 체 S_5에 대응된다.

디로 대응되는지를 논의한다(그림 3-9).

(1) 계열 a→b에 관해: G사상 G(a)→G(b)에서는 G(a) 내의 b는 G(b)의 c로 대응된다. 여기서 c는 F(b)={b}에 들어 있지 않으므로 a→b는 b의 의미에 들어가지 않는다.

(2) 계열 a→c에 관해: G사상 G(a)→G(c)에서는 G(a) 내의 b는 G(c)의 d로 대응된다. 여기서 d는 F(c)={c}에 들어 있지 않으므로 a→c는 b의 의미에 들어가지 않는다.

(3) 계열 a→d에 관해: G사상 G(a)→G(d)에서는 G(a) 내의 b는 G(d)의 d로 대응된다. 여기서 d는 F(d)={d}에 들어 있으므로 a→d는 b

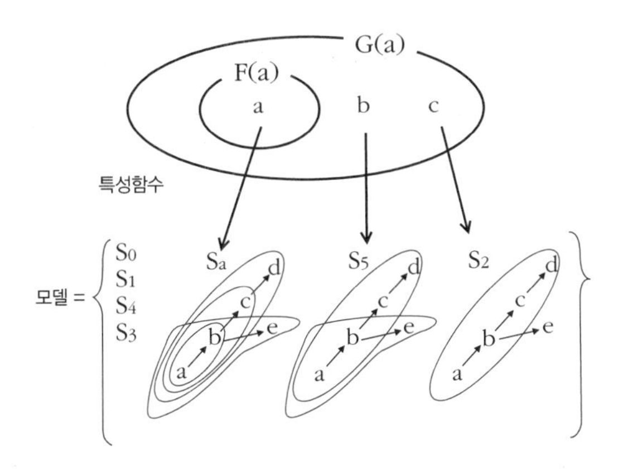

그림 3-10 어떤 인과집합과 그것에 관한 인과적 역사 F와 G(그림 3-7에서 주어진 것)를 해석하는 모델. 모델은 인과집합에 관한 체를 모은 것으로 주어진다.

의 의미에 들어간다.

(4) 계열 $a \to e$에 관해: G사상 $G(a) \to G(e)$에서는 G(a) 내의 b는 G(e)의 e로 대응된다. 여기서 e는 $F(e)=\{e\}$에 들어 있으므로 $a \to e$는 b의 의미에 들어간다.

이리하여 원소 b의 (내적 시간에 관한) 의미는 $S_5=\{a \to d, a \to e\}$가 된다(그림 3-9). <그림 3-10>은 체 전체가 이루는 모델에 G(a)의 원소가 어떻게 대응되는지를 나타낸다. 포함 관계의 내측을 이루는 F(a)의 원소가 최대의 체인 Sa에 대응하고 있다는 것에 주의하자.

여기서 기술한 인과적 역사의 원소를 체에 대응하는 방식은 사건의 계열을 모으는 방법이 된다. 게다가 맹목적으로 계열을 모으는 것이 아니라 모은 계열은 확실히 체를 이루고 있다. 체란 가능한 한 미래를 조망할 수 있도록 모은, 미래로 연장되는 것을 허용하는 계열의 집합이었다. 이제 여기 있는 계열 $a \to x$가 G(a)의 원소 p의 의미이고 체 S에 속한다고 하자.

정의에 따라 이 p를 G사상으로 대응한 계열의 종점은 F(x)에 들어 있다. 이것을 가능한 미래의 사건 y까지 연장해서 a →x →y로 하면 F(x)에 들어 있던 것은 F에 의해 F(y)로 대응된다. 그런데 인과적 역사 F와 G의 포함 관계에 의해 그러한 F(y)로의 대응이 바로 p의 G에 의한 대응 방식이기도 하므로 a →y에 대응하는 G사상 G(a) →G(y)에 의해 G(a) 내의 p는 F(y) 내에 대응된다는 것을 알 수 있다. 즉, 계열 a →x →y도 역시 S에 속함을 알 수 있다. 여기서 알 수 있는 것, 'a →x가 S의 원소라면 이것을 연장한 a →x →y도 또한 S에 속한다'는 S가 가능한 한 미래로 연장되는 것이 허용됨을 의미한다. 즉, S가 체라는 것을 알 수 있다.

<그림 3-9>를 참조하면서 <그림 3-10>을 보면 체가 과거가 되는 정도를 어림잡는 내적 시간이라는 것을 이해할 수 있다. 역사의 어떤 순간({a, b, c})에서 어떤 사건에 관해서는 두 역사의 관점(F와 G)은 이미 이 시점에서 역사를 공유한다. 그러나 다른 사건에 관해서 두 역사의 관점은 훨씬 나중의 미래에 이르지 않으면 일치하지 않는다. 사건 c를 살펴보자. 그 의미는 체 S_2로 주어지지만 그것은 단 하나의 계열 a →d로 이루어지고, 주어진 인과집합에서 가장 뒤의 사건 d에 이르지 않으므로 인과적 과거를 평가할 수 없다는 것을 의미한다. <그림 3-9>을 보면 사건 c는 인과적 역사 G(d)에 이르기까지 사상 G에 의해 사상 F와 다르게 대응하고 있다는 것을 알 수 있다. 즉, d에 이르기 이전에 사건 c에 주목해서 인과적 역사 G로부터 인과집합을 보는 한 인과적 역사 F를 해석할 수 없다. 마찬가지로 사건 b는 G(d) 및 G(e)에서 비로소 사상 F와 같은 대응을 취한다는 것을 알 수 있다(<그림 3-9>에서는 사상 F와 같은 대응을 발견할 수 없는 한 점선으로 제시한다). 그러므로 그 의미는 a →d 및 a →e로 구성되는 체 S_5로 부여된다. 즉, 체로 부여하는 인과적 역사의 의미란 '과거인 정도를 평

가할 때 인과집합을 어느 정도로 상세하게 해석할 수 있는가'를 나타내는 것이라고 생각할 수 있다. 그러므로 최대 정밀도로 해석 가능할 때, 그 의미는 최대의 체 Sa로 주어진다.

5. 인과적 역사 모델로서의 속(束)

드디어 모든 체를 모은 집합이 인과적 역사의 모델이 되었다. 이 모델의 구조를 조사하면 인과적 역사의 논리를 이해할 수 있다. 먼저 집합 개념을 이용하면서 논리 구조의 요점이나 논리 구조를 이해하기 위한 도구, 속에 관해 기술하기로 하자. 이 개념들은 이후의 장에서도 이용되므로 조금 상세하게 기술하기로 한다.

<그림 3-11A>에 있는 그림은 원소 a와 b로 이루어진 집합에서 부분집합을 취해 타원으로 둘러싸고, 부분집합 간의 포함 관계를 선으로 묶은 그림이다. 타원으로 둘러싼 a와 b는 {a, b}를, 타원으로 둘러싼 a는 {a}를 의미한다. 선으로 묶은 집합은 상위의 것이 하위의 것을 포함한다. 포함 관계는 전술했듯이 순서 관계를 만족하므로 각각의 그림은 순서집합을 나타낸 것이라고 말할 수 있다. 순서 관계를 선으로 묶어서 나타낸 그림을 '하세(Hasse)도표'라 한다. 이후 이 책에서는 다양한 하세도표가 제시되므로, 독자는 순서 관계가 선으로 묶인 경우에 관해서만 정의된다는 점에 주의해 주었으면 한다. 예컨대 <그림 3-11B>에서 {a, c}는 {b}보다도 지면의 위쪽에 그려져 있지만 양자는 선으로 묶여 있지 않고 양자 간에 순서 관계는 없다. 실제로 {b}의 원소인 b는 {a, c}에 속하고 있지 않으므로 양자 간에 포함 관계(따라서 순서 관계)가 없다는 것을 이해할 수 있을 것이다. 기호 ∅는 원소를 갖지 않는 특수한 집합, 공집합을 의미한다. <그

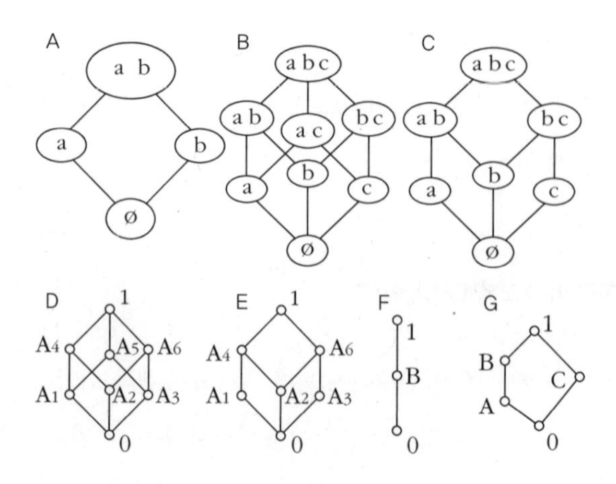

그림 3-11 A~C 집합 {a, b}, {a, b, c}를 주고, 부분집합을 골라내어 그 포함 관계를 선으로 묶은 하세도표. A와 B에서는 하한이 교집합, 상한이 합집합으로 정의되어 있지만 C의 상한은 합집합은 아니다. D와 E는 B와 C의 포함 관계를 추상적인 순서 관계로, 집합을 추상적인 원소로 치환한 것. F는 상보율이 성립하지 않는 분배속. G는 분배율이 성립하지 않는 속.

림 3-11B>는 집합 {a, b, c}의 부분집합을 전부 모은 순서집합의 하세도표이지만 <그림 3-11C>에서는 집합 {a, b, c}의 부분집합에서 단 하나 {a, c}가 제외되었다.

집합 간에는 '합집합'과 '교집합'이라는 조작을 정의할 수 있다. 두 집합 X와 Y에 공통으로 포함되는 원소를 모은 집합이 X와 Y의 교집합이고 두 집합 X와 Y의 어느 한쪽, 혹은 양쪽에 포함되어 있는 원소를 모은 집합이 X와 Y의 합집합이다. X와 Y의 교집합, 합집합은 각각 $X \cap Y$, $X \cup Y$로 표시한다. 즉,

$X \cap Y$={p는 X의 원소, 그리고 p는 Y의 원소}

$X \cup Y$={p는 X의 원소, 또는 p는 Y의 원소}

로 쓸 수 있다. 여기서 등식의 각 우변은 괄호 안의 조건을 만족하는 p를 모은 집합을 의미한다. <그림 3-11A>에서 {a}와 {b}의 교집합은 공집합이고 합집합은 {a, b}라고 이해할 수 있다. <그림 3-11B, C>는 모두 {a, b, c}의 부분집합으로 구성되는 순서집합이다. 단, <그림 3-11B>는 어떠한 두 집합(각각의 순서집합에서는 원소가 된다)의 교집합이나 합집합이 해당 순서집합 내에 존재한다는 특징을 가진 특별한 순서집합이다. 이때 이 순서집합은 두 조작, 교집합과 합집합에 관해 닫혀 있다고 한다. 이것에 비해 <그림 3-11C>의 하세도표에서는 {a}와 {c}의 합집합이 존재하지 않고 합집합에 관해 닫혀 있지 않다는 것을 알 수 있다. 합집합이나 교집합은 순서집합 내의 원소를 취해서 다른 하나의 원소로 치환하는 연산 조작이다. 어떤 연산 조작에 관해서 집합이 닫혀 있을 때 집합은 대수 구조를 갖는다. 본래 우리의 목적은 논리 구조를 조사하는 것이지만 대수 구조가 있다면 논리적 구조를 부여할 수 있다. 그러면 <그림 3-11C>의 하세도표가 보여 주는 순서 구조는 B의 그것과 달리 대수 구조를 갖고 있지 않는 것일까? 그렇지는 않다. 이것을 확인해 보기 위해 합집합이나 교집합 조작의 확장인 상한이나 하한을 도입한다.

우선 포함 관계에서 보이는 순서 관계를 보존한 채 관계를 추상적인 순서로, 집합을 추상적인 원소(알파벳 대문자로 표기)로 치환해 보자. 순서집합 전체 중에서 최대의 원소, 최소의 원소는 관습적으로 각각 1, 0으로 나타낸다. 이리하여 <그림 3-11B>와 <그림 11C>는 구조를 바꾸지 않고 <그림 11D>와 <그림 11E>와 같이 바꿔 그릴 수 있다. 순서집합의 원소는 더는 집합이 아니므로 교집합이나 합집합이라는 조작은 의미를 갖지 않는다.

그러나 순서 관계를 이용해서 두 원소 α와 β의 '상한', '하한'이라는 조작을 정의할 수 있다. 원소 α와 β의 상한은 $\alpha \vee \beta$, 하한은 $\alpha \wedge \beta$로 표시하고 각각 다음과 같이 정의한다.

$\alpha \vee \beta$ = α 및 β 이상의 원소 중에서 최소인 원소

$\alpha \wedge \beta$ = α 및 β 이하의 원소 중에서 최대인 원소

정의에 있듯이, α와 β의 상한이란 원소이지만 혼란이 없는 한 상한을 고르는 조작이기도 하다. 그런데 집합 {a, b}와 {a, c}의 교집합은 {a}였다(그림 3-11B). 이것을 추상적 원소로 치환한 A_4, A_5의 하한을 취해 보자. 원소 A_4 이하의 원소집합은 {A_4, A_1, A_2, 0}, 원소 A_5 이하의 원소집합은 {A_5, A_1, A_3, 0}이 된다면 양자에 공통되는 집합은 {A_1, 0}이다. 하한은 이 중에서 최대의 원소이므로 $A_4 \wedge A_5 = A_1$이 되어 하한이 순서 구조 중에서 교집합에 해당하고 하한이 교집합의 일반화라고 이해할 수 있을 것이다(그림 3-11D). 마찬가지로 상한은 합집합의 일반화이다. 역으로 말하면 <그림 3-11A>, <11B>의 순서집합에서는 상한, 하한이 각각 합집합, 교집합으로 정의된다는 것을 알 수 있다.

그런데 <그림 3-11C>의 하세도표가 나타내는 순서집합은 합집합에 관해 닫혀 있지 않았다. 그러면 상한에 관해서는 어떠할까. <그림 3-11E>의 하세도표에서 <그림 3-11C>의 {a}와 {c}에 대응하는 원소인 A_1, A_3의 합집합을 확장한 상한에 관해 생각해 보자. 원소 A_1 이상의 원소는 A_1, A_4, 1이 되고 원소 A_3 이상의 원소는 A_3, A_6, 1이 되므로 양자에 공통된 원소의 집합은 {1}이 된다. 따라서 그중에서 최소의 원소란 1이 되고 A_1과 A_3의 상한은 1이 된다는 것을 알 수 있다. 즉, <그림 3-11E>의 순서집합은 상한, 하한에 관해 닫혀 있다는 것을 알 수 있다. 이러한 임의의 두

원소의 상한, 하한에 관해 닫혀 있는 순서집합을 '속'이라 한다. 어떤 조작을 행했을 때 조작 결과가 주어진 집합에서 닫혀 있으므로, 그 조작을 자유롭게 사용해 원소를 치환, 결국은 기호를 계속 치환할 수 있을 것이다. 그것은 언어이자 논리라고 생각할 수 있다. 이렇게 속은 논리 구조를 부여해 준다.

속의 논리 구조를 조사하는 경우, 가장 중요한 성격이 분배율과 상보율이다. 분배율이란 속의 임의의 원소 α, β, γ에 관해 'α와 β의 상한'과 γ의 하한은 'α와 γ의 하한'과 'β와 γ의 하한'의 상한과 동등하다는 성격이고 상한, 하한을 바꿔 넣은 형식에서도 성립한다. 이것들을 기호로 쓰면 다음과 같다.

$$(\alpha \vee \beta) \wedge \gamma = (\alpha \wedge \beta) \vee (\beta \wedge \gamma)$$

$$(\alpha \wedge \beta) \vee \gamma = (\alpha \vee \beta) \wedge (\beta \vee \gamma)$$

이것을 만족하는 속을 분배속이라 한다. <그림 3-11D>에서 $A_1 \vee A_2$와 A_3의 하한은 0이고 $A_1 \wedge A_3$와 $A_2 \wedge A_3$의 상한도 0과 동등하다는 것을 알 수 있다. 실제로 임의의 원소에 관해 이 등호가 성립, 분배속이라는 것을 알 수 있다. <그림 3-11G>는 분배율이 성립하지 않는 속이다. 명백하게 $A \vee C$와 B의 하한은 1과 B의 하한으로 B가 되고, $A \wedge B$와 $C \wedge B$의 상한은 A와 0의 상한으로 A가 되어 문제의 등호가 성립하지 않는다(좌변이 B, 우변이 A가 된다).

상보율을 말하기 위해서는 우선 보원(補元)을 정의할 필요가 있다. 원소 α의 보원 α^c란 α와 α^c의 상한이 1, 하한이 0인 원소이다. 어떤 원소의 보원이 존재하지 않는 경우도 있고 역으로 복수로 존재하는 경우도 있다. 모든 원소에 대해 보원이 존재할 때 상보율을 만족한다고 말하고 그러한 속을 상보속이라 한다. <그림 3-11D>에서 A_5와 A_2는 서로 보원이다. <그림 3-11F>에서는 원소 B에 대해 보원이 존재하지 않는다. <그림 3-11G>에서는 $B^c=A^c=C$이고, 또한 $C^c=A^c=B$라는 것을 알 수 있다. 또한 $1^c=0$, $0^c=1$이므로 이것은 상보속이다. 분배속일 때 그 속의 보원은 존재한다면 단 하나이다. 또 그 역도 성립, 보원이 존재할 때 단 하나로 결정된다면 그 속은 분배속이다. 이 점들에 주의하면 <그림 3-11D>는 상보속이면서 분배속(이것을 상보분배속이라 한다), <그림 3-11E>와 F는 상보속이 아닌 분배속이라는 것을 알 수 있다. 실제로 <그림 3-11E>에서는 원소 A_2에 대해 보원이 존재하지 않지만 그것 이외에 관해서는 단 하나 존재한다. <그림 3-11F>에서도 마찬가지로 원소 B에 대해 보원이 존재하지 않지만 그 이외에 관해서는 단 하나 존재한다는 것을 알 수 있다. <그림 3-11F>의 하세도표는 단 하나는 아니지만 모든 원에 대해 보원이 존재하기 때문에 분배속은 아닌 상보속이라는 것을 알 수 있다.

6. 배중률의 붕괴

인과적 역사의 모델이 상보속이나 분배속이라는 것은 어떠한 의미를 가질까? 우선 집합의 {안, 밖} 논리 구조를 속으로서 재고해 보자. 안과 밖을 통해 우리가 이해하는 것은 (1) 안, 밖이 서로 상반되는 성격이고 (2) 상반되는 성격은 이원적이며, (3) 안, 밖 이외의 모호한 성격은 존재하지 않음을 만족하는 논리 구조이다. 이 구조는 두 원소 0과 1로 이루어진 속(단, $0 \leq 1$인 순서 관계가 있다)으로 나타낼 수 있다. 순서 관계에 따라 0과 1의 상한은 1, 하한은 0이다. 즉, $1^c=0$, $0^c=1$을 얻는다. 서로 보원이라는 이 관

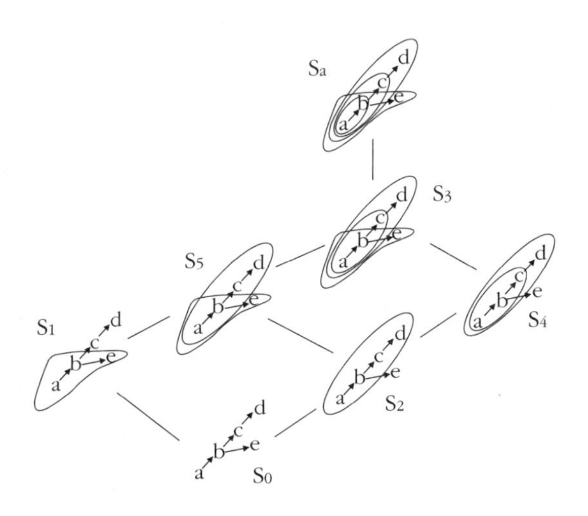

그림 3-12 〈그림 3-5〉에 나타낸 체의 집합이 구성하는 속. 각 원소는 체로 이루어지고 순서 관계는 포함 관계로 정의된다. 각 체는 계열의 집합으로, 계열은 닫힌 곡선으로 제시된다. 이 닫힌 곡선에 관한 포함 관계가 순서 관계를 이룬다. 여기서 S_a가 최대의 원소 1이고 S_0가 최소의 원소 0이다.

계성이 안, 밖이 서로 상반된다는 성격을 담지한다. 또한 상반되는 성격이 이원적이라는 것은 상반되는 성격이 서로 단 하나로 결정된다는 것, 즉 보원이 단 하나로 결정된다는 것을 의미하고 속이 분배속이라는 것을 나타낸다. 나아가 모호한 원소가 없다는 것은 안, 밖과 같은 쌍을 이루지 않는 원소가 존재하지 않는다는 것을 의미하고, 결국은 보원이 존재하지 않는 원이 없다는 것을 의미한다. 즉, 속은 상보속이고, 결국 이 0과 1만으로 이루어진 속은 상보분배속이다.

이것에 비해 <그림 3-5>에서 주어진 인과집합에서 확인되는 모든 체의 집합이 만드는 속은 어떠한 구조를 보여 줄까? 체 각각을 원소로 해서 순서집합을 생각하자. 하나의 체는 계열의 집합이므로 포함 관계에서 체 사이의 순서 관계를 생각할 수 있다. 이리하여 얻은 구조를 <그림

3-12>로 나타내자. 각 원소인 체는 <그림 3-5>와 같은 것으로 인과집합은 사건 a, b, c, d, e로 구성되어 있다. 각 루프(loop)가 사건 간의 계열을 의미하고, 루프가 없는 최하위의 체는 공집합이다. 예컨대 S_5와 S_2를 비교해 보면 $S_2=\{a \rightarrow d\}$, $S_5=\{a \rightarrow d, a \rightarrow e\}$이므로 S_2의 원소는 S_5에 포함되어 있고 순서 관계로 보면 S_2가 S_5의 하위가 된다는 것을 이해할 수 있다. 또한 속 원소의 하한은 집합의 교집합으로, 상한은 합집합으로 정의된다.

<그림 3-12>를 보면 이 순서집합이 속이 된다는 것은 명백하다. 이것은 일반적인 경우에 관해서도 성립한다는 것을 증명해 둔다. 인과적 역사의 모델은 모든 체를 모은 것이므로 이것이 속이라는 것을 보여 주기 위해서는 두 체의 교집합이나 합집합이 체가 된다는 것을 보여 주면 충분하다. 합집합이나 교집합이 체로서 존재한다면 체인 이상 그것은 반드시 인과적 역사의 모델에 들어간다. 따라서 모델이 합집합이나 교집합에 관해 닫혀 있다고 말할 수 있는 것이다.

여기서 S와 T를 두 체로 하고 그 교집합을 생각하자. S와 T의 교집합에 속하는 계열 $a \rightarrow x$는 S에도 들어가고 T에도 들어간다. 여기서 S와 T가 각각 체이므로 계열을 가능한 미래로 연장해서 $a \rightarrow y$를 취하면, $a \rightarrow y$도 또한 S에도 들어가고 T에도 들어간다. 즉, $a \rightarrow y$도 S와 T의 교집합에 속한다. 따라서 S와 T의 교집합 계열은 가능한 미래로 연장 가능하다고 말할 수 있으므로 이것은 체라고 말할 수 있다. 마찬가지로 $a \rightarrow x$가 S와 T의 합집합에 속한다고 가정하면 S 또는 T에 속하고 미래로 연장된 $a \rightarrow y$도 S 또는 T에 속하므로, $a \rightarrow y$도 S와 T의 합집합에 속한다고 말할 수 있다. 즉, S와 T의 합집합도 또한 체이다. 이리하여 모든 체를 모은 포함 관계에 관한 순서집합은 속임이 제시되었다.

<그림 3-12>를 보고 또 하나 깨닫게 되는 것은 상보율을 만족하지

않는다는 점이다. 예컨대 S_5의 보원은 존재하지 않는다는 것을 알 수 있다. S_5와 상한을 취해서 최대원이 되는 것은 S_a뿐이다(예컨대 S_5와 S_4의 상한은 S_3이고 S_2와 갖는 상한은 S_5이다). 그렇지만 S_5와 S_a의 하한은 S_5가 되어 최소원이 되지 않는다. 보원이 존재하지 않는 원소가 하나라도 있다면 상보율은 만족되지 않으므로 이것은 상보속은 아니다. 다른 한편 분배속이라는 것을 알 수 있다. 예컨대 $S_1 \vee S_2$와 S_4의 하한은 S_5와 S_4의 하한으로 S_2가 되고 $S_1 \wedge S_4$와 $S_2 \wedge S_4$의 상한은 S_0과 S_2의 상한으로 S_2가 되므로 양자는 일치한다. 마찬가지로 임의의 원소에 관해 해당 식이 성립, 이 속이 분배속이라고 이해할 수 있다.

<그림 3-12>에 한정하지 않아도 실은 어떠한 체로 구성되는 의미론이든 체를 모아 포함 관계로 순서 지어진 순서집합은 모두 분배속이 된다고 증명할 수 있다. 그러나 상보율에 관해서는 성립한다고는 단정할 수 없다. 마르코풀루의 결론은 바로 이 점에 집약된다. 상보율은 상반되는 두 성격으로 매사를 규정할 수 있다는 것을 의미한다. 인과적 역사에 관해서 상보율의 불성립은 과거와 미래를 뚜렷하게 구별할 수 없다는 것, 과거와 미래가 단적으로 상보적 개념은 아니라는 것을 의미한다. 과거가 아닌 것이 미래라는 것을 의미하지 않는다. 과거도 미래도 아닌 시간이 내적 한정 관측자에게는 실재한다는 것이다. 그러나 그것은 엉뚱한 결론은 아닐 것이다. 인과집합이라는 시공 내의 한 점에 위치하고 시공 전체를 조망할 수 없는 관측자는 그 점에 이르는 계열, 그 점에서 시작되는 계열만을 문제로 삼아 시점이 한정되어 버리기 때문이다. 그의 시계에 들어오지 않는 것은 과거도 미래도 아닌 것이 된다.

이 내적 한정 관측자의 설정 자체에 오류는 없는 것일까? 우리는 시공 전체를 보고 알고 있다고는 말할 수 없다. 이 출발점은 타당하다고 생

각된다. 마르코풀루의 전략은 이 어떤 종류의 불가능성을 시계(視界)의 한정성을 통해 표현하려고 한다는 것이었다. 그것을 위해 시공 전체를 인과집합으로서 준비하고 그중의 한 점을 지정함으로써 유도되는 인과적 역사를 정의했다. 인과집합의 한 점을 지정하는 것이 가능할까? 물론 마르코풀루는 한 점을 자명하게 지정할 수 있다고 생각한다. 만약 점을 지정할 수 있다면 사건의 계열에서 현재를 지정할 수 있게 된다.

그렇지만 사건 계열을 주고 그 위에서 현재를 지정하는 것은 불가능하다는 것을 철학자 맥태거트는 이미 100년 전에 보여 주었다. 맥태거트는 현재가 계속 이동하고 있다는 점에 주의해서 그 불가능성을 유도해 낸다. 우리는 바로 이후의 장에서 맥태거트의 언명을 받아들이면서 마르코풀루적 이미지를 전회해 갈 것이다.

4장 _ 내부 관측에서 A계열, B계열로

마르코풀루와 맥태거트는 양자 모두 사건의 순서 계열인 B계열과 시간 양상의 A계열(과거-현재-미래)이라는 쌍으로 논의를 시작한다. 이 낯선 A계열과 B계열이라는 구별에 위화감을 느끼는 독자도 있을 것이다. 우선 독자는 애당초 시간의 흐름, 계열이라는 것을 인정하고 여기서부터 출발해도 좋은지 의심할지도 모른다. 물리학에서는 시간의 화살, 과거에서 미래로 흐르는 비대칭적 시간을 선험적(a priori)으로는 인정하지 않는다. 그것은 경험칙이고 관측이 얽힌, 논의의 여지가 있는 문제로 자명하지는 않다. 두 번째로 시간에 '흐른다'라는 성격을 인정했다고 해서 왜 두 계열이 필요한지 의문을 갖는 독자도 있을 것이다. '지금'이 그 자체만으로 존재하고 시간에는 '지금'밖에 없다. '지금'만으로 '흐른다'라고 느껴지는 동성(動性)을 가지며 그것으로 충분하지 두 계열은 필요없다는 것이다.

일상적으로는 그 자체에 의한 동성을 체험할 수는 있다. 별이나 깜깜한 방의 작은 광원을 응시해 보라. 그것들은 움직이지 않는다. 그럼에도 불구하고 계속 응시하면 멈춰 있는 광원은 맹렬한 속도로 그 곳에 머무르면서 계속 이동한다고 느낄 수 있다. 실은 지각에는 운동이 필요하고 거의 움직이지 않는데도 움직임이 보이는 것은 안구가 빠르고 미세하게 끊임없이 진동하기 때문이다. 멈춰 있는 광원이 운동하고 있다고 느껴지는 것은 아무것도 없는 암흑 속에서 계속 응시하면 안구의 진동 자체가 지각되어 상대적으로 대상인 광원이 움직이고 있다고 지각되기 때문이다. 이것은 단순히 인지 현상에 머물지 않고 그 자체의 동성이라는 개념을 생각함에 있어서 좋은 은유로서 기능한다. 독자는 이것을 기억해 두었으면 한다.

어쨌든 이 두 문제, '시간의 흐름에서 출발해도 좋은가'와 '두 계열은 필요한가'에 관해 논의하자. 열쇠는 내부 관측이라는 개념 장치이다.

1. 동일성 원리에 잠재하는 경계

눈앞에 있는 테이블 위를 개미 한 마리가 횡단하고 있다고 하자. 그 개미는 당신이 설령 알아차리지 못해도 물론 테이블 위를 횡단하고 있겠지만 당신과 전혀 무관계한, 무구한 존재는 아니다. '개미다' 하고 당신이 알아차렸을 때의 개미는 당신이 어린 시절에 땅바닥에서 어지럽게 돌아다닌다고 느끼고 짓밟은 개미이자, '개미가 매미의 시체를 옮겨 갔어' 하고 친구에게 듣고 이해한 개미이다. 아기 시절의 당신은 눈앞에 개미가 지나가도 알아차릴 수조차 없었을 것이다. 비석에 새겨진 문언을 읽을 때 비석의 재료인 점판암 표면의 요철이나 질감을 하나하나 인식하고 볼 필요가 없듯이 아기인 당신에게 개미는 인식의 권외에 있었을 것이다. 그러나 당신은 어느새 세계 속에서 개미가 그 주위와 구별되어야 할 무엇이라고 경험하고, 경우에 따라서는 어느 정도 명확한 개미의 정의로써 개미를 식별한다. 즉, 개미는 세계와 구별되고 '개미'라는 바를 계속 만족함으로써 개미로서 존재하게 된다. 개미는 당신과 독립적인 존재이지만, 그것은 당신이 개미를 당신과 독립적인 세계 내에 존재하는 '사물'로 인식하고 있다는 것과 연관된다. 개미는 당신의 인식과 완전히 독립되어 있지는 않다. 그러나 동시에 당신의 인식에 완전히 맡겨진 것도 아니다. 당신이 '사라져라'라고 빌어도 개미는 사라지지 않는다.

생명의 기원을 연구하고 있는 마쓰노 고이치로(松野孝一郎)는 내부 관측이라는 개념을 제안했다. 개미의 사례로 내부 관측을 설명하자. 내부 관측이란 내측에서 '사물'을 관측하는 것이다. 그러나 그것은 개미가 되어 개미의 시선으로 보는 것을 직접적으로 의미하지는 않는다. 개미는 전부를 조망할 수 없는 당신의(물론 학습하거나 체험함으로써 인류의 경험까지 짊어지고 있는 당신의) 경험에 의거해서 인식되는 개미로 간주된다. 세계를 초월적으로 외부에서 조망하는 당신이 아니라 어디까지 보고 알고 있는지 모르고, 세계를 내측에서 볼 수밖에 없는 관측자=당신에게 있어서의 개미이다. 만약 '개미의 정의에 전혀 오류나 모순이 없다고 개미를 인식하고 있다'면, 개미를 내부 관측한다는 의미를 잃어버린다. 개미의 정의, 인식에는 어디까지나 완전히 알았다는 것이 아니라 보류가 동반된다. 이런 한에서 개미는 당신의 개미 경험을 벗어날 수 없는, 내부 관측되는 개미가 된다. 내부 관측되는 개미란 경험적으로 개미라 간주되는 한에서의 개미이다. 적어도 개미가 '세계로부터 분리된 다리 여섯 개의 물체로서 인식된다'면, 개미에게는 이 경험을 만족하는 한에서의 운동이 역으로 허용된다. 걸으면서 다리가 하나씩 떨어져 나가고, 그래도 계속 운동하는 것은 개미는 아니다. 움직이고, 변형하면서도 일련의(연속성을 갖는) 개체성을 유지하고 경험칙으로서 '한 개체라는 보존칙'을 만족하는 한 변형하고 운동한다. 개미는 어떠한 무리한 자세를 취해도 이것을 만족하는 한 개미로 간주된다.

대상 X에 대한 내부 관측자의 이미지는 'X는 X인 바의 보존칙을 만족하는 한 X이다', 'X는 X의 동일성을 유지하는 한 X이다'라는 어떤 종류의 동어반복적 언명, 혹은 X의 정의에 X 자체가 포함된 자기언급적 형식을 취하게 된다. 문제는 이러한 자기언급적 언명에 의미가 있는가 없는가를 논의하는 것은 아니다. 그런 문제는 해결되어 있다. 우리는 항상 'X인 바의 X'를 받아들여 버리고, 오히려 논리적으로는 무의미한, 혹은 모순이기만 한 언명을 마치 유의미한 듯이 운용함으로써 X를 지시하고 X를 알아차리는 것이다(그리고 그것이야말로 시간에 관계한다). 우리가 지금 생각해야만 하는 것은 'X'와 'X인 바'의 이중성 그 자체로서 'X인 바의 보존칙'을 보다 보편적인 개념으로서 이해할 수 있는가 하는 것이다.

나는 마쓰노가 말하는 'X인 바의 보존칙'을 'X'와 'X이다'라는 이중성으로 치환하여 내부 관측 개념을 확장해 보았다. 물론 그것은 'X'와 'X이다'가 밀접하게, 예컨대 등식 'X'='X이다'와 같은 형식으로 닫힌 하나의 상징을 형성함을 의미하는 것은 아니다. 양자 간에는 현실의 홈, 밖으로 통하는 빈틈이 있어 외부가 끊임없이 여기에 관여하고, 양자의 괴리를 유지함과 동시에 교류시킨다. 'X'와 'X이다'의 공립이 X를 알아차린다는, 불충분하지만 하나의 현상을 이루고 무의미한 자기언급적 형식조차 유의미한 듯이 적용할 수 있게 돼 버린다.

이 이중 구조는 <그림 4-1>와 같이 그려 볼 수 있을 것이다. 실재하는 X(X로서 알아차리게 되는 X)는 내부 관측되는 X이고, 경험된 X를 만족하는 한에서 X이다. X경험을 받아들인다는 것은 X인 것을 X로 하는 것이다. 따라서 이 이중성을 불완전하게(그러나 불완전함을 자각하지 않은 채로) 교류시켜, 일치한 무언가로서 받아들이는 것이 X를 알아차린다는 것이다. X와 X임은 괴리된 채 불가능한 교류를 이룬다. 양자 간의 화살표는 이 교

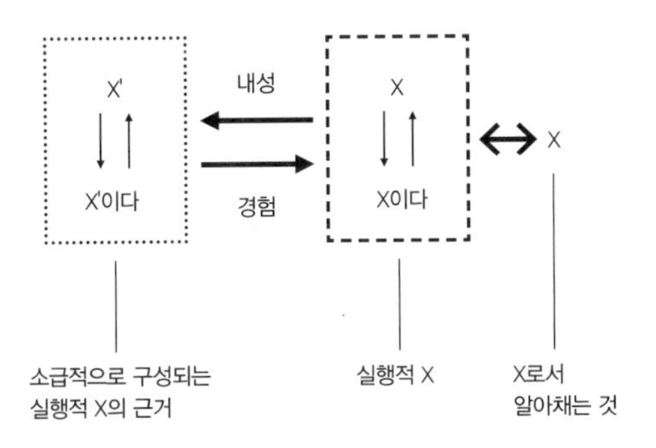

그림 4-1 내부 관측되는 X의 구조. 실재하는 X라 불리는 것은 X와 X임의 이중성이 공립한 채 X를 현전한다.

류를 의미한다. 이 이중 구조를 받아들이는 것이 X를 경험으로서 이해하고 인식하는 것으로, 그것은 이전의 X 경험에 근거 지어진 것으로 소급적으로 생각할 수 있다. 이전의 X 경험은 이 지금의 X 그 자체는 아니다. 그러므로 여기서는 X'라 표기되어 있다. 말하자면 과거의 X' 경험은 같은 이중 구조를 가지면서, 내성되고 지금의 X를 근거 짓는 것으로서 굳이 발견될 때는 단적인 실재로 간주된다. 단적인 실재이기 때문에 X'와 X'임을 둘러싸는 경계선이 조밀하고, X와 X임의 그것보다 실선에 가까운 것은 보다 단적인 실재라 간주된다는 것을 나타낸다.

X 및 X임이 갖는 이중성의 의미를 보다 명확히 해두자. 나는 이전에 크립키(Saul A. Kripke)의 논의를 수용해서 '안심입명(安心立命)의 경지에 들어갈 수 없는 회의론으로서만 회의론은 가능하다'라는 상황이야말로 이중성의 보편적 모델이라고 주장했다. 그 논의를 돌이켜보는 것은 '현재'의 독립성, 열린 전일성을 이해하는 열쇠가 될 것이다.

크립키가 제시한 규칙의 역설이란 대강 다음과 같다. '내'가 덧셈을 하고 있으면 회의론자가 나타나 '당신은 당신이 하고 있는 덧셈의 규칙이 무엇인지 알고 계산을 하고 있는 것인가' 하고 묻는다. '나'는 초등학교에서 +(플러스)의 사용 방법을 익혔고, 그것에 따르고 있으므로 어떤 정리 x, y에 대해서도, x+y의 계산 방법을 알고 있다고 생각한다. 그러므로 회의론자의 질문을 일축하려고 한다. 그러나 회의론자는 다음과 같이 말한다. '당신의 덧셈 경험이 기껏 유한회인 이상, 덧셈으로 체험하지 못한 수가 존재할 것이다. 이것을 가령 57이라 하자. 그런데 가정에 따라 57+68은 당신이 체험하지 못한 덧셈이 된다. 여기서 +를 사용하는 방식으로서 플러스(plus)와 퀴스(quus)라는 두 규칙을 생각해 보자. 플러스는 당신이 학교에서 익혔다고 믿는 덧셈 규칙이다. 그런데 당신이 체험한 모든 수에 관해 플러스도 퀴스도 같은 계산을 한다고 정의한다. 예컨대 2+3=5, 10+24=34처럼 말이다. 그러나 체험하지 못한 수, 57에 관해서는 플러스는 57+68=125, 퀴스는 57+68=5로 계산한다. 체험하지 못한 수에 대해서만 양자는 다른 것이다. 그러면 당신은 지금까지 덧셈을 하면서 '플러스의 규칙을 따라온 것인가, 퀴스의 규칙을 따라온 것인가' 하고 묻는 것이다.

크립키는 이 회의론자의 질문은 원리적인 질문으로, 반박할 수 없다고 주장한다. 체험한 수에 관해 플러스와 퀴스는 구별되지 않는다. 그러므로 지금까지의 체험으로는 당신은 결코 플러스와 퀴스의 차이를 알 수 없다. 미지의 수에 관해서만 인식되는 차이는 마치 신기루처럼 움켜쥘 수 없다. '나'는 다음과 같은 반론을 시도한다. 덧셈을 알고 있다는 것은 자연수의 지식, 즉 셈으로써 모든 수를 얻을 수 있다는 것을 의미한다. 셈은 어떤 수에 1을 더한다는 조작을 알고 있으면 귀납법으로 임의의 수에 관해 정의할 수 있고, 모든 수에 관해 빠짐없이 정의될 것이다. 즉, 덧셈과 플러스는 본래 관계가 없다고 말이다.

이러한 반론을 회의론자는 간단히 격파한다. 본래 회의론자는 귀납법과 귀납법이 현실 세계에서 이해되는 것을 구별하고 후자를 공격한다. 회의론자는 귀납적으로 정의되는 셈에 대해서도, '나'의 유한회의 귀납법 체험과 일치하고 체험하지 못한 횟수에 대해서 구별되는(플러스와 쿼스처럼), '어디션'(addition)과 '쿼디션'(quaddtion)을 제안하며 같은 논의를 반복한다.

나는 크립키가 등장시킨 회의론자는 어떤 종류의 자기기만을 깨닫지 못하고 있고, 자신이 생각하고 있는 만큼 완벽한 논의를 하고 있지는 않다고 생각한다. 그러나 뒤집어서 우리가 회의론자를 비웃고 자기기만을 규탄할 수 있는가 하면, 그것도 곤란하다고 생각한다. 우선 자기기만이란 무엇인가 설명하자. 회의론자는 규칙 준수가 하나하나의 수에 의거하는 개별적 체험과 그 무제한적 집단에서만 나타나는 규칙 개념의 혼동 위에서 성립한다는 것을 공격한다. 그것은 유한한 계산 체험과 체험의 집합으로서 나타나는 한 무제한한 체험 전체가 띠는 규칙의 괴리, 혼동을 의미한다. '유한으로서의 부분과 무제한적 전체는 논리적으로 다른 개념이다. 그럼에도 불구하고 당신은 그것을 혼동하고 있다' 이것이 회의론자의 주장이다. 그렇다면 이 주장을 외치는 회의론자는 어떠한가? 그는 이것을 주장하기 위한 방법으로서 플러스와 쿼스를 정의했다. 그때 양자의 구별에 본질적이었던 것은 바로 체험하지 못한 수라는 비일정적 전체를 한 개의 개별적 수 57로 치환하는 것이 아니었던가? 비일정적 전체와 특정되는 개체의 혼동, 이것도 역시 회의론자 자신이 규탄의 대상으로 삼은, 논리적으로 다른 것의 혼동은 아닌가? 이런 한에서 회의론자는 자신이 지적하려고 하는 논리적으로 다른 것의 혼동을 스스로 그 전제에서 범하는 것이다.

회의론자가 지적하고, 또한 스스로 금기를 범하는 이중성은 바로 'X'와 'X이다'의 괴리와 혼동과 동등하다. 회의론자는 이 이중성을 지적함과

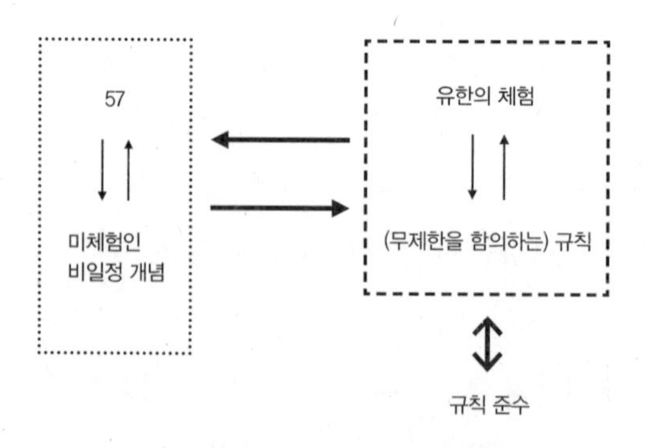

그림 4-2 크립키의 회의론에서 회의론자의 언명이 실행적임을 보여 주는 구조. 〈그림 4-1〉에 나타난 이중의 이중성을 간파할 수 있다.

동시에 그 전제에서 이미 되풀이하고 있다. 이 상황을 <그림 4-1>처럼 도시해 볼 수 있을 것이다(그림 4-2). 'X'와 'X임'의 이중성은 유한한 체험과 규칙(무제한한 체험)의 괴리, 혼동에 대응한다. 이미 전제에서 반복되던 57이라는 개체와 비일정 개념의 이중성은 'X'와 'X임'의 이중성에 다름없다.

'X'를 경험적으로 인식하는 것과 회의론자의 대비를 통해 우리는 세 가지를 이해할 수 있다. 첫 번째로 회의론과 같은 자기언급적 구조의 지적, 모순의 지적이라는 논리적 언명도 역시 언어 경험 내에서 사용된다는 것이다. 그러므로 크립키의 회의론도 역시 'X' 경험과 같은 구조를 갖는다. 따라서 경험 내에서 실재를 감수(甘受)하는 이상, 우리는 크립키의 회의론자가 저지르는 자기기만을 비웃을 수 없다. 두 번째로 역으로 'X' 경험의 구조에서 회의론의 구조가 발견되었다고 한다면 'X'와 'X이다'의 괴리를 보다 구체적으로 파악할 수 있게 된다. 그것은 'X'를 대상화하고 'X이다'인 양상을 대상 개념에 의거해서 나타내려고 하는 한, 'X이다'는 'X'를 부분으로서 포함하는 전체로 규정된다는 것이다.

세 번째로 어째서 새삼스럽게 회의론인가 하고 물어볼 때, 우리는 이 (이중의) 이중성에 잠재하는 동일화의 운동을 깨닫게 된다. 회의론은 본래 유한의 체험과 규칙이라는 괴리를 만들어 내면서 이 양자를 혼동하는 운동에 적용된다. 그것은 우리의 행위나 발화가 '논리적 층위가 다른 이중의 수준을 동일시하는 운동'으로서 그려진다는 것을 의미한다. 물론 그러한 분리와 혼동을 받아들이는 것은 회의론자가 마련한 논쟁의 장에 들어가는 것으로 회의론자의 **불완전한 전제**를 받아들이는 것이기도 하다. 그러나 우리는 이미 그러한 불완전한 전제를 받아들여서 일단 진행하는 것 외의 방식으로 발화하고 지시하는 것은 불가능하다. 그것이 X의 실재를 경험으로서 받아들이는 것이기도 했기 때문이다. 그곳을 회의론자에게 공격받고, 우리는 회의론자의 발언에 일단은 귀기울여 버리는 것이다. 그렇다면 우리는 이 다른 수준을 동일시하는 운동을 경험이라는 운동의 원리로서 받아들이는 곳에서부터 입론해야 할 것이다.

내부 관측되는 X는 'X'와 'X이다'의 이중성으로 표현된다. 그 이중성은 대상과 양상의 이중성이고 일단 후자를 전자로 나타내려고 하는 한, 부분과 전체의 관계로 나타나는 이중성이다. 그 이중성이 성립하기 위한 전제에도 마찬가지의 이중성이 숨어 있다. 그것이 'X''와 'X'이다'의 이중성이다. 이중성에는 양자를 동일시하는 운동이 숨어 있다.

우리는 여기까지 더듬어 왔다. 그러나 독자는 경험을 받아들여 'X'' 와 'X'이다'의 이중성을 이전의 이중성으로 받아들이는 한 이미 경험적 시간의 흐름을 받아들여 전제로 하고 있는 것은 아닐까 하고 의심할지도 모른다. 하지만 그렇지 않다. 이것은 일단 이전, 이후를 인정한 것뿐으로, 오히려 이전, 이후는 'X'와 'X이다'를 동일시하는 운동에서 파생하는 흐름이다. 다음 절 이후 그것을 살펴볼 것이다.

내부 관측을 담지하는 X는 계층적 차이를 담지하고, 이것을 뛰어넘으려고 하는 동일화 과정을 담지한다(그러나 결코 양자는 일치하지 않는다). 이것을 이후 계층 차에 대한 동일성 원리라 부르자. 과연 동일성 원리는 시간에 어떻게 기여하는 것일까?

2. 운동의 흐름과 시간의 흐름

'X'와 'X이다'의 이중성은 존재와 존재를 규정하는 것의 이중성이다. 이 절에서는 이것을 간단한 원소 집단의 계층으로 파악, 동일성 원리와 시간 흐름의 관계를 음미해 보자.

여기서는 특히 운동의 흐름과 시간의 흐름을 구별해 두자. 운동의 흐름이란 대상인 '사물'의 시간적 변화에 관한 비가역성이자 방향이다. 운동의 흐름은 흘러가는 시간을 전제로 하고 시간 축에 따라 사건, 상태를 계열화함으로써 얻어진다. 이에 비해 시간의 흐름이란 이 '지금'이 흘러가서 현재, 과거, 미래라는 동적인 계열을 현전하는 것이다. 양자는 각각 B계열, A계열의 원기(原器)라 말해도 좋을 것이다.

우선, 존재를 원소를 지정하는 집합을 사용해 모델화한다. 특히 여기서는,

$$\{a, b, c\}$$

라는 3원소로 이루어진 집합을 생각하여 존재의 모델로 삼자. 즉, X={a, b, c}라 생각하는 것이다. 각 원소는 존재의 어떤 구성 원소라 생각하면 된다. 상위 계층인 '존재를 규정하는 것'은 존재의 정의에 따라 집합을 원

소로 해서 지정하는 개념 장치가 된다. 규정 조작을 포함한 이 장치도 존재라고 한다면, 존재를 규정하는 존재는 집합을 지정하는 집합, 즉 집합을 원소로 하는 집합이 된다. 여기서 존재는 {a, b, c}로 가정되어 있으므로 존재의 규정은,

{{ }, {a}, {b}, {c}, {a, b},{b, c}, {c, a}, {a, b, c}}

처럼 {a, b, c}의 모든 부분집합을 지정하는 집합(이것을 멱집합이라 한다)이 된다. 부분집합이란 {a, b, c}에서 원소를 선택하고 집합으로 삼은 것이다. 전혀 원소를 선택하지 않는 공집합 { }이나 모든 원소를 선택한 {a, b, c}도 부분집합으로서 허용된다. 즉, 존재의 규정은 상정 가능한 모든 조합으로 원소를 모두 선택한다.

존재와 규정작용을 포함하는 존재자의 대비를 집합과 멱집합을 대비함으로써 모델화하는 것은 단순화에 불과하지만은 않다. 여기서 생각해야 할 것은 두 수준이 논리적 층위의 차이를 포함하면서도 양자 간에 동일성 원리가 작동하는 상황이다. 집합과 멱집합은 지시의 수준이 다르고, 그 수준의 차이를 혼동하면 논리적 모순이 귀결된다. 그러므로 집합-멱집합의 이중성은 모델로서 타당하다.

그런데 집합과 멱집합으로 'X'와 'X임'을 나타낼 때, 양자의 차이는 단적으로 원소수의 차이로 나타난다. 존재와 존재의 규정에 관한 동일성 원리를 담지하는 운동은 가장 간단하게는 양자의 원소수를 맞추도록 실현될 것이다. 집합의 원소수에 비해 멱집합의 원소수는 멱승으로 증가하므로 압도적으로 많다. 따라서 양자의 원소수를 맞추기 위해서는 예컨대 존재의 규정을 몇 개의 군(group)으로 나눠서 존재에 대응시킬 필요가 있

다. 즉,

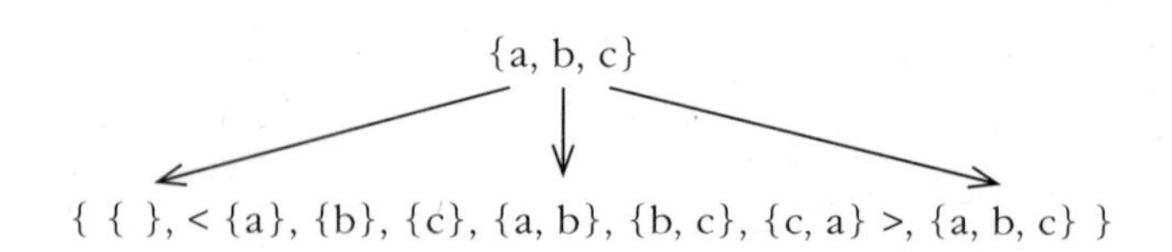

와 같이 존재의 규정을 세 개로 나누면 원소를 세 개 갖는 {a, b, c}로 빠짐 없이 일대일대응된다. 이러한 편가름(grouping)이 존재와 존재를 규정하는 것의 동일화에 의해서 야기된다.

이 편가름으로 인해 운동의 흐름은 예컨대 다음과 같이 주어질 것이다. 우선 집합을 0과 1의 열로 나타낸다. 원소 a, b, c의 존재, 부재를 a, b, c 순으로 배열, 각 원소에 관해 존재하면 1, 부재하면 0으로 한다. 예컨대 {b, c}는 011, {a, c}는 101, 공집합 {}은 000으로 나타낸다. 이때 존재 규정에 관한 군은 다음과 같다.

000 <100, 010, 001, 110, 011, 101> 111

다시 X={a, b, c}의 의미를 생각해 보자. 여기서 존재는 단순히 세 개의 동전이 늘어서 있는 것이라고 생각하자. 존재의 규정은 동전 배열의 전체이다(앞면은 1, 뒷면은 0으로 나타낸다). 즉, 존재는 동전의 배열에 관해 다양한 상태로 변화하고 그 총화로서만 규정할 수 있는 것이다.

엔트로피가 증대한다, 난잡함이 증대한다는 의미에서 운동의 흐름(방향)은 존재 규정의 군(group)화로부터 직접 얻을 수 있다. 존재 X는 동전 배열의 상태 변화, 동전을 뒤집는 운동에 의해 규정된다. 여기서 동전 배열의 종류는 여덟 종류이다(각 동전은 뒤나 앞 두 종류가 존재하고 그것이 독립적으로 세 개 늘어서 있으므로 2^3=8이 된다). 원(元) 상태로 변화하는 것, 즉 '변화하지 않는다'도 변화의 하나로 생각, 어떤 동전의 배열(상태)로부터 다른 배열(상태)로 변화하는 확률이 전부 동등하다면 그것은 어느 것이나 1/8이 된다. 만약 8상태가 전부 구별될 때 그 상태 변화를 바라본다면 어떤 상태로도 같은 확률로 변화하므로, 상태는 변천해 가고 상태 천이(遷移)는 왔다 갔다를 반복할 뿐이다. 여기에는 어떠한 운동의 흐름도 비가역성도 존재하지 않는다.

상태의 편가름은 변화에 방향을 부여한다. 동일성 원리에 따라 멱집합은 세 개로 나눠지고 <100, 010, 001, 110, 011, 101>은 여섯 개의 상태를 동일시한 것이다. 여기서 동전이 모두 뒷면인 000과 모두 앞면인 111은 구별된다. 이것들은 동전의 상태가 모두 같다는 의미에서 질서 있는 상태라 말할 수 있을지도 모른다. 이에 비해 <100, 010, 001, 110, 011, 101>에 속해 있는 상태는 어느 것이나 뒷면과 앞면이 섞인 상태로 난잡한 상태라 말할 수 있다. 편가름은 난잡한 상태를 일괄하고 동일시한다. 이 동일시로 말미암아 상태 000에서 상태 010으로의 변화는 의미를 잃어버린다. 010은 <100, 010, 001, 110, 011, 101>의 다른 상태와 구별되지 않기 때문이다. 의미가 있는 변화는 상태 000인 질서 상태, 상태 111인 질서 상태, 그리고 난잡한 상태 <100, 010, 001, 110, 011, 101>이다. 여기서는 상태 000에서 출발할 때 상태 000으로의 변화, 상태 111으로의 변화, 난잡한 상태로의 변화 세 종류의 변화만이 의미를 갖는다. 그렇지만 동전의 배열에 관한 확률은 세 동전 배열의 변화에 관해 같은 확률이었다. 그래서 상태 000이나 111로 변화할 확률은 1/8이 되지만 난잡한 상태로 변화할 확률은 여섯 상태를 동일시하기 때문에 6×(1/8)=3/4이 된다. 변화의 확률이 높다는 것은 그쪽 상태로 변화하기 쉽다는 것이고 그쪽으로 변화하는 운동의 방향이 존재한다는 것이다. 이리하여 질서로부터 난잡함으로 운동하는 흐름이 출현한다.

'X'와 'X이다' 간의 동일성 원리는 X를 속성, 강도에 따라 정의하는 내포와 X를 구체적인 대상, 상태의 집단으로서 정의하는 외연의 동일성 원리라 바꿔 말할 수도 있다. 예컨대 '사과'의 내포는 붉은 것, 단 과일이라는 것 등의 성격에 의해 규정될 것이다. 외연은 이 성격들을 만족하는 구체적 대상으로서 채소가게에서 팔고 있던 그 사과나 테이블 위의 쟁반에 담겨 있던 이 사과가 된다. 내포도 외연도 모두 같은 사과 개념을 규정하는 장치이고 그런 한에서 일치해야만 한다. 동일성 원리는 내포와 외연이 단 하나의 관계로서 서로를 규정하는 것에서 그 기원을 찾을 수 있다(내포-외연의 쌍에서도 그 동치성은 이념적으로만 성립한다).

내부 관측되는 대상 X는 이른바 관측하는 '나'를 명시적으로 동반하지는 않는다. '사물'로서 대상화된 X는 질료(material)이다. 따라서 잠재하는 관측자나 내포와 외연의 쌍도 역시 질료화된 형태로 대상 X에서 발견된다. 질료화된 내포-외연에서 동일성 원리는 그 의미를 다음과 같은 형태로 발휘한다.

대상 X를 붉은 식물성 플랑크톤이나 푸른 식물성 플랑크톤을 섭식해서 스스로 색을 내는 동물이라고 하자. 홍학(flamingo)은 섭식하는 새우의 색소로 스스로의 날개 색을 분홍색으로 물들인다. 이것과 같은 종류의 동물을 상정하는 것은 그렇게 부자연스럽지 않다. 이때 동물 X는 붉음이나 푸름으로 색채를 바꾸는 것이 그 본질적 특징이 된다. '붉거나 푸른 것'을 질료화한 내포-외연이란 무엇인가. 동물 X에서 붉음이나 푸름은 강도이고 붉음을 개체로서 세는 것, 붉음을 조작 대상으로 하기는 불가능하다.

그런 의미에서 '~임'은 내포이다. 그러나 동물 X는 '붉음임'이나 '푸름임'을 몸밖에 생식(生息)하는 식물성 플랑크톤을 구체적으로 모아 저장하고 바로 조작 대상으로 삼음으로써 실현한다. 식물성 플랑크톤은 개체이고, 잡아서 체내로 끌어들일 수 있는 대상이다. 동물 X는 그것을 끌어들이고, 붉은 색소나 푸른 색소를 동물의 체내로 집어넣어 저장, 경우에 따라서는 붉음과 푸름을 반응시킴으로써 '어떤 색임'을 실현할 것이다. 이런 의미에서 체내로 끌어들인 구체적인 색소는 붉거나 푸른 구체적 대상으로서 외연을 이루는 것이다.

동물 X와 화가를 대비하는 것은 유용하다. 화가에게 세계에 펼쳐진 푸름이나 붉음은 추상적인 강도이다. 푸른 하늘이 있고 붉은 사과가 있다. 이 붉음이나 푸름을 실현하는 구체적 소재로서 화가는 물감이라는 재료(material)를 소지하고 재료를 화폭에 배치한다. 붉음이나 푸름은 물감이라는 조작 대상이 되고 '붉음임'은 붉은 물감에 의해 실현된다. '~임'인 한 붉음임과 푸름임은 추상적으로 병치될 뿐으로 붉음과 푸름의 병치라는 현실은 의미를 갖지 않는다. 그러나 물감으로서 구상화된 붉음, 푸름은 칠해진 면적이나 두께에 따라 폭이나 크기를 갖고 병치가 의미를 갖는다. 붉음과 푸름의 세밀한 점묘는 보라색을 의미할 것이고 어떤 크기로써 병치되는 붉음과 푸름의 패턴은 어떤 종류의 리듬을 나타내는 구조가 될 것이다. 붉음, 푸름을 추상적으로 열거하는 것과 물감의 붉은 입자와 푸른 입자를 열거하는 것은 의미가 다르다. 이리하여 화가의 상정(想定) 외부에 있는 추상적인,

붉음, 푸름

은 물감이라는 화가의 내부 표현수단을 통해 개체화된 붉음, 푸름의 배치로서 구현된다. 즉,

> 색이 칠해지지 않은 상태, 붉은색으로 칠해진 상태,
> 푸른색으로 칠해진 상태, 붉음과 푸름을 병치한 상태

의 네 상태로서 붉음임, 푸름임이 도입된다. 외부에 있는 {붉음, 푸름}이라는 집합은 질료화, 개체화됨으로써 그 모든 조합이 표현된다. 따라서 물질화된 외연의 집합은 {붉음, 푸름}의 멱집합이 되는 것이다.

외부에 있는 강도와 물감이라는 내부 표현의 계층적 차이에도 불구하고 화가는 붉은 물감과 푸른 물감으로(이것들을 조합함으로써) 세계에 있는 '푸름임', '붉음임'을 표현한다. 이것이 화가가 계층 차를 뛰어넘도록 하는 동일성 원리이다. 화가는 붉음과 푸름의 병치를 어느 경우에는 푸름으로 동일시하고, 다른 어떤 경우에는 단독의 붉음이나 푸름을 배제하고 병치에서만 의미를 찾을 것이다. 그것이 외계에서 미묘한 푸름의 상태를 발견하는 것이고 붉음도 푸름도 아닌 새로운 보라색의 의미를 발견하는 것이다. 물감의 붉음과 푸름의 병치를 외계의 강도인 푸름과 동일시함으로써 외연(내부) 수를 줄이고 내포(외부) 수에 맞춰서 붉음과 푸름의 병치를 새로운 색감으로 봄으로써 화가는 세계에서 보라색을 발견하고 외계에서 강도로서의 색(내포) 수를 증가시켜서 외연 수에 맞춘다. 화가의 끊임없는 표현은 세계의 색에 관한 존재와 화구에 의한 표현을 계속 조정(調停)하는 것에 다름없다. 동일성 원리는 그러한 운동 전체를 포함한다.

색소를 모으는 동물을 상정하고 화가의 작업과 대비하는 것은 단순한 유비에 머무르지 않는다. 동물 X가 내부 관측된 X이고, (관측자에 의해)

'붉거나 푸른 것을 반복하는 X'로 정의되는 한, 그것은 외부 환경에 있는 내포적인 붉음이나 푸름과 내부 표현되는 색소(외연적 붉음이나 푸름)를 화가처럼 대응시켜 계속 조정(調整)하는 존재자가 된다. 이 조정(調停) 관계, 즉 외부의 붉음과 푸름, 내부의 붉음과 푸름이 그럭저럭 대응되는 관계로서 관측되었기 때문에 '붉거나 푸른 것을 반복하는 X'로 규정되는 것이다. 동일성 원리는 바로 'X임'의 정의상 만족된다.

그런데 우리는 다음과 같이 논의를 진행해 왔다. 내부 관측된 대상 X는 'X'와 'X이다'의 괴리와 혼동을 담지한다. 그 혼동이야말로 계층 차를 뛰어넘으려고 하는 동일성 원리이다. 'X'와 'X이다'의 계층 차는 관측에서 유래하는 내포와 외연을 그 기원으로 한다. 대상 X에서 내포와 외연은 질료화된다. 따라서 외연은 내포를 개체화하고 조작 대상으로 하는 형태로 나타난다. 그러므로 외연은 내포를 집합으로서 나타낸다면 그 멱집합으로서 나타난다. 우리는 당초 'X'와 'X이다'를 집합과 멱집합을 사용해 일단 모델화했다. 그리고 바야흐로 그것은 질료의 세계에서 극히 타당하다고 생각하는 데 이르렀다.

화가의 은유로 기술된 외계의 붉음, 푸름과 내부표현된 붉음, 푸름의 동적인 조정(調停)은 질료 수준에서도 상정할 수 있다. 나는 '(물감의) 붉음과 푸름의 병치를 (외계의) 푸름으로 동일시하거나 …… 외계에서 미묘한 푸름의 상태를 발견하거나, 역으로 붉음과 푸름의 병치에서 새로운 의미를 발견한다'고 기술했다. 여기서 생각해야만 하는 것은 후자의 가능성, 즉 (멱집합인) 내부표현에 맞춰지도록 외부의 붉음, 푸름인 집합의 원소 수를 증가시키는 조정(調整) 과정이다.

전술한 집합 {a, b, c}와 그 멱집합의 예는 멱집합을 편가름해서 집합에 맞춘 것이다. 그러나 역의 조정(調停) 과정, 즉 멱집합에 맞춰서 집합의

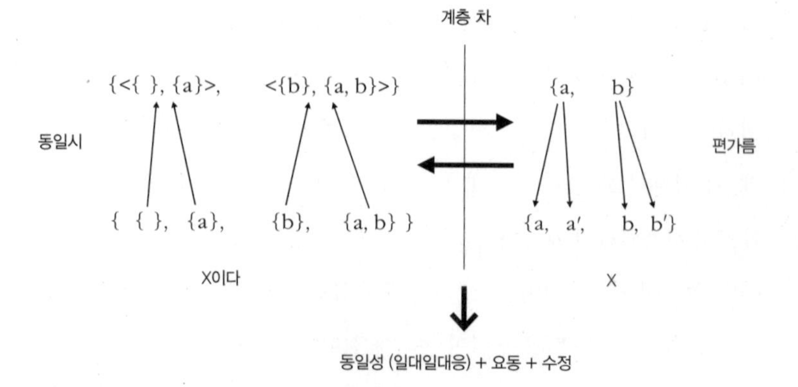

그림 4-3 계층 차에 대항해서 양자를 동일화하려고 하는(그러나 결코 실현할 수 없는) 운동. X 층위의 원소가 분열하는 것, 'X이다' 층위가 편가름되는 것의 양자를 통해 이와 같은 동일화의 운동이 계속 진행된다.

원소수가 증가하는 과정도 상정할 수 있다. 전술한 집합 {a, b, c}는 다 기술하기 번거로우므로 편의상 집합 {a, b}를 생각하자. <그림 4-3>과 같이 'X이다' 층위의 동일시, 편가름뿐만 아니라 'X' 층위의 원소분열, 원소수의 증대라는 조정(調停)까지 진행될 것이다.

계층 차를 뛰어넘으려는 운동에서 'X' 층위에서 원소수의 증대가 있는 상황을 동전의 배열로 생각하면 어떻게 될까. 예컨대 <그림 4-3>과 같이 'X' 층위가 나뉜 당초 'X이다' 층위의 멱집합은 편가름을 일시적으로 필요로 하지 않고 편가름을 풀게 될 것이다. 그것은 일시적으로 난잡함으로 향하는 흐름을 약화시키고 경우에 따라서는 질서화의 흐름조차 실현할지도 모른다. 물론 집합 층위에서 실제로 원소수가 증가했다는 것은 멱집합 층위에서 원소수도 증가시키고 다시 또 편가름이 필요케 된다. 이리하여 계층화 간의 동일성 원리는 두 층위에서 조정(調整)을 실현함으로써 결과적으로 원소수를 계속 증가시키고 다시 맞추어서 운동을 혼란함으로 계속 이끌게 될 것이다. 엔트로피의 증대는 국소적이고 일시적인 그 감소를 불가피하게 동반하면서 진행된다.

3. '지금'의 전일성, 그 현실성으로 전회하기

'X'와 'X인' 것의 동일성 원리는 운동의 흐름과 방향뿐만 아니라 '지금'을 만들어 낸다. 존재와 존재 규정의 쌍은 계층적 차이를 유지하면서 교류하고 동일성 원리에 의해 자기동일성을 만들어 낸다. 자기동일성 때문에 X는 단적으로 실재하는 X로 상정되고 X만으로 귀결된, 다른 어떤 것도 포함하지 않는 전일성을 만족하게 된다. 자기동일성의 정의상 만약 'X'와 'X이다'의 이중성이 은폐된다면, X는 전일성을 함의한다. 그러나 동시에 자기동일성은 결코 해소되지 않는 계층 차에 의해 만들어지고 유지되는 동일성이다. 때문에 자기동일성은 'X'와 'X이다' 간의 균열, 어떤 종류의 불완전함을 불식할 수 없고 역설적으로 그것을 현재화(顯在化)한다. 자기동일성이 함의하는 불완전성에 주의하면서 다시 한 번 'X'와 'X이다'의 이중성을 도시해 보자(그림 4-4).

'X'와 'X이다'가 이루는 동일성의 불완전함은 전일성에서부터 역설적으로 구성된다. 이중성을 앞 절에서 기술한 집합, 멱집합 간의 조정(調整)으로 이해하면 'X이다'가 항상 너무 크다는 사태를 발견하게 된다. 그러나 어떤 경우에는 멱집합의 편가름에 의해 양자의 대응, 동일성이 일시적으로 완성되는 듯한 찰나도 있을 것이다. 물론 그것은 집합원소의 분열과 같은 자유도의 증대에 의해 즉시 뒤집힌다. 그러면 존재와 존재 규정의 이중성은 양자 간의 흔들림이 극히 클 때부터 극히 작게 거의 일치하는 경우까지 다양한 가능성을 갖게 된다.

이 장 첫 부분에서 나는 암흑 속에서 그 자체로 움직이는 듯 지각되는 별을 예시했다. 그 자체의 동성은 지각하는 측과 지각되는 측을 분절할 때 한쪽이 전일성을 갖고 움직이지 않고 다른 한쪽이 변이와 운동을 담지함으로써 실현된다. 계속 진동함에도 불구하고 부동이라 간주되는 안구는 스스로가 지각하는 측이기 때문에 스스로를 부동의 존재자로 위치 짓는다. 스스로가 담지하고 있는 운동, 흔들림, 어긋남 전부는 상대인 지각되는 것에서만 발견된다. 이리하여 지각하는/지각되는 것의 쌍은 자기동일성을 체현하는 현실성/가능성의 쌍으로서 실현되고 그 결과 그 자체의 동성을 갖게 된다.

'X'와 'X이다' 쌍은 다른 일체의 것에 무자각적이고 다른 일체의 것을 은폐한다. 은폐함으로써 '그 자체로 실재하는 X'를 개설하게 된다. 그러나 은폐는 실패하기로 숙명 지어져 있다. 원래 'X'와 'X이다'의 쌍은 'X′'와 'X′이다'의 쌍과 이중의 이중성을 이룬다. 여기서는 전자의 쌍이 지각하는 것, 후자의 쌍이 지각되는 것이라는 대응 관계를 발견할 수 있을 것이다. 따라서 그 자체의 동성과 마찬가지로 'X'와 'X이다'의 쌍이 자기동일성을 담보함으로써 'X′'와 'X′이다'의 쌍이 가능성을 체현하게 된다. 왜 자기동일성이 개설되는 것인가? 왜 은폐되는 것인가? 그 자체는 물을 수 없다. 그것은 X의 실재성이 갖는 귀결이다. 이중의 이중성에서 자기동일성이 개설되는 한, 현실성-가능성의 쌍이 개설되는 것이다. 이리하여 내부관측된 X가 실재하는 X라는 정의상, X인 것의 전일성은 그 불완전함을 역이용해서 전회된다. 그것이 현실성-가능성의 쌍이라는 전회이다.

'X'와 'X이다'가 이루는 불완전한 동일성의 스펙트럼은 가능성으로 간주되고 그중 선택된 한 가능성을 상정하면서 거기서부터 절단된 고립점으로서 이 X가 개설된다. 현실성은 가능성을 환기하면서 가능성으로

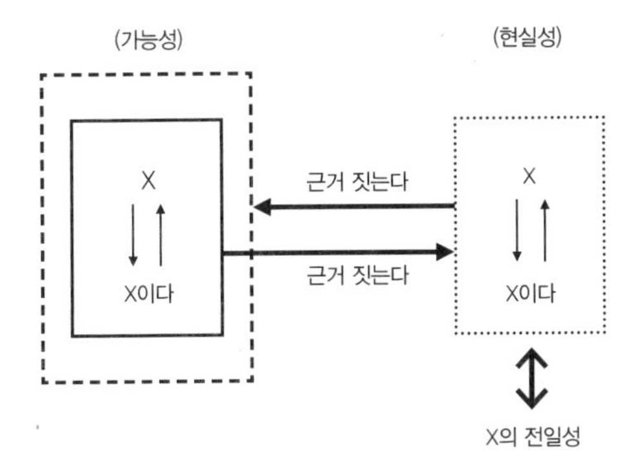

그림 4-4　X의 자기동일성에서 기인하는 전일성을 인정하는 한 역설적으로 그 불완전성이 가능성의 형태로 출현한다. 이리하여 가능성-현실성의 쌍이 출현한다

뒷받침된다. 즉, 개설된 X는 가능성에 대한 '이 현실'로서 독립하고 전일성을 유지한다. 이리하여 다양한 폭 아래에 있는 'X'와 'X이다'의 가능성과 현실성의 쌍이 현전한다. 가능성은 현실을 선택된 것으로서 근거 짓고, 현실의 전일성을 두드러지게 하기 위해 반성적으로 구상된다. 가능성은 스펙트럼이기 때문에 이 현실의 'X'와 'X이다' 쌍보다도 보다 일치하는 쌍, 보다 괴리하는 쌍을 포함한다. 보다 일치하는 쌍은 이 현실에 근거를 부여하는 전제로서 작용한다(계층 간의 홈은 은폐된다). 마찬가지로 보다 괴리된 보다 불확실한 동일성은 상대적으로 이 현실의 쌍에 의해 뒷받침된다(그림 4-4). 이리하여 가능성은 현실을 근거 짓는 것과 뒷받침되는 것 양자를 포함한다.

이리하여 'X'와 'X이다'의 불완전한 전일성은 가능성-현실성의 쌍으로 전회되고, 방향을 다르게 근거 짓는 두 가지 관계를 출현시킨다. 가능성 내에 있는 근거 지음의 화살의 역방향의 화살을 취해서 <그림 4-5>와 같이 바꿔 써 보자.

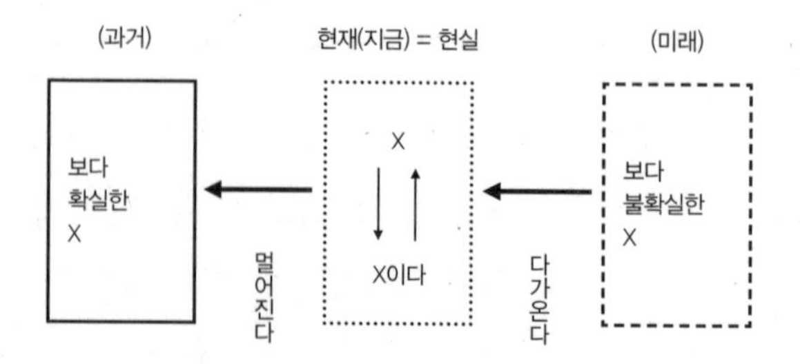

그림 4-5 가능성·현실성의 쌍은 가능성을 '보다 확실한 쌍'과 '보다 불확실한 쌍'으로 분해함으로써 과거, 현재, 미래의 원기(原器)를 만들어 낸다.

단적인 실재로 간주되는 X는 현실의 X로서 보다 불확실한 쌍을 근거 짓고, 보다 확실한 쌍으로 뒷받침된다. 현실은 바야흐로 '사이'가 된다(그림 4-5). 보다 확실한 것과 보다 불확실한 것 사이에 위치되는 현실은, 그러나 원래 이 가능적인 것들과 불가분하다. 'X'와 'X인' 것 간의 홈은 계층적 차이 때문에 메울 수 없고, 때문에 닫힌 독립성은 붕괴해 버린다. 이에 대한 전일성의 전회야말로 가능성과 대치하는 현실성이었다. 이런 한에서 보다 확실한 쌍도, 보다 불확실한 쌍도 이 X에서 가능적인 것이자 변화 속에서 이해되어야 할 변이가 된다. 그리고 근거 지음 관계의 방향이 확인되는 한 X는 그 자체로 '보다 확실한 것으로 변화한다'를 의미해 버린다. 이리하여 확실한 것으로 멀어지는, 불확실한 것으로부터 다가오는 아지랑이와 같은 동성이 이 '지금'에 부수한다. 그것은 파악되는 과거와 예기되는 미래를 동반하는 현재의 원기가 된다.

현실과 가능성 사이의 근거 지음과 '보다 확실한 것으로 변화하기'는 동전의 앞뒷면과 같은 관계에 있다. 실재하는 X는 내부 관측되는 X라고 생각할 때, 온갖 대상은 경험적으로 인식되는 X이다. 이때 X를 인식할 때에는 X인 것을 선행적으로 알고 있던 셈이 된다. 'X이다'를 성립시키는 근거가 여기에 전제된다. 설령 처음 지각되는 X라 해도 사정은 다르지 않다. 아기가 개미를 알아차리는 경우를 생각하자. 지금까지 배경의 일부로 화해 있던 개미를 처음 알아차렸을 때 실은 그 개미는 대상화되기 이전에도 바로 배경의 일부로서 알려져 있었다. 배경을 지각하듯 지각되어 '개미'가 개체화되기를 기다리고 있었다. '개미' 이전에 개미인 것이 선행적으로 지각되고 실재하고 있었던 것이다. 어떠한 첫 체험도 어떤 의미에서 데자뷔로서만 있을 수 있다.

그러므로 가능성의 다발을 동반하는 현실성으로서 전회된 이 'X'는 확실한 것으로 멀어지고, 불확실한 것에서부터 다가온다는 동성을 가지게 된다. 이리하여 동성을 가지면서 전일성을 유지하는 '지금'이 개설된다. 이제 확실한 것을 과거, 불확실한 것을 미래라 불러도 좋다. 이리하여 끊임없이 과거와 미래로 지속하는 현재가 얻어진다(그림 4-5).

독자는 2장의 '아직 절반, 이미 절반'에 관한 논의를 기억하고 있는가? 거기서는 일상적 경험과 시제의 관계를 논했다. 경험적으로 파악되는 X는 위스키가 절반 들어 있는 병이었다. 그 병에서 발생하는 나무와 숲의 혼동이야말로 'X'와 'X이다' 사이의 혼동이었다. 바로 병에서 보다 확실한 나무로의 전이가 과거, 즉 '이미 절반'을 상기시키고, 보다 불확정한 숲으로의 전이가 미래, 즉 '아직 절반'을 상기시킨 것이다. 우리가 이 장에서 살펴본 것은 그보다 일반적인 논의라 생각해도 좋을 것이다. 우리는 동성을 담지하는 '지금'에 도착했다. 전일성, 고립성을 현실성으로 전회함으로써 '미래로부터'와 '과거로'의 흐름을 담지하는 '지금'에 도달했다. 이것은 말하자면 A계열의 원기라 해야 할 것이다. 이 장의 후반에서는 A계열의 원기로부터 어떻게 A계열과 B계열로 분화하는지 살펴 가기로 하자.

4. A계열과 B계열로 분화하기

'불확정한 것에서부터' 및 '확정적인 것으로'라는 두 연관성을 갖는 '지금'은 과거 및 미래로 이어지는 현재로서 구상된다.

이러한 동성을 유지하는 현재가 개설되고 끊임없이 운동하고 있다는 이미지는 역시 맥태거트와 동시대 사람이었던 베르그송의, 그리고 베르그송의 시간론을 계승, 발전시킨 들뢰즈의 첫 번째 시간의 종합에 극히 가깝다. 첫 번째 시간의 종합이란 지나쳐간 현재로서의 과거를 파지하고 그럼으로써 동시에 미래로의 예기를 동반하는, 과거, 미래와 접속한 이 '지금'에 기초하여 시간을 해독하는 양식이다. 베르그송-들뢰즈는 첫 번째 시간의 종합을 동태 그 자체인 시간의 토대라 생각했다. 그 위에서 토대와 근거의 구별을 촉구하고 첫 번째 시간의 종합이 그 안에서 수행되는 다른 시간(시간의 근거)이 필요하다고 주장했다. 이리하여 두 번째 시간의 종합이 요청된다.

첫 번째 시간의 종합에서부터 두 번째 시간의 종합을 요청하고 이것을 '실재하는 기억=과거'로 구성해 가는 전개는 동성을 동반하는 '현재'를 시간 양상에 대한 A계열과 이것이 운동하는 B계열로 분화시키는 전개가 된다. 여기서는 베르그송-들뢰즈의 시간론을 참조하면서 앞 절까지 살펴온 과거, 미래와 접속하는 현재가 B계열 및 A계열로 분화해 가는 과정을 좇을 것이다.

끊임없이 운동하고 과거로 변화하는, 미래를 기대하는 현재를 개설했다면 즉시 첫 번째 문제가 생긴다. 그것은 베르그송-들뢰즈가 동시성의 역설이라 부르는 것으로 과거와 그 과거가 이제 막 현재였던 현재와의 동시성을 의미한다.

과거로 계속 변화하면서 미래를 기대하는 현재에 있어서 그것은 정의상 과거도 현재도 아니다. 즉, 현재의 동성이 과거를 파지하고 미래를 기대한다. 그러한 구도하에서 이해될 때 현재, 과거, 미래는 서로 구별되는 상이한 배타적 개념이어야만 한다. 다른 한편 현재의 동성을 이해하는 것과 그 운동의 근거를 이해하는 것은 일견 다른 시간이다. 과연 현재가 그 자체로서 움직인다는 것을 뒷받침하기 위해서는 어떻게 하면 좋을까? 베르그송-들뢰즈는 만약 현재가 이제 막 과거가 되고 동시에 새로운 현재가 출현한다고 생각한다면 현재가 변화하는 것은 결코 아니라고 주장한다. 역으로 과거가 현재와 동시이기 때문에 바로 그것을 근거로 해서 현재가 움직인다고 주장하는 것이다. 즉, 현재와 과거는 정의상 구별되고 공립이 금해져 있음에도 불구하고 그 동성을 근거 짓기 위해서는 동시여야만 한다. 이것이 동시성의 역설이다.

다음과 같이 생각할 수 있을 것이다. 우선 베르그송-들뢰즈가 곧바로 배제한, '현재가 즉시 사라지고 과거가 된다'라는 변화의 존재 양식을 음미해 보자. 여기서는 현재라는 개체가 소멸하고 과거라는 어떤 다른 것이 돌연 출현한다. 여기서는 불연속의 계기(継起)가 확인될 뿐으로 확실히 어떤 동일성을 담보하는 변화는 없다. '현재가 과거가 된다'를 '초등학생이 중학생이 된다'와 같은 표현이라고 생각해 보자. 후자를 소박하게 바라보는 한, 초등학생이라는 실체가 사라지고 돌연 중학생이 출현하는 그러한 생성·소멸을 나타내고 있는 듯하다. 이 생성·소멸에 관한 오류와 현재와 과거에 관한 생성·소멸의 오류는 동질의 것이 아닐까?

그러나 '초등학생이 중학생이 된다'의 오류는 구체적인 개체, 예컨대 '노부오'(信夫)를 사례로 듦으로써 해소된다. 초등학생이었던 노부오가 중학생이 된다. 이렇게 생각하면 어떤 것이 사라지고 어떤 것이 나타난다는 불연속성은 해소된다. 초등학생, 중학생은 양상이 되고 이들을 짊어진 '노부오'에 의해 동일성은 담보된다. 초등학생에서 중학생으로의 변화는 노부오가 그 위를 통과한다, 혹은 노부오라는 실체가 초등학생에서 중학생으로 라는 계열을 통과한다는, 개체와 양상의 상대운동이 된다.

'노부오'의 도입과 마찬가지로 대상화된 '실체로서의 과거'를 도입하자. 이것은 시간의 첫 번째 종합에서 현재가 파지하는 과거와는 다른 것이다. 현재가 파지하는 과거의 내용을 지시하는 실체로서의 사건이라 생각해도 좋다. 이것을 여기에서는 대문자 과거라 부르기로 하자. 대문자 과거(사건)가 현재로부터 과거가 된다. 이렇게 생각함으로써 현재가 소멸하고 과거가 출현한다는 생성·소멸의 계기(繼起)는 해소된다.

생성·소멸이 해소됨으로써 오히려 대문자 과거와 현재의 동시성(동시성의 역설)이 출현한다. 대문자 과거=사건이 현재로부터 과거로 변화한다. 그렇기 때문에 대문자 과거가 현재라는 사태가 바로 여기서 인정된다. 그러나 '노부오'를 실체, 초등학생과 중학생을 양상으로 생각한 것과 마찬가지로 대문자 과거(실체화된 사건)와 변화하는 양상(현재, 과거)을 구별하는 한 현재와 과거의 동시성은 사라지는 것은 아닐까? 바로 그러한 의문이 대문자 과거를 도입함으로써 외관상 동시성의 역설을 해소하고 동시에 동시성의 역설을 명료케 한다.

대문자 과거는 확실히 실체화된 사건이다. 그러나 그것은 '노부오'와 초등학생만큼 명확하게 현재가 파지하는 과거로부터 분리할 수 없다. 대문자 과거는 사건이지만 현재로부터 과거로의 계열에 의해 끊임없이 체험된다. 끊임없이 다가오는 현재가 단지 하나의 것인 이상, 실체화된 사건은 복수가 된다. 즉, 대문자 과거는 <그림 4-6>의 왼쪽에 그려진 계열처럼 사건을 원소로 하는 계열로서 얻어진다.

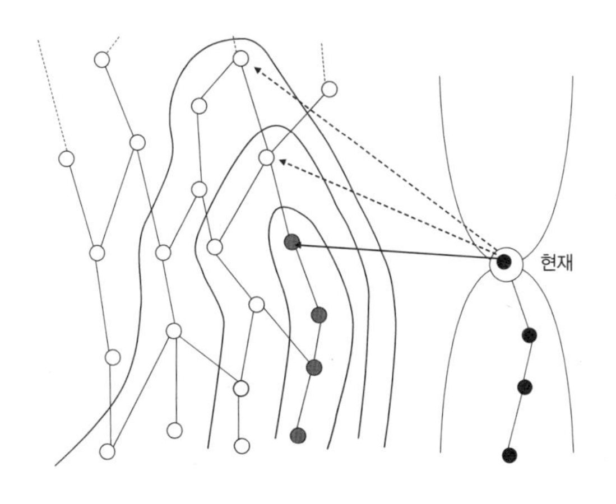

그림 4-6 대문자 과거(왼쪽 계열)와 대문자 현재(오른쪽 ○과 원추로 이루어진 계열)

<그림 4-6>은 사건의 계열이 바로 실재하는 과거임을 잘 보여 주고 있다. 여기서 대문자 과거에 대비해서 (미래로부터) 다가오는 것 및 (과거로) 지나쳐가는 것과 접속하는 현재를 대문자 현재라 부르기로 하자. 그것은 대문자 현재가 대문자 과거 속의 한 점을 현재로 해서 지정한다는 단적인 점에서만 현재와 차별화되기 때문이다. 대문자 현재는 미래로의 원추(원추 구조) 및 과거로의 원추와 접속하고 있다. 이 대문자 현재를 통과하는 것이 바로 대문자 과거이다. 이것들은 대상화된 사건 전체이고 우선은 인과적 관계에 따라 순서 매겨진 사건의 계열이라고 생각해도 좋다. 각 사건은 어느 때 현재가 되고 대문자 현재에 귀속하는 과거로 보내진다. 존재하는 과거(대문자 과거)는 사건의 계열인 전체로서밖에 의미를 가질 수 없다. 그것은 미리 상정하는 것은 불가능하고 시간이 변화하는 것을 마음 속에 그리기 위한 방법론적 장치로 상정되어 있다. 따라서 계열 전체는 대문자 현재의 과거에 있어서 지시되는 것에서만 그 모습을 나타낸다.

<그림 4-6>에서 대문자 현재가 지금 현재인 사건을 화살표로 가리키고 있다고 하자. 그 이전(그림의 아래쪽 방향)에 현재였던 사건군의 일부는 여기서는 검은 원으로 제시되고 대문자 현재에 있어서의 과거에 포함된다. 현재의 지시는 이동하여 어느 점선의 화살이 나타내는 사건을 가리키고 현재의 이동은 이것을 계속해서 반복한다(등고선상의 곡선은 각각의 가장 위 원소를 현재로 할 때, 그 과거에 속하는 사건 계열을 나타낸다). 바로 사건 계열 전체가 그 모습을 보이는 것은 계열 전체가 대문자 현재에 귀속하는 과거가 될 때뿐이다. 계열 전체는 과거로서만 현전한다. 그것은 '계열 전체는 존재하는 과거로서만 규정됨'을 의미한다. 대문자 현재가 이동해 가는 계열 전체는 편의적으로 과거라 불리는 것이 아니라 대문자 현재에 귀속하는 과거, 양상으로서의 과거와 불가분해진다. 대문자 현재와 대문자 과거 사이의 상대운동으로서 마음속에 그려 갈 수밖에 없는 현재로부터 과거로의 변화는 동시성의 역설을 결코 해소할 수 없다.

<그림 4-6>과 같이 대문자 과거, 대문자 현재를 상정함으로써 베르그송-들뢰즈가 말하는 모든 역설이 연기된다. 베르그송-들뢰즈는 동시성의 역설을 인정하든 인정하지 않든 공존의 역설이 출현한다고 한다. 존재하는 과거와 현재가 동시라면 현재가 이동함으로써 출현하는 과거, 지나간 과거, 보다 지나간 과거……라는 계열이 공존하게 된다. 이것은 즉 대문자 과거가 사건을 원소로 하는 계열로서 실재한다는 것이다. 우리는 '사건 계열 전체가 실재하는 과거가 된다'라는 베르그송-들뢰즈의 주장을 정비(整備)함으로써 이미 <그림 4-6>과 같은 계열화된 대문자 과거를 살펴보았는데, 그것은 공존의 역설을 연기한 것이라고 할 수 있을 것이다.

또한 베르그송-들뢰즈는 이리하여 구상된 대문자 과거는 대문자 현재의 운동에 앞서 존재한다고 주장, 이것을 선재의 역설이라 부른다. 우리

는 이미, 이미 존재하는 과거=대문자 과거를 상정함으로써만 대문자 현재의 변화를 해독할 수 있다는 것을 살펴보았다. 즉, 선재의 역설도 역시 이미 연기되고 있던 셈이다.

이리하여 과거를 파지하고 미래를 기대하는 현재로부터 대문자 현재, 대문자 과거를 얻고 현재의 운동은 그 상대운동으로서 그려지는데 이르렀다. 여기서 B계열(대문자 과거)과 A계열(대문자 현재)의 분화가 확인된다.

그러나 베르그송-들뢰즈의 핵심은 A계열과 B계열의 상대운동에 있는 것은 아니다. 맥태거트가 이 상대운동을 가정하며 사실은 상대운동의 불가능성을 논하는 것과 마찬가지로 베르그송-들뢰즈도 역시 어떤 종류의 불가능성에 도달했다고 말해도 좋을 것이다. 단, 그들은 이것을 긍정적으로 전개하고 시간이라 부른 것이다.

A계열과 B계열 상대운동의 불가능성은 베르그송-들뢰즈에게서 원추의 역설이자 시간의 세 번째 종합으로 전회된다. 원추의 역설이란 무엇이었는가? <그림 4-6>에서 베르그송-들뢰즈는 대문자 과거와 대문자 현재에 귀속하는 과거(아래쪽 방향으로 열린 추)를 동일시한다. 이 동일시에 의해 대문자 과거 위를 계속 이동하는 대문자 현재는 위 방향, 아래 방향 원추의 접점인 현재가 끊임없이 과거가 됨으로써 확장되고 현재가 됨으로써 수축하여 점이 되기를 반복한다. 즉, 대문자 현재가 위 방향, 아래 방향으로 확장되는 두 원추(미래 및 과거)와 그 접점(현재)의 구별에 의해 그 형식이 규정됨에도 불구하고 이 구성 원소들은 어쩔 수 없이 불분명해진다. 그것이 원추의 역설이다

원추의 역설은 오히려 우리가 얻은 A계열, B계열의 상대운동이라는 겨냥도 내에서 비로소 그 의의가 명백해질 것이다. 해독할 때 중요한 개념

은 첫째 '과거 파지와 과거 재생의 구별'이고, 둘째 '두 현재에 끼워지는 과거'이다. B계열의 원소란 과거를 구성하는 구체적 내용이자 대상화된 사건이다. 그다음 과거 파지란 A계열에서 지정되는 현재보다 이전의, A계열의 과거로서 얻어지는 사건으로 이해할 수 있다. <그림 4-6>과 같이 현재가 지정되는 상황을 다시 한 번 살펴보자. 회색 B계열 원소가 A계열의 과거(아래 방향의 추) 안에서 검은 원으로 표시되어 있는데 이것들이 파지되는 과거이다. 즉, 과거 파지란 B계열로부터 A계열로의 수동적 운동이고, 파지되는 과거란 A계열에 내속하는 (소문자) 과거이다.

이에 비해 과거의 재생이란 무엇인가? 이 과거는 대문자 과거, B계열이다. B계열의 어떤 원소가 현재로서 지정되고 A계열이 지나쳐 가려고 할 때, 지정된 현재는 과거를 파지하고 과거와 연결되면서 폭을 갖고 과거가 되어간다. 그 현재는 '바야흐로 과거가 되는' 현재이다. 그러므로 베르그송-들뢰즈는 이 '바야흐로 과거가 되는 현재'에서 (대문자) 과거는 최대한의 축적을 보인다고 주장한다. 말하자면 축적의 결과로서 과거 파지가 현전한다.

이리하여 바로 축약되기 때문에 (대문자) 과거는 재생되고 재현전되어야만 한다. 이 상황은 <그림 4-7>에서 제시된다. A계열이 어떤 사건에서 현재를 지정함과 함께 존재하는 과거는 축약되고 과거는 파지된다. 축약된 대문자 과거는 이완하고 다시 존재하는 과거로서 전개되어 재생한다. 그 위에서 새로운 사건이 새로운 현재로서 지정된다. 이 수축에서 B계열은 A계열의 운동=현재가 되는 것(현재가 대문자 현재가 되는 것)에 근거를 부여하고 A계열은 수동적으로 과거를 파지한다. 역으로 이 이완, B계열의 신장은 A계열의 운동=이미 과거가 되는 것(대문자 현재가 사건으로서 지정됨을 허용하는 것)에서부터 능동적으로 실현된다. 수축과 이완은 A

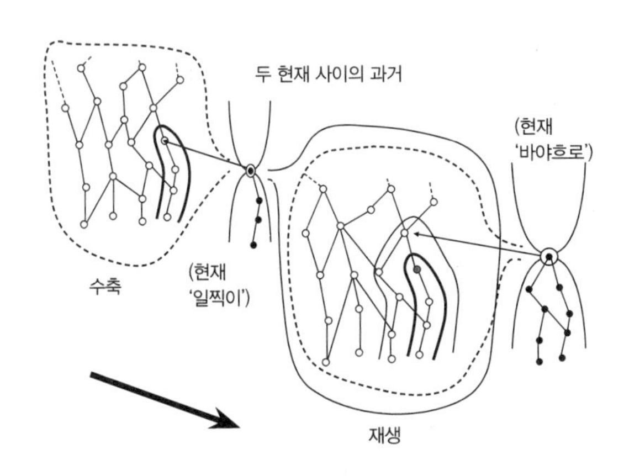

그림 4-7 두 현재(바야흐로 과거가 되고 있는 현재와 일찍이 현재였던 지나간 현재)에 의해 삽입된 대문자 과거=B계열. 검고 굵은 화살표는 수축·재생을 반복하는 과정을 나타낸다.

계열과 B계열의 주도권 싸움과 같은 운동이다. 그것은 A계열과 B계열의 상호작용이라는 형태를 취하지 않을 수 없다.

<그림 4-7>에서는 두 현재가 그려져 있다. 하나는 '바야흐로(いまや) 과거가 되고 있는, 생생한 현재'이다. 대문자 현재는 과거와 미래의 연결을 갖는, 말하자면 폭이 있는 현재이자 지속이다. 그러므로 어떤 사건을 현재로서 지정하든 하지 않든 그것은 과거로 되어가는 형태를 취하면서 아직 폭이 있는 현재의 영역에 머물러 현재라고 말할 수 있다. 사건이 지정된 찰나, 현재는 언제나 '바야흐로 과거가 되고 있는' 생생한 현재인 것이다. 이에 비해 '일찍이(かつて) 생생했던 현재였던 지나간(古い) 현재'는 이제 막 파지되고 있는 이 생생한 현재 내에서 발견된다. 이와 동시에 이전에 현재였던 지나간 현재는 축약을 실현한, 일찍이 생생했던 현재를 상기시킨다. 이리하여 <그림 4-7>에서 제시했듯이 이전의 현재(지나간 현재)의 축약을 계기(契機)로 재생, 전개된 대문자 과거는 그 지나간 현재(현

재 '일찍이')와 그 대문자 과거를 근거로 해서 출현하는 이 생생한 현재(현재 '바야흐로') 사이에 삽입된다.

베르그송-들뢰즈는 'B계열과 같은 어떤 종류의 계열 위를 현재가 미끄러져 이동해 간다'고 주장하고 있는 것은 결코 아니다. 그러나 나는 베르그송-들뢰즈의 시간론이 맥태거트적으로 해독될 때 원추의 역설은 A계열, B계열의 상호작용을 의미할 것이라고 생각한다. 대문자 현재(지속)와 그 운동을 실현하는 근거로서의 존재하는 과거(대문자 과거)는 각각 A계열, B계열에 대응시킬 수 있다. 그 위에서 원추이면서 원추를 체현하는 점이기도 한 그러한 원추의 역설을 해독하려고 하면 그것은 'A계열이 B계열 위를 운동하든 하지 않든 B계열 자체를 수축·이완(재생)하는 운동'으로 전개된다.

과거가 두 현재 사이에 삽입된다. 이 의미를 다시 한 번 음미해 보자. 우리는 B계열과 같은 계열 전체를 과거라 생각해 왔다. 계열 전체야말로 존재하는 과거인 것이고, 그 부분에 있어서 이미 존재하는 과거라는 정의를 부여할 수는 없었다. 그렇다면 이 B계열의 어떤 점(사건)을 현시점의 생생했던 "현재 '바야흐로'"로 규정하고 그 이전의 아래 방향에 위치하는 점(사건)을 지나간 "현재 '일찍이'"로 규정하는 것 사이에서 과거, 계열 전체를 결코 발견할 수 없다. 존재하는 과거는 재생하기 때문에 두 현재에 삽입되는 것이다.

5. 통사론으로서의 A, 의미론으로서의 B

우리는 내부 관측된 X에서 출발해서 과거, 미래의 지속을 갖는 현재에 도달했다. 또한 그 현재가 변화로서 묘사되는 한 운동체로서의 대문자 현재, 그것을 실현하는 지평으로서의 대문자 과거라는 쌍이 요청된다. 그리고 그것이 A계열, B계열로 이루어진 쌍으로 분화한다는 것을 살펴보았다. 이리하여 첫 부분에서 들었던 두 문제, 시간 방향의 기원과 A-B계열이라는 쌍의 기원에 관해 해독한 것이다. 이 절에서는 특히 두 번째 문제, 왜 시간의 방향을 발견하면 거기서부터 A-B계열의 쌍으로 분화하는가에 관해 다른 각도에서 다시 살펴볼 것이다.

우리는 X의 내부 관측을 'X'와 'X이다'의 계층 차를 뛰어넘어 안과 밖 사이에 거울상 관계를 실현하려는 운동으로 정의했다. 여기서는 단적인 'X이다'라는 그 자체로 성립하는 전일성과 그 전일성을 원리적으로 성립시킬 수 없는 불완전함이 공립한다. 불완전하면서 전일성, 독립성을 실현하는 전회가 가능성-현실성 쌍의 전회였다. 이리하여 말하자면 과거와 미래의 꼬리와 연결된 현재가 개설된다.

바야흐로 현재, 과거, 미래가 이루는 구조는 다음과 같이 나타낼 수 있을 것이다. 우선 생각해야 할 개념은 과거, 현재, 미래의 3원소뿐이라 하자. 이 3원소 간에 관계를 도입한다. 현재는 불완전한 자기동일성에 의해 규정된다. 그 불완전함 때문에 현재의 내부를 평가하는 것은 불가능하다. 다른 한편 그 자기동일성이 담지하는 전일성 때문에 현재를 그 윤곽만 규정하고 용기(容器)처럼 다룰 수 있다. 말하자면 불완전성에서 유래하는 자유도를 내부에 갖는 용기이다. 여기서는 용기의 자유도를 용기의 제한 없는 접속으로만 표현 가능하다고 정의하자. 이 접속을 관계기호 →로 나타내기로 하자. 이때 현재에 대해,

현재 → 현재 (반사율)

을 얻는다. 이것은 현재에 관해서는 얼마든지 →로 늘릴 수 있어서,

현재 → 현재 → …… → 현재

와 같이 제한 없이 신장할 수 있다. 역으로 현재 화살표의 연쇄를 유일한 현재로 축약하는 것도 가능하다. 이 현재에 관한 신장, 축약은 베르그송-들뢰즈의 지속에 관한 기술, 제한 없이 늘리고 축약 가능하다는 성격과 일치한다.

우리가 얻은 현재는 그 자체의 동성을 과거 및 미래와 접속함으로써 달성했었다. 그 접속은 과거와 미래가 연결되는 것을 보장한다. 즉,

'과거 → 현재' 그리고 '현재 → 미래'라면 '과거 → 미래'(추이율)

을 이룬다. 또한 과거 → 현재 → 미래의 방향이 한쪽 방향으로만 흘러 결코 순환하지 않는다는 것을 의미하도록 다음 사항도 요청하자.

'과거 → 현재' 그리고 '현재 → 과거'라면 '과거=현재'(반대칭률)

이것에 관해서는 현재와 미래, 과거와 미래의 조합에 관해서도 마찬가지로 말할 수 있다고 하자.

이상과 같이 제시된 그 자체의 동성(대문자 현재)은 이미 B가 아닌 A계열이라 해도 좋다. 이것을 엄밀하게 A계열이라 부를 수 없는 이유는 오로지 B계열과 쌍을 이루고 있지 않기 때문이다. 그렇다. 우리는 이미 대문자 현재에 있어서 '현재가 과거가 된다'를 변화로 이해하기 위해서는 현

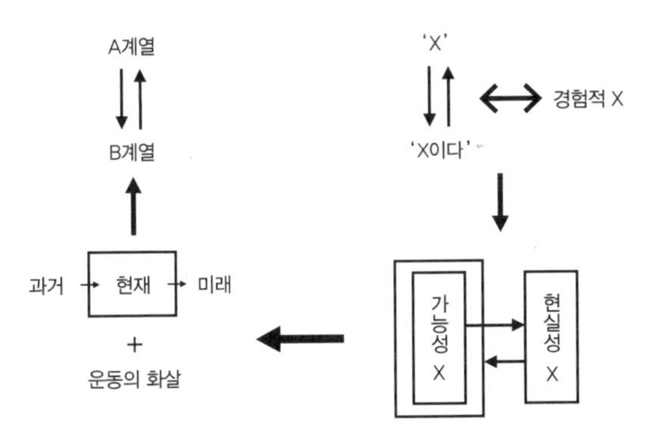

그림 4-8 이 장에서 제시한 경험적 X로부터 대문자 현재, A계열과 B계열로의 분화, 혼동까지의 논의 흐름

재, 과거, 미래를 양상으로 생각, 이것을 담지하는 실체가 필요하게 된다는 것을 살펴보았다. 이때 현재, 과거, 미래는 구체적인 실체=사건이 대입되는 변항이 된다. 변항으로 간주함으로써 이상의 요청을 만족하는 구체적인 사건의 계열이 결정된다. 이리하여 B계열을 얻었었다.

우리는 앞 장에서 순서집합이 반사율, 추이율, 반대칭률을 만족하는 이항(二項)관계로서 정의된다는 것을 이미 보았다. 정확히 기술한다면 순서집합은 반사율, 추이율, 반대칭률에서 사용되는 변항을 순서집합의 임의의 원소로서 두고 이것을 만족하는 이항관계를 순서집합이라 부르도록 주어졌다. 즉, 순서집합이라는 개념의 공리적 규정, 통사론적 규정으로서 A계열이 주어지고 이것을 만족하는 구체적 대상으로서 B계열이 주어진다. 양자는 어떤 한 개념의 다른 두 측면이다. 양자는 원리적으로 쌍을 이루어야만 하는 것이다.

이 장에서는 시간의 화살의 기원과 A-B계열이라는 쌍의 기원이라는 두 문제를 '경험되는 X'라는 점에 입각해서 해독했다. 이 상황을 <그림

4-8>로 다시 정리해 두자. 2장에서 살펴본 나무와 숲의 구별과 혼동이라는 문제야말로 논의 전체의 기조를 이루고 있다는 것을 여기서 확인해 두고 싶기 때문이다. 나무와 숲의 구별과 혼동은 이 장의 첫 부분에서 'X'와 'X이다'의 구별과 혼동으로서 나타나고 여기서부터 운동의 화살(사건의 순서)과 시간의 화살(과거 → 현재 → 미래)이 출현하여, 거꾸로 재차 나무와 숲의 쌍인 B계열과 A계열의 쌍에 이르렀다. 그리고 최종적으로 베르그송-들뢰즈를 경유해서 B계열과 A계열의 혼동과 상호작용이 시사되는 데 이르렀던 것이다. 이 흐름은 이후 마르코풀루의 맥태거트적 전회 내에서 철저히 적용될 것이다.

5장 _ 맥태거트적 불가능성의 전회: 데자뷔 재고

1. 맥태거트에게서 A계열의 불가능성

맥태거트가 「시간의 비실재성에 관하여」(The Unreality of Time)라 이름 붙인 논문을 발표한 것은 아인슈타인이 특수상대성 이론을 제안하고 3년 뒤, 베르그송이 『시간과 자유』(*Essai sur les données immédiates de la conscience*)를 저술하고 대략 2년 뒤이다. 내가 맥태거트의 논의를 최초로 접한 것은 더밋(Michael Dummet)의 논문을 통해서였다. 분석철학자인 더밋은 맥태거트의 시간의 비실재성 증명을 채택하여, 모순을 귀결한다는 맥태거트의 증명은 올바르고 이 모순은 시간에 내재하는 원리적 모순일 것이라고 기술한다. 더밋은 맥태거트의 논의를 시간이 실재하지 않는다는 것을 증명했다기보다도 '논리적으로 시간을 해명하려고 하면 모순이 나타난다'라는 역설적 스타일의 시간론으로 간주한다. 이러한 태도는 많은 논자에게 공통적이다.

어쨌든 맥태거트의 논의를 개관해 보자. 우선 그는 시간에 관해 두 이미지를 채택한다. 첫 번째 이미지는 이전, 이후에 의해 규정되는 계열로, B

계열이라 불린다. B계열은 사건을 원소로 하는 순서 계열로 사건 그 자체는 B계열 내에서 불변한다. 따라서 사건 간의 위치관계는 변하지 않고, 어떤 사건의 이전, 이후라는 관계는 항구불변의 관계가 된다. 두 번째 이미지는 현재, 과거, 미래로 규정되는 상대적인 계열로 A계열이라 불린다. A계열은 어떤 사건에 대해 현재인가, 과거인가, 미래인가를 규정한다. 어떤 사건이 지금 현재일 때, 그것은 미래였다가 이윽고 과거가 된다. 사건은 끊임없이 과거, 현재, 미래의 순서로 그 양상을 바꾸므로, 양상은 항구불변하지는 않다.

이 두 이미지를 준비하고서 맥태거트는 A계열, B계열의 어느 쪽이 시간에 있어서 본질적인가를 묻는다. 우선 그는 시간의 본질이란 변화일 것이라고 주장한다. 어떤 변화도 없다면 시간의 경과 같은 것은 인식되지 않는다. 아무것도 변화하지 않는 우주는 그 속에 있는 의식도 포함해서 변하지 않기 때문에 시간이 없는 우주가 될 것이다. 변화가 없는 곳에 시간은 없다. 시간이란 변화이다. 이것을 인정하는 한 맥태거트는 'A계열 없이 B계열은 시간을 구성할 수 없다'고 주장한다.

맥태거트의 문제는 공간과는 다른 존재로서 시간을 파악할 수 있는가였다. 그 의미를 우선 맥태거트의 논의에 앞서서 확인해 두자. 공간은 평면인 이차원, 입체는 지각 가능한 삼차원으로 원리적으로 차원을 얼마든지 더할 수 있다. 그러나 몇 차원이든 공간은 두 지점의 위치관계가 항구불변한다. 도쿄가 오사카의 동쪽 약 300킬로미터 거리에 위치한다는 관계는 변하지 않는다. 이 공간적 위치관계는 B계열의 이전, 이후 관계와 닮아 있을 것이다. 이것에 비해 관찰자가 어떤 지점에 서서 이쪽 측, 저쪽 측을 지정하는 경우는 어떨까? 관찰자가 선 위치가 변하면 이쪽이나 저쪽은 변한다. 도쿄에 있을 때 도쿄가 이쪽, 오사카가 저쪽이고, 오사카에 있으면 그 역이 된다. 이쪽, 저쪽은 상대적으로 A계열과 닮아 있다는 느낌도 든다. 그러나 A계열의 과거, 현재, 미래는 끊임없이 한쪽 방향으로 계속 움직인다는 의미를 담지하고 있다. 관계의 상대성은 이렇게 계속 움직인다는 것에서부터 유도된다. 바로 이 점에 시간의 본질이 있는 것은 아닐까 하는 통찰을 희미하게나마 얻을 수 있다.

맥태거트 본인의 변으로 돌아가자. A계열 없이 B계열이 시간을, 즉 여기서는 변화를 구성할 수 있는가? 그것이 문제였다. 그것은 불가능하다는 것이 그의 결론이다. B계열은 계열 상의 위치를 지정하는 사건 간의 관계가 항구불변하다고 정의된다. '어떤 사건 N은 사건 O 이전이고, 사건 M 이후이다'라는 선후 관계는 현재도 그렇고 과거에도 그랬을 것이며 미래에도 그럴 것이다. 즉, 여기서는 어떤 변화도 없다. 그렇다면 사건 M이 조금씩 변화하고 어떤 동일성(identity)을 유지한 채 사건 N으로 변화한다고 생각하면 어떨까? 만약 그렇다면 변화의 순간을 인정해야만 한다. 사건 N이 N다움을 잃고 N이 아니게 되고, M이 M으로서 출현한다는 것을 인정해야만 한다. 그러나 B계열은 사건의 불변성을 가정하고 사건을 개체로서 지정 가능하다고 가정한다. 그렇기 때문에 사건 간의 선후 관계를 항구불변하다고 지정할 수 있는 것이다. 'N이 N이 아니게 되고 M이 M으로서 출현한다'는 과정은 사건의 불변성, 개체성이라는 B계열의 전제를 파괴하는 셈이다. B계열만으로는 변화를 다룰 수 없다.

B계열만으로 다룰 수 없는 변화란 과연 A계열에 포함되는 특징일까? 맥태거트는 이 점에 유의하면서 정말로 B계열만으로 시간을 다룰 수 없는지 다시 논의를 진행한다. 앤 여왕의 죽음을 채택하여 이 사건의 특성으로서 무엇이 변화하는지 생각해 본다. 사건 자체의 본질은 앤 스튜어트의 죽음이고 영국 여왕의 죽음이며 아무것도 변하고 있지 않다. 변하는 것

이라고 하면 그 사건이 결국은 일어날 것이고, 어느 순간 지금 실제로 일어나고 있는 일이 되며, 과거에 일어난 일이 되었다는 변화뿐이다. 즉, B계열이 놓친 변화란 A계열이 담지하는 변화라는 것이다.

B계열이 놓친 변화를 보다 상세하게 논의함으로써 A계열의 본질이 두드러지게 드러난다. 맥태거트는 이리하여 A계열이 담지하는 '나'성['私'性]과 전일성을 다시금 부각시킨다.

첫 번째로 돈키호테 모험담의 시간을 채택하여, A계열이 담지하는 '나'성을 드러내 보자. 돈키호테의 모험담에는 B계열적인 시간밖에 없다. '갤리선에서 노예가 된 이야기는 풍차와의 전투 뒤에 있다' 등 여기에 있는 것은 명확한 선후 관계, 즉 B계열이다. 여기서 맥태거트는 다소 당돌하게 시간이란 존재자에 귀속하는 것이라고 말한다. 그리고 동시에 존재자란 시간에 사는 자라고 말한다. 즉, 원래 시간적 변화를 담지하는 자가 B계열에 접속하지 않는다면 B계열에 시간은 없다는 것이다. 이런 의미에서 돈키호테의 모험담에 존재자, 시간적 변화를 담지하는 자는 있는가? 없다. 여기에 있는 것은 상상적인 이야기뿐이다. 돈키호테의 모험담에 존재자가 접속할 때란 어떠한 때인가? 그것은 세르반테스가 이야기를 썼을 때, 그의 마음의 활동이 있었던 때이다. 내가 이야기를 읽을 때, 나의 마음의 활동이 있을 때이다. 이러한 마음의 활동이 있고 존재자가 사건에 접속할 때, 세르반테스가 이야기를 쓴 것은 과거이고 나는 지금 『돈키호테』를 읽고 있다고 말할 수 있다. 나나 세르반테스와 같은 존재자가 접속함으로써 현재, 과거, 미래, 즉 A계열이 출현한다.

그러나 아이는 바로 현실의 일로서, '풍차와의 전투가 과거에 있었다'라고 읽지는 않을까? 상상력을 사용함으로써 현재, 과거, 미래를 내키는 대로 설정할 수 있다. 바로 이 점에서 A계열의 '나'성이 명백해진다. 세르반테스가 존재자이기 때문에 돈키호테의 모험담이 과거에 쓰인 것은 아니다. 세르반테스가 썼다는 사건에 대해 이 나라는 존재자가 현재를 개설하고 있다. 그러므로 세르반테스가 쓴 것은 과거가 된다. 사건에 대해 '내'가 접속한다. '나=존재자'가 현재를 개설한다. 이것이 A계열의 본질이다.

두 번째로 맥태거트는 브래들리가 기술한 가능세계에 기반하는 논의를 채택하여, A계열이 담지하는 전일성을 드러낸다. 브래들리에 따르면 시간의 계열에는 복수의 가능한 계열이 있고 그 각각에 현재, 과거, 미래가 있다. 시간이란 가능세계로서 병렬적으로 실재하고 그중에서 어느 것인가가 현실에 있는 것은 아니라는 것이다. 각자의 시간 계열에서 현재가 연속적으로 이동해 간다. 그러나 계열을 타고 넘어 현재가 이동하는 것은 아니다. 따라서 가능한 시간의 계열은 각각 독립적 세계이자 시간이 된다. 그러나 맥태거트는 '여기서는 이른바 우리가 알고 있는 현재는 없다'고 한다. 우리가 체험하는 현재는 가능세계적 전체 중 현재의 한 측면이 되고 시간도 가능세계적 전체 시간의 한 측면이 된다. 즉, 다른 것을 생각할 필요성이 전혀 없는 전일성으로서의 현재가 여기에는 없다.

브래들리의 논의에서는 '시간의 비실재성은 세계의 복수성, 다차원성에 있고, 현재, 과거, 미래, 즉 A계열 자체에 오류는 없다'고 한다. 맥태거트는 역으로 다수의 시간 계열로 이루어진 가능세계는 논리적으로 가능하지만, 그 복수성에 의해 맥태거트 자신이 지적하는 A계열의 오류가 해소되는 것은 아니라고 한다. 그러나 동시에 가능세계가 논리적으로 가능해도, 가능한 현재의 집합적 전체인 현재는 우리가 아는 현재와는 다르다고 주장한다. 나는 이 점이 중요하다고 생각한다. 맥태거트는 현재란 오직 하나로, 현재 그 자체로서는 완결되어 있다고 생각했고 이것을 현재의 한 본질이라고 생각했다. 그것이 현재가 담지하는, 그리고 A계열의 현재가 담지해야 할 유일성이자 전일성이다.

이리하여 맥태거트는 'A계열 없이 B계열은 시간을 구성할 수 없다'는 것, 'B계열이 시간을 다루기 위해 필요한 특성은 A계열이다'라는 것을 보여 주었다. 시간의 본질은 A계열이다. 그다음에 그는 A계열이 그 자체로 모순된 개념임을 보여 준다.

A계열이 지시하는, 과거, 현재, 미래란 사건의 어떤 특성일 것이다. 맥태거트는 그것은 사건과 갖는 어떤 관계이거나 사건이 담지하는 어떤 종류의 성질 중 어느 한쪽이라고 생각한다. 우선 관계로서의 A계열을 논의의 대상으로 삼았지만 실은 성질로서의 A계열도 같은 논의로 회수된다. 그러므로 여기서는 관계인 경우에 관해서만 기술하기로 한다. 이때 '어떤 사건 M은 현재이다'라는 관계를 사용하게 된다. 그런데 현재가 이동해서 사건 M이 현재, 과거, 미래와 갖는 관계가 변화하는 이상 현재, 과거, 미래는 공립불가능하다. M이 현재라는 것과 M이 과거라는 것이 동시에 있을 수는 없기 때문이다. 그러나 만약 지금 'M은 현재이다'라면 과거에 있어서 M은 아직 실현되지 않았고 'M은 미래이다'라는 것이 있었을 것이다. 또한 지금부터 올 미래에 있어서 'M은 과거이다'가 참이 될 것이다. 바야흐로 우리는 'M은 과거이다', 'M은 현재이다', 'M은 미래이다' 전부를 인정한 셈이다. 이것은 현재, 과거, 미래의 공립불가능성을 파괴한다. 때문에 모순이다.

말도 안 된다. 아무리 그래도 모순의 증명이 너무 간단하지 않은가? 독자의 그러한 반응을 예측해서 맥태거트는 이렇게 스스로 반론한다. 지금 행한 사건 M의 논의에서 과거이다, 현재이다, 미래이다는 동시에 성립하는 것은 아니다. 만약 지금 'M은 현재이다'가 성립하고 있다면, 'M은 미래였다'가 되고 'M은 과거가 될 것이다'로 표현해야 할 것 아닌가? 즉 현

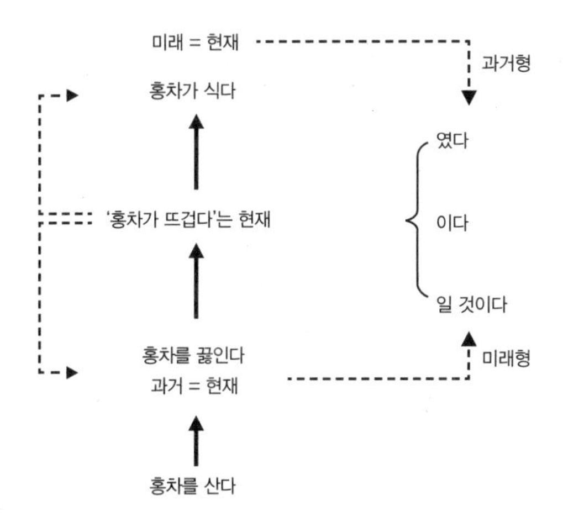

그림 5-1 '홍차를 산다 → 홍차를 끓인다 → 홍차가 뜨겁다 → 홍차가 식다'라는 사건의 계열에서 '홍차가 뜨겁다'가 갖는 현재이다(현재형), 현재였다(과거형), 현재가 될 것이다(미래형)의 존재 양식

재형, 과거형, 미래형이라는 시제표현을 도입하면 현재, 과거, 미래의 공립 불가능성은 붕괴되지 않는 것은 아닌가? 이것이 상정반론자의 반론이다.

맥태거트는 시제의 도입이라는 반론에 대해 즉시 재반론한다. 본래 A 계열은 시간이 담지하는 변화라는 본질을 구성하는 틀로서 제안된 것이다. A계열이 갖는, 미래로부터 현재를 거쳐 과거로 향하는 순서로 시간을 구성할 수 있는가? 그것이 논의해야 할 문제이다. 시제의 도입은 현재, 과거, 미래에 앞서, 현재, 과거, 미래의 순서에 관한 오류를 해소하도록 이것에 앞서 순서를 전제로 하는 것이다. 그러므로 시제의 도입은 어떤 해결도 되지 않는다는 것이다.

실제로 <그림 5-1>에서 제시한 사건 계열 '홍차를 산다→홍차를 끓인다→홍차가 뜨겁다→홍차가 식다'를 채택하여 '홍차가 뜨겁다'는 현재였다는 언명에 관해 생각해 보자. '현재였다'라고 과거형을 사용할 때,

이것을 과거형으로서 다룰 수 있는 미래의 시점이 지시된다. 예컨대 그것은 이 사건 계열에서는 '홍차가 식다'를 현재로 하는 시점이다. 즉, '홍차가 식다'를 현재로 하는 시점이 '홍차가 뜨겁다'의 미래로, '홍차가 뜨겁다'는 현재였다고 언명된다. 이리하여 '홍차가 식다'는 현재이자 미래이다. 마찬가지로 '홍차가 뜨겁다'는 현재가 **될 것이다**라는 미래형을 사용하는 시점은 여기서 '홍차를 끓인다'를 현재로 하는 시점이지만 그것은 '홍차가 뜨겁다'에 대해 과거이다(그러므로 미래형이 사용된다). 즉, '홍차를 끓인다'는 현재이자 과거이다. 즉, 이렇게 해서 '홍차가 뜨겁다'가 '현재이다, 현재였다, 현재가 될 것이다'라는 세 개의 시제가 출현하는데, 그것은 시제의 사용 방식상 현재, 과거, 미래의 공립을 나타내는 것과 다름없다.

맥태거트가 파악하는 A계열의 오류, 그 본질은 무엇인가? 나의 의견을 기술해 보겠다. 모순의 원인은 사건 계열, 즉 B계열에서 지정되는 현재와 A계열의 현재가 완전히 다른 개념임에도 불구하고 혼동이 불가피해진다는 점에서 찾을 수 있다. A계열의 모순을 나타낼 때, 그것은 사건과 갖는 관계에 있어서 제시된다. 사건 N은 현재이고 과거이고……라는 식으로. 즉, 증명은 반드시 B계열을 필요로 하고 그중 한 사건(계열 내의 한 점)을 현재로 해서 지정하는 곳에서 시작된다. 현재는 여기 B계열상의 점인 것이다.

그러나 B계열에 겹쳐진 A계열의 현재는 점은 아니다. 미래였던 현재이고, 과거가 될 현재이다. 과거, 현재, 미래가 변화한다는 것을 허용함이란 그러한 것이다. '미래였던 현재'도 역시 현재이고 '과거가 될 현재'도 역시 현재이다. 여기서 '미래였던 현재'나 '과거가 될 현재'는 집합이다. B계열에 겹쳐지는 한 이들은 사건(점)을 모은, 집합으로서의 의미를 갖게 된다. 이리하여 B계열 위를 A계열이 (상대적으로) 이동한다는 이미지는 반드시 현재의 점(원소)인 현재, 집합인 현재라는 양의성을 잉태한다. 이것이 바로 B계열의 사건(한 점)을 현재로서 지정 가능하게 하면서 동시에 그 이후에 있는 미래(혹은 이전에 있는 과거)에 위치하는 사건에까지 현재를 공립시키는 원인이다. 미래에 위치하는 어떤 사건을 현재라 하기 이전에 미래인 사건의 집합까지 현재라 불린다. 이것이 바로 시제를 도입해도 여전히 현재, 과거, 미래의 공립을 허용해 버리는 원인이다.

이리하여 '시간의 본질인 A계열 그 자체가 오류를 포함한다'는 것이 증명되었다. 이 책의 목적은 이 다음 마르코풀루의 틀로 맥태거트가 말하는 불가능성을 전회하는 것이다. 그러나 그전에 맥태거트가 주관적 시간이나 과거의 과거성, 현재의 현재성이라 한, 말하자면 시간의 감각질(qualia)을 언급한 건에 관하여 논해 두자.

2. 맥태거트에게서 시간의 감각질

맥태거트는 A계열의 오류를 보여 준 뒤, 주관적 시간이라고 할 법한 것을 논하기 시작한다. A계열은 논리적으로 모순되고 파탄했다. 그러나 그래도 여전히 현재의 우리 세계에서 A계열은 아직도 가치 있는 개념이지 않을까? 무엇보다 현재, 과거, 미래는 우리의 일상에서 지각되고 체험되는 것은 아닌가? 이 말하자면 있는 그대로의 현재, 과거, 미래는 논리적으로 붕괴되지 않고 실재하고 있지는 않은가 하는 것이다.

첫 번째로 맥태거트는 현재, 과거, 미래의 질감에 관해 논한다. 우선 실제로 지금 진행하고 있는 직접지각, 직접지각한 기억의 상기, 직접지각의 예기, 이들 세 가지를 구별한다. 여기서 직접지각에 동반하는, 지각 그 자체와는 다른 별개의 심적 상태를 '현재다움'이라는 어떤 종류의 질감으로 생각한다. 마찬가지로 상기에 동반되는 질감이 '과거다움', 예기에 동반되는 질감이 '미래다움'이라는 것이다. 물론 맥태거트는 시대가 시대니 만큼 뇌를 언급하지는 않았다. 그러나 이것들은 명백하게 시간 양상의 질감, 감각질이라고 생각된다.

이 지금 내가 소지하고 있는 직접지각과 동시 진행하고 있는 모든 것이 현재라 불린다. 직접지각이 전혀 의식되지 않는 경우에도 이 지금 실제로 진행하는 심적 상태 전부가 현재라 불린다. 즉, 우리는 항상 어떠한 순간에도 의식적이든 그렇지 않든 지각하고 있고 이 지각에 동반해서 현재가 개설된다. 과거, 미래에 관해서도 마찬가지로, 이들은 상기, 예기에 동반하는 심적 상태 전체로서 개설된다.

그러나 맥태거트는 이러한 심적 상태로서의 시간 양상은 곧 A계열과 같은 오류와 조우한다고 말한다. 심적 상태로서의 현재는 무릇 동어반복이라는 것이 그 이유이다. 그 정의는 '직접지각은 그것이 나에게 진행하고 있을 때 현재이다'이다. 그렇지만 나에게 진행하고 있다, 혹은 실제로 나에게 있다가 의미하는 것은 '현재일 때'에 다름없다. 이 여분의 설명을 제거하면 정의는 '직접지각은 현재이다'가 된다. 직접지각은 사건이다. 따라서 B계열로 생각하면 도처에, 다양한 시각에 동시에, 직접지각은 존재하게 된다. 그런데 '직접지각은 현재이다'는 직접지각이 현재를 체험하는 '나'의 통과와 관계없이 그대로 현재임을 의미한다. 그러므로 B계열상의 다양한 사건이 동시에 현재가 된다. 물론 어떤 현재에 선행하는 현재는 뒤의 현재로부터 볼 때 미래이다. 여기에 현재와 미래의 공립이 나타난다.

나는 A계열의 오류가 점(원소)으로서의 현재와 집합으로서의 현재가 갖는 양의성에 있다고 기술했다. 여기서 '직접지각=현재'라는 논의는 현재를 사건의 집합으로서 성립시키고, 그 결과 도처에 현재를 실현해 버린다. 즉, 가장 단적으로 맥태거트다운 논의라고도 할 수 있다.

맥태거트가 삭제한 '그것이 나에게 진행하고 있을 때'를 장황한 동어반복이라고 생각하지 않고, 예컨대 '뇌의 어떤 부위 X가 활동하고 있을 때'로 치환하는 경우 결론은 달라질까? 뇌의 활동 부위에 관한 언급을 더할 때 '현재'의 정의가 뇌의 활동 부위로 치환되고 현재와 관련된 모순이 해소될 것인가? 사태는 본질적으로 바뀌지 않는다. 현재가 '과거가 된 현재도 현재이다'에 의해 집합적 의미를 갖듯이, 직접지각도 마찬가지로 집합적 의미를 가져야만 한다. 직접지각이 뇌의 부위 X로 지정되는 것처럼 그 상기가 부위 Y의 활동, 예기가 부위 Z의 활동에 의해 지정된다고 하자. 그런데 예기나 상기는 직접지각을 대상으로 하는 작용이자 조작이다. 따라서 그것은 직접지각보다 논리적인 계층이 하나 상위인 개념이고 그 계층 차는 현재의 존재 양식에서 보았던 원소와 집합의 계층 차와 같다. 그럼에도 불구하고 결국 상기나 예기도 뇌의 어떤 부위에서 발생하는 활동으로서 정의될 수밖에 없다. 즉, 뇌의 어떤 부위의 활동인 이상, '직접지각의 조작(인 상기도 예기도)'은 직접지각이다'라고 말할 수밖에 없다. 여기서 직접지각은 현재와 마찬가지로 집합적 의미를 갖는다. 원소와 집합의 계층을 구별하고 또한 혼동한다는, 현재가 담지하는 문제는 결코 해소되지 않는다.

그러나 우리는 직접지각은 X, 상기는 Y, 예기는 Z로 각각을 뇌의 활동 부위에 따라 정의했다. 즉, 지각 대상과 그 조작이라는 계층 차이는 뇌의 부위에 따라 엄밀하게 구분된다. 그렇다면 '현재'가 담지하는 '원소와 집합'의 구별과 양의성은 뇌의 장소 차이와, 같은 신경세포라는 동일성을 고려하면 오히려 과학적으로 이해할 수 있지 않을까? 아니, 그렇지 않다. 대상과 조작의 지정이 불가피하게 혼동을 불러일으키듯이, 활동 부위의

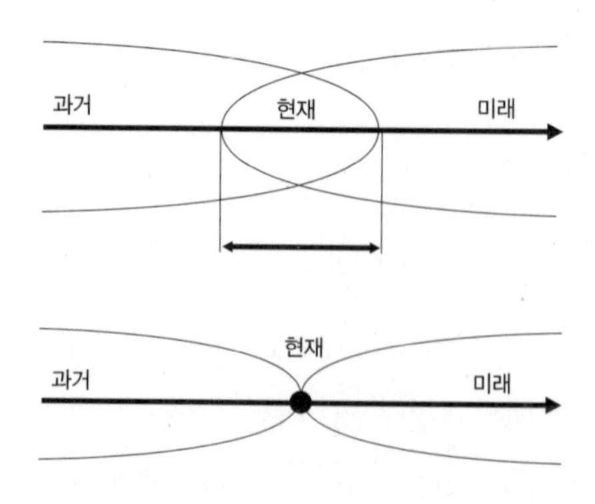

그림 5-2 폭을 갖는 심리적 현재와 점에 지나지 않는 실재로서의 현재. 양자는 말하자면 단적인 주관적, 객관적 현재이다.

국소적 지정은 뇌 전체로서의 활동과 독립적으로 불가능하고 국소와 전체의 혼동이 불가피하게 되기 때문이다. 직접지각, 상기, 예기를 뇌의 활동 부위에 따라 완벽하게 나누는 것은 불가능할 것이다. 지각은 경험을 빼고 성립하지 않는다. 즉, 직접지각은 어떤 과거의 경험을 상기하고 참조하면서 이루어진다. 따라서 직접지각은 상기를 포함하는데 이는 상기조차 직접지각이라는 것을 의미한다. 여기서 '과거가 된 현재도 현재이다'라는 것과 마찬가지로 'Y도 X에 지나지 않다'는 다른 뇌 부위의 혼동(즉 논리적 계층의 혼동)을 재차 확인할 수 있다.

두 번째로 맥태거트는 심적 상태로서의 현재, 경험되는 현재에 관해 폭을 가진 현재라는 생각을 제안한다. 심적 상태로서의 현재를 '외관상의 현재'라 칭하고 직접지각이 담지하는 현재는 이 외관상의 현재라고 생각한다. 외관상의 현재는 한 명 한 명이 경험적으로, 자의적으로 만들어 내는 것으로 말하자면 단적인 주관적 현재이다. 따라서 그 폭도 다양하다(그림 5-2 위 그림). 어떤 사람 X에 의한 사건 M의 지각과 다른 사람 Y에 의한 M의 지각이 동시였다고 해도 X와 Y의 외관상 현재의 폭이 다르기 때문에 X에게 아직도 M의 외양은 현재에 있지만 Y에게는 이미 과거가 되어 있는 경우도 가능할 것이다.

그러나 우리가 문제로 삼고 있는 것은 단적인 주관적 현재가 아니라 실재로서의 현재이다. 맥태거트는 그렇게 말한다. 그러므로 현재는 복수의 지점에서 동시성을 담보하는 객관성을 가져야만 한다. 그렇다면 현재의 폭은 각각의 주체나 장소에 따라 다른 것이 아니라 유일한 유한한 길이를 가져야만 한다. 그 길이를 객관적으로 결정할 근거는 있을까? 그것이 천분의 1초인지, 1세기인지 결정할 수 없다. 그러므로 맥태거트는 현재를 객관적으로 지정하기 위해서는 이것을 점으로 할 수밖에 없다고 주장한다(그림 5-2 아래 그림). 점이 B계열 위를 이동한다. 실재하는 현재는 그렇게밖에 구상되지 않는다는 것이다.

말하자면 폭을 가진 현재는 단적으로 주관적인 것으로서만 허용된다. 동시성을 담보하는 객관적 현재를 구상하든 하지 않든 그러한 객관적 현재는 점으로서만 허용된다. 맥태거트는 이어서 '스스로가 그 실재성을 부정(否定)하는 A계열의 현재는 이 단적인 객관적 현재이고 우리가 경험하는 주관적 시간과 다르다. 그러므로 A계열의 파탄은 우리 현실의 시간 경험과 전혀 저촉되지 않는다'고 말한다. 나는 이것은 사족이든가 틀렸다고 생각한다.

<그림 5-2>에 있듯이 단적인 주관적 현재는 유한한 폭을 갖지만 동시성을 갖지 않는다. 단적인 객관적 현재는 동시성을 갖지만 폭을 갖지 않는다. 우리가 경험하는 현재, 시간은 이 어느 쪽도 아니며 오히려 양자이다. 폭을 갖고, 동시성을 가지면서 그 동시성은 뿔뿔이 흩어져 붕괴할 가능성을 띠고, 독립된 전일적 점이기도 하다. 양자를 모두 조망하고 자유롭

게 변화하는 것이 우리가 경험하는 시간일 것이다.

우리는 오히려 이념적일 뿐이라고 생각되는 A계열과 B계열이 상대적으로 미끄러져 가는 운동에서 현재의 '나'성, 전일성을 발견하면서, 점이면서 집합인 현재의 양의성에 도달했다. 단적인 주관 시간이나 단적인 객관 시간 중 어딘가 한쪽일 수 없는 양자의 착종된 지평은 A계열, B계열을 통해 본 현재가 갖는 양의성의 변주에 지나지 않는다.

3. 인과집합, 인과적 역사상의 일반화된 A계열, B계열

우리는 3장에서 순서집합이 인과집합의 모델이 된다는 것을 살펴보았다. 이제 우리는 맥태거트가 말하는 B계열을 인과집합으로서, A계열을 인과적 역사로서 생각할 것이다. 단, 인과적 역사는 마르코풀루의 그것을 일반화해서 생각할 것이다. 우리의 출발점은 '인과집합 위를 현재, 과거, 미래가 운동한다'는 것이다. 그것은 인과집합의 임의의 부분집합을 지정할 때, 이것을 과거로 하는 현재나 이것을 미래로 하는 다른 현재를 지정할 수 있다는 것을 요청한다. 왜냐하면 이때 과거, 미래, 현재 중 어느 하나를 지정함으로써 과거, 현재, 미래의 세 구조를 지정할 수 있고 인과집합상에서 일련의 과거, 현재, 미래를 구상할 수 있기 때문이다. 그것은 어떤 부분집합을 취해도 상한, 하한을 지정할 수 있는 순서집합, 속을 의미한다(정확히는 완비속이지만 원소수가 유한하다면 속을 의미하기 때문에 지금은 속이라 하기로 한다).

3장에서 기술했듯이 속이란 어떠한 두 원소에 대해서도 상한, 하한이 존재하는 순서집합이다. 인과집합의 관점에서 생각한다면 상한의 존재는 어떠한 두 사건도 결국 해후한다는 것을 의미한다. 특히 이 해후는 첫 만

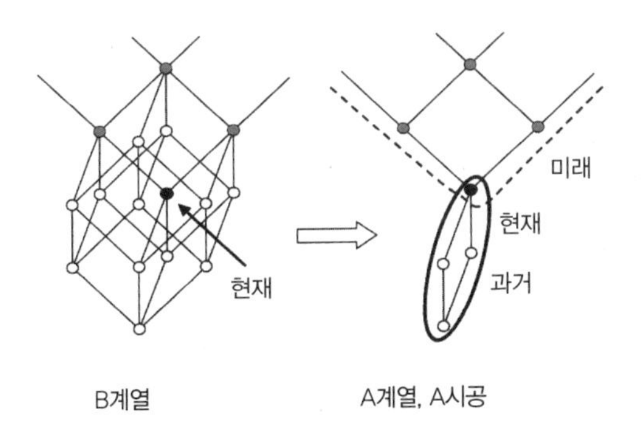

그림 5-3 인과집합을 B계열, 인과적 역사의 순서쌍을 A계열이라고 한 시공 표현

남을 의미하고, 그 최초의 만남을 지정할 수 있다는 것이다. 역으로 하한의 존재는 어떠한 두 사건도 공통의 과거를 갖고 거기서부터 파생되어 나온다는 것을 의미한다. 즉, 사건의 역사에는 하나의 시작, 하나의 끝이 있고 이 시작과 끝이 각각 하나로 결정된다는 구조는 단 두 개의 사건을 채택해 보았을 때에도 성립한다는 것을 의미한다. 역사 내에도 어떤 종류의 전체성이 있다는 인식이 속에 의해 도입된다. 이리하여 B계열과 A계열의 상대운동은 속 위를 현재가 이동하고 그럼으로써 과거, 현재, 미래가 지정되는 운동이 된다.

<그림 5-3>에 A계열과 B계열의 상대운동을 제시한다. 우선 왼쪽에 제시하듯 B계열이 주어져 있다. 각 원은 하나의 사건을 나타내고 묶인 선은 인과 관계를 나타낸다. 두 사건이 선으로 묶여 있을 때 보다 하위에 있는 사건은 원인, 보다 상위에 있는 사건은 그 결과이다. 맥태거트의 B계열에서 주어져 있던 것은 선후 관계로, 인과 관계는 아니다. 그러나 속으로 표현된 인과 관계는 한순간에 세계를 조망할 수 없는 시공을 나타낸다. 그런 의미에서 동시성을 무시간적으로 확보할 수 없는 보다 일반화된 선후

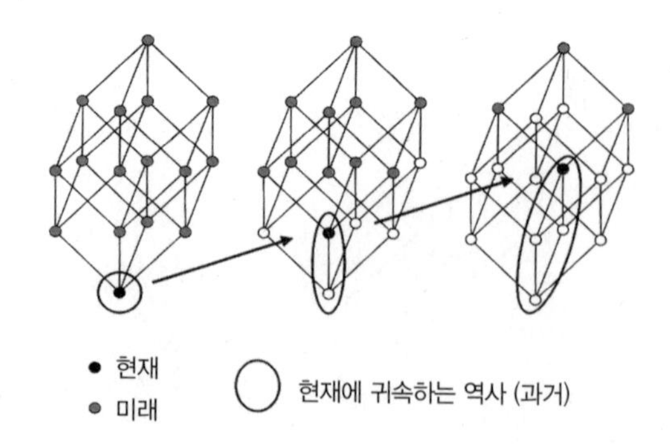

그림 5-4 B계열 위를 이동하는 현재 및 그것에 의해 파생되는 A계열(현재, 과거, 미래)

관계라고 생각할 수 있다. 간단히 하기 위해 여기서는 이 선으로 묶인 관계를 단순히 순서 관계라고만 부르기로 한다.

주어진 B계열 위의 한 점(사건)을 현재로서 지정한다. 이때 현재와 순서 관계를 갖는 이 현재에 이르는 모든 사건의 집합이 과거라 불린다. 마찬가지로 현재와 순서 관계를 갖는, 이 현재로부터 파생되는 모든 사건의 집합이 미래라 불린다. 지정되는 현재 및 이 현재가 지정하는 과거, 미래를 B계열로부터 뽑아내서 표시한 것이 <그림 5-3> 오른쪽 그림이다. 순서 관계를 이룬 사건만이 채택되었다는 것에 주의하자. 마르코풀루의 정의에 따른다면 여기서는 B계열의 원소를 B계열의 부분집합으로 대응하는 두 변환, '과거', '미래'가 정의되어 있다. '과거'는 해당 원소 이전, '미래'는 원소 이후를 모아서 집합을 지정하는 변환이다. 변환 '과거'와 '미래'를 끊임없이 쌍으로서 적용함으로써 A계열을 얻는다.

주어진 B계열 위를 현재가 미끄러져 움직이고 그때마다 현재, 과거, 미래가 구성된다. 그 모습을 <그림 5-4>로 나타내자. 지정된 현재보다 상위에 있는 사건은 <그림 5-4>에서 회색으로 제시되어 있는데 그것이 미래가 된다. 물론 상정하고 있는 B계열은 이보다도 훨씬 크고, 그 위를 현재가 얼마든지 미끄러져 갈 수 있다고 한다(무한일 필요는 없다).

B계열 위를 현재가 이동해 간다. 즉, A계열이 이동한다. 마르코풀루의 구상은 이 틀 내에서 이해할 수 있다. 그런데 마르코풀루가 의도한 것은 모든 것을 조망하는 초월자의 시공상(像), 시공의 외측에서 그 전체를 조감하는 시공상이 아니라 관측자에게서 유래하는 내적 시공상이었다. 그것은 관측자의 위치를 현재로서 인과집합(B계열) 위에 지정했을 때 구성되는 과거나 미래였다. <그림 5-3>에서 명백하듯이 관측자의 위치에 따라 얻게 되는 과거나 미래는 시공 전체의 일부가 된다. 현재에 의해 한정되는 관측자는 시공 전체의 극히 일부를 점하는 자가 된다. 그것이 마르코풀루가 내적, 내부 관측자라 하는 말을 사용한 이유이다.

그러나 이러한 형태의 내적 이미지는 자기기만을 포함한다고 말하지 않을 수 없다. 우리는 초월자가 아니다. 그렇다면 최초로 규정되는 B계열은 결국 우리가 구상한 시공에 지나지 않는다. 초월자가 보고 있다고 **상정되는** 시공에 지나지 않는다. 그 점을 진지하게 숙고한다면 B계열의 부분에 한정되는 A계열은 시공의 전체를 안 뒤 정보를 버리고 거칠게 낱알화해서 얻은 이미지가 된다. 내가 내부 관측자가 아니라 내부 한정 관측자라는 말을 사용한 이유는 여기에 있다. 예컨대 미래가 한정적인 내적 이미지라는 것은 지정된 현재로부터 순서 관계만을 위로 더듬어 가, 그 도상에서 조우하는 사건만을 모으는 것을 의미한다. 물론 A계열의 미래는 그렇게 해서 얻은 사건의 집합으로 상정되어 있기는 하다. 그러나 B계열을 구상하는 것이 우리인 이상, 이러한 한정된 지식=불완전한 내적 시공은 가설(假設)된 것에 지나지 않는다.

A계열은 B계열의 현재를 지정했을 때 유도되는 B계열을 거칠게 낱

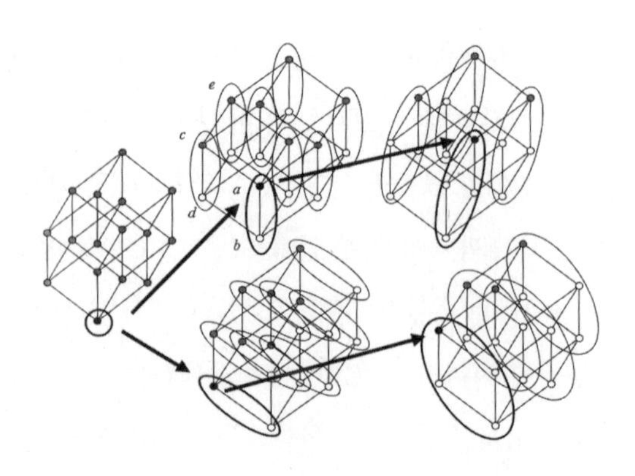

그림 5-5 검은 점(현재) 이하의 사건을 모은 집합 '과거'로부터 유도되는 편가름을 각 하세도표에서 타원으로 나타냈다. 각 타원이 군이다. 각 군에서 최대의 원소(회색 점)를 모으면 그것은 집합 '미래'를 구성한다.

알화한 이미지이다. 우리는 이 노선에 따라 A계열을 다시 살펴보고, 이것을 일반화된 A계열로서 구상하자. <그림 5-5> 각각의 속은 B계열을 나타내고 각 검은 점은 현재를 나타낸다. 검은 점을 포함하는 타원으로 둘러싸인 부분은 과거가 된다. 여기서 집합 '과거'로부터 어떤 규칙에 따라 모든 사건을 편가름할 수 있다.

여기서 상한, 하한 조작에 기반하는 편가름의 의미를 생각해 보자. 순서집합의 원소 x와 y의 상한 x∨y란 x 이상 그리고 y 이상의 원소 중에서 최소의 원소였다(하한 x∧y는 최대관계를 역으로 해서 쌍대적으로 정의할 수 있다). 이것을 이용한 편가름은 다음과 같이 나타낼 수 있다. 즉, '사건 x와 y는 그 각각과 '과거'에 속하고 있는 사건의 상한을 취해 일치할 수 있는 경우 같은 군이 된다'는 것이 그 규칙이다. <그림 5-5>에 원소의 일부로 알파벳을 붙인 B계열이 있다. 이것을 이용해 편가름 규칙을 어떻게 적용하는지 설명해 보자. 이 상황에서 현재(검은 점) 이하에서 정의되는 '과거'의 원소는 a와 b이다. 여기서 두 원소 c와 d가 동일 군에 들어가는지 조사해 보자. c와 d 양자에 '과거'의 원소 a와 상한을 취해 보면, $c \vee a = c$이고 $d \vee a = c$이기도 하다. 즉, '과거'의 어떤 원소와 상한을 취하면 c와 d는 일치하기 때문에 같은 군에 속한다고 말할 수 있다. 마찬가지로 c와 e에 관해 생각하면 어떠한 '과거'의 원소를 취해도 조건은 만족되지 않으므로 다른 군이라고 이해할 수 있다. 실제로 우선 '과거'의 원소 a에 관해서는 $c \vee a = c$ 및 $e \vee a = e$이므로 양자는 일치하지 않는다. '과거'의 원소 b에 관해서도 $c \vee b = c$이고 $e \vee e = e$로 양자는 일치하지 않는다. 이리하여 임의의 '과거' 원소에 관하여 조건을 만족하는 원소는 존재하지 않는다는 것을 알 수 있다. 이 편가름으로 얻은 각 군 내에서 각각 최대의 것을 취해 본다. 그것이 회색으로 나타낸 원이다. 즉, 각 군의 최대 원소가 지정된 현재(검은 점)의 미래를 구성한다.

이 편가름의 정의는 '현재'(원소 a)가 지정되고 과거가 편가름될 때 그 과거를 편가름하는 논리에 기반해서 미래가 구상됨을 나타낸다. 현재의 지정, 그 이전이라는 과거의 지정에 의해 상정되는 시공 전체(B계열)가 편가름되고 각 군의 현재(각 군의 원소를 과거로 간주하는 원소)가 결정된다. 이 각 군의 현재의 집합이야말로 최초로 지정한 '현재'(원소 a)에 대한 미래이다. 현명한 독자는 이 논의에서 맥태거트가 A계열의 자기모순을 발견한 논의와 같은 것을 발견할 것이다. 현재, 과거, 미래를 도입해서 사건에 시간 양상을 부여할 때 해석이나 편가름이라는, 상대적인 상위 조작이 도입된다. 이때 현재는 본래 유일무이한 점, 한 개의 사건이고 B계열 상의 원소라는 의미를 가지면서 A계열로서 과거, 현재와 같은 계층에 속한다는 양의성을 갖는다. 다른 한편 일단 편가름이 도입되면 군 내의 군이라는 계층화가 가능하다. 이리하여 최초에 주어진 현재에 대해 상대적인 현재, 어떤 군에 있어서의 현재(계층이 다른 현재)를 원리적으로 얼마든지 상정할 수 있다. 그러함에도 불구하고 현재는 유일무이한 단독성을 갖는다. 이리하여 맥태거트는 미래의 (상대적) 현재에서 현재와 미래의 공립을 발견한 것이다. 우리는 A계열을 도입함으로써 맥태거트적 난점이 도입된다는 것을 충분히 인식하면서 이것을 유보하고 앞으로 진행하기로 하자.

B계열을 속으로 주고 그 한 점을 현재로 했을 때 현재 이전, 이후에 의해 정의되는 과거, 미래는 이미 어떤 규칙으로 유도되는 편가름을 통해 얻어진다는 것을 알았다. 편가름은 현재에 선 관측자가 본, 거칠게 낱알화된 내적 시공이 된다. 물론 전체를 알고 거칠게 낱알화하는 것이 '내적' 이미지가 되는 이상 이 내적이라는 말이 기만적이라는 것을 확인한 셈이다. 이 '내적'의 의미를 생각하는 것이 다음 절 이후의 과제이다. 그 전에 여기서는 거칠게 낱알화된 시공을 일반화하고 A계열을 보다 일반화해 두려 한다.

거칠게 낱알화된 시공이 시공이기 위해서는 시공의 정의상 그 거칠게 낱알화된 구조는 원래 속의 구조를 반영한 속이어야만 한다. 여기서 우선 편가름이 편가름 이전에 주어진 속의 구조를 반영한 속이 되기 위한 조건, 합동 관계에 관해 설명해 보자. <그림 5-6>에서는 같은 속(B계열)에 대해 세 종류의 편가름을 제시하고 있다. <그림 5-6A>에서는 각 군의 최대 원소를 취하고 최대 원소 간의 관계로 순서를 규정한 것 — 거칠게 낱알화해서 얻어진 계열 — 이 아래에 제시되었다. 거칠게 낱알화된 계열은 이 경우 아래쪽 두 원소의 하한을 취하면 존재하지 않는다는 것을 알 수 있다. 즉, 속이 되지 않는다. <그림 5-6B>에서도 마찬가지로 각 군의 최대 원소를 취해 거칠게 낱알화한 계열을 얻었다. 이 경우 속이긴 하지만 편가름이 최초로 주어진 속의 구조적 의미를 잃어버리고 말았다. 그림에

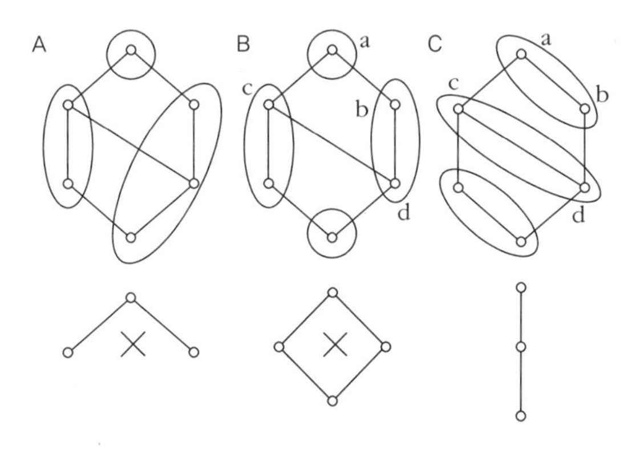

그림 5-6 B계열(속) 위에 정의된 세 종류의 편가름. 아래 그림은 위 그림의 각 군에서 최대 원소를 취해 결정한 거칠게 낱알화된 순서 관계. A, B는 편가름이 합동 관계가 아니다. C는 편가름이 합동 관계이다.

서 옆으로 배치된 두 군은 둘 다 최대 원소로 보는 한 순서 관계가 되지 않는다. 즉, 왼쪽 군의 최대 원소 c와 오른쪽 최대 원소 b의 상한을 취하면 a가 된다. 그렇지만 왼쪽 군의 원소 c와 오른쪽 군의 원소 d에서 상한을 취하면 c가 된다. 즉, 거칠게 낱알화한 군에서 왼쪽이 오른쪽보다 상위에 있음을 의미한다. 이것은 둘 다 최대 원소로 늘어선 경우와 모순된다. 즉, 군을 채택하는 방식이 부자연스럽기 때문에 군과 원소 사이에 모순이 생긴 것이다.

<그림 5-6C>의 편가름에서는 거칠게 낱알화한 계열은 속이 되고 원소와 군 사이에 모순도 없다. 그리고 이 경우의 편가름은 바로 순서집합상의 합동 관계라는 특수한 동치 관계에 의해 만들어진다(순서집합상이라는 것은 순서집합의 두 원소 간에 정의된다는 의미이다). 두 원소가 동치 관계에 있다는 것은 양자가 '동등하다'는 것을 의미한다. 임의의 집합원소에 관해 (i) x는 x(자신)와 동등하다, (ii) x는 y와 동등하다, 그렇다면 y는 x와

동등하다, (iii) x는 y와 동등하다, 그리고 y는 z와 동등하다, 그렇다면 x는 z와 동등하다를 만족할 때, 이 '동등하다'를 동치 관계라 한다. 그런데 순서집합상에서 정의되는 합동 관계는 동치 관계라는 조건을 만족한 다음에 또 하나의 조건을 만족한다. 그것은 '두 원소가 합동이라면 그 각각과 순서집합의 임의의 원소가 갖는 상한(및 하한)도 합동이다'라는 조건이다. 합동 관계로부터 유도되는 편가름이란 각 군의 원소가 합동이라는 것으로 정의된다.

<그림 5-6C>의 군 내 원소는 합동 관계에 있음을 알 수 있다. 이때 원소 a와 b는 합동으로 같은 군에 속한다. 여기서 각각과 원소 c의 하한을 각각 취하면 a와 c의 하한은 c, b의 하한은 d이다. 원소 c와 d는 다른 원소이지만 같은 군에 속하고 합동이라고 간주된다. 즉, 합동인 원소 a와 b에 관해 c와 하한을 취한 결과도 같은 군에 속하고 합동이라고 이해할 수 있다. 이것은 c뿐만 아니라 모든 원소에 관해서도 마찬가지로 말할 수 있다. 이리하여 같은 군에 속하는 원소는 전부 합동이라는 것을 확인할 수 있다.

다시 한 번 <그림 5-6>으로 돌아가자. 여기에 제시된 편가름은 실은 모두 합동 관계이다. 단, <그림 5-5>에서 기술한 '과거'로부터 편가름을 유도한다는 규칙이 항상 합동 관계의 편가름을 의미하는 것은 아니다. 합동 관계가 되는가 되지 않는가는 최초로 주어진 B계열의 구조에 의존한다. 만약 B계열이 분배율이라는 구조를 갖는 경우, 어떠한 '과거'로부터 유도되는 군도 합동 관계를 만족한다(분배율에 관해서는 6장에서도 기술할 것이다). 그러나 그렇지 않은 일반 속에서는 과거로부터 유도된 계열은 B계열의 구조를 반영하지 않는 경우가 있고 그 경우 이미 한정된 시공이라는 것이 불가능하다.

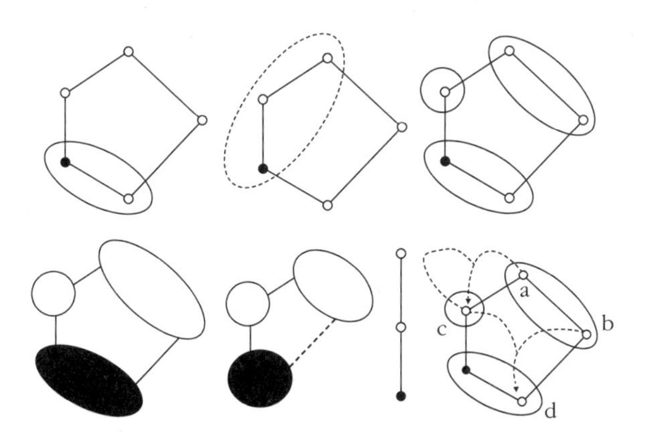

그림 5-7 B계열이 비분배속인 경우, 과거로부터 유도되는 일반화된 A계열은 본래의 B계열 구조를 반영하지 않는다. 하단 오른쪽에서 두 번째 그림이 일반화된 A계열, 하단 우측 그림은 편가름이 합동이 아니며, 일반화된 A계열과 B계열이 모순된다는 것을 나타낸다.

이것을 <그림 5-7>에 따라 살펴보자. <그림 5-7> 상단의 가장 왼쪽 그림에서 작은 점이 B계열의 원소를 나타내고 그것을 선으로 연결한 순서 구조가 B계열이다. 여기서 작은 검은 점이 현재의 위치를 나타내고 현재를 포함하는 두 작은 점으로 구성된 군이 이 현재로부터 유도된 과거이다. <그림 5-5>에서 기술한 과거로부터 유도된 편가름은 이하의 절차와 등가이고 이것으로 치환할 수 있다. 이것을 다시 '과거 유도형 편가름'이라 부르기로 하자. 우선 현재 이상의 원소를 모은다. 이것은 현재로부터 유도되는 미래가 된다. <그림 5-7> 상단 중앙 그림에서 점선으로 둘러싸인 군이 이 미래를 나타낸다. 미래의 각 원소에서 그 이하의 집합을 하위로부터 우선적으로 겹치지 않도록 취하기로 한다. 이리하여 현재 이하의 집합, 현재의 다음 상위에 있는 원소 이하의 집합에서 현재 이하의 집합을 뺀 두 번째 군(이것은 현재의 다음 원소만으로 구성된다), 그 상위의 세 번째 군을 얻는다. 이리하여 <그림 5-7> 상단 우측 그림을 얻는다.

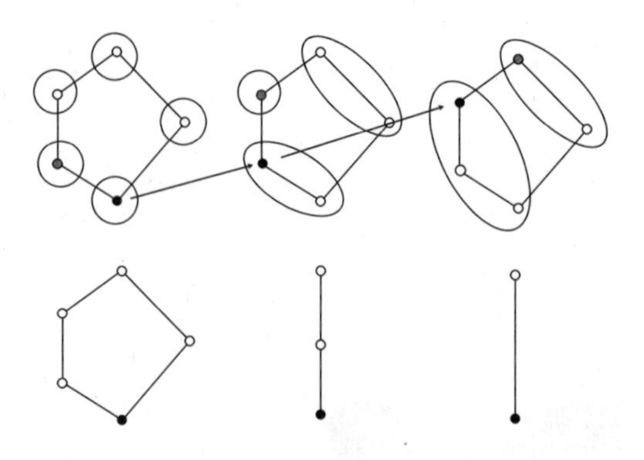

그림 5-8 비분배속상에서 현재가 이동해 갈 때 얻는 일반화된 A계열. 상단이 현재(검은 점 원소)의 이동과 현재의 위치에 따라 얻는 편가름을, 하단이 일반화된 A계열을 나타낸다.

편가름된 B계열은 군 내부 원소를 무시하고 군 그 자체를 내부의 한 원소로 명명함으로써 거칠게 낱알화된다. <그림 5-7> 상단 우측의 순서 구조는 하단 좌측과 같이 고쳐 쓸 수 있다. 이때 최상위 군과 최하위 군을 직접 잇는 선분은 필요 없다. 세 개의 군이 순서 관계를 갖는 한, 추이율로부터 최상위와 최하위의 군이 순서 관계를 갖는다는 것은 명백하기 때문이다. 그러므로 이것을 점선으로 해서(그림 5-7 하단 왼쪽에서부터 두 번째 그림) 소거하면 <그림 5-7> 하단 오른쪽에서 두 번째 그림을 얻는다. 여기서는 군 내부의 원소를 인정하는 <그림 5-7> 상단 우측도, 내부 구조를 무시한 <그림 5-7> 하단 오른쪽에서 두 번째 상황도 일반화된 A계열이라 부르기로 하자. 이것을 속으로서 볼 때에는 항상 후자를 생각하게 된다. 단, 이 일반화된 A계열인 속은 주어진 B계열과 모순된다. <그림 5-7> 하단 우측 그림에서 제시하듯 원소 a와 b는 합동이지만 그 각각과 원소 c의 하한은 각각 c, d가 되어 합동이 아니다. 이런 의미에서 일반화된 A계열은 B계열의 구조를 반영하지 않는 것이다. <그림 5-8>에서 <그림 5-7>에서 주어진 비분배속의 현재가 이동할 때, 과거 유도형 편가름에서 얻어지는 일반화된 A계열이 어떻게 변화하는지를 나타낸다. 최초와 최후의 편가름에서는 편가름이 합동 관계이다. 과거 유도형 편가름에 의해 어떤 경우에는 B계열과 일반화된 A계열이 조리가 맞지 않게 된다는 것을 알 수 있다. 조리가 맞는 것은 합동 관계인 경우뿐이다.

이 절 마지막에서 일반화된 A계열에 관해 정리해 둘 것이다. 우선 사건 계열, 즉 B계열이 주어진다. 이것은 속으로서 주어진다. B계열상의 한 점으로서 현재가 지정될 때 과거 유도형 편가름에 의해 사건은 편가름되고, 내부 구조를 무시하고 거칠게 낱알화된 속으로서 일반화된 A계열을 얻는다. 단, 여기서 과거 유도형 편가름을 문자 그대로 '과거'에 의해 유도되는 것으로 확장해 두자. 우선 B계열의 한 점으로서 현재가 주어지지만, 그 이전의 한 점을 취해 이 이하를 기점으로 편가름을 하는 것이다. 이 확장에 의해 일반화된 A계열의 구조가 변질되지는 않는다. 예컨대 <그림 5-8>에서 주어진 B계열로 지정되는 현재는 검은 점이 아니라 회색 점으로 제시되었다고 생각하는 상황이 확장된 과거 유도형 편가름의 예이다. 회색 점의 현재보다도 이전의 어떤 사건이 어떤 과거로서 선택되고 그것은 검은 점으로 표시된다. 이 검은 점을 기점으로 해서 그 이후(미래)의 각 원소에 관해 각 원소 이전을 서로 중복되지 않도록 보다 하위의 군을 우선해서 군을 결정하는 것이다. 그 편가름은 <그림 5-8>에서 제시되는 편가름과 물론 같은 것이다.

이 확장에 의해 현재와 지정된 사건이 이전의 군, 이후의 군 사이에 삽입된 군으로서 존재하는 것도 허용된다. 그것은 현재의 팽창을 허용하게 되는 것은 아닐까? 사건의 편가름을 확장함으로써 우리는 집합으로서의 현재도 허용하게 되는 것은 아닐까? 이 점에 관해서는 다음 절에서 논하자. 어쨌든 맥태거트적 난점을 유보한 채 진행하는 A계열의 일반화는 현재의 원소 및 집합으로서의 양의성을 직접 도입하는 사태를 예견케 한다.

또한 우리는 과거 유도형 편가름으로 얻는 일반화된 A계열이 B계열의 구조를 반영하지 않는 경우를 살펴보았다. 그것은 편가름이 합동 관계에 기반하는 것이 아니라는 형식에서 생기고, 단적으로 A계열과 B계열이 어긋난다는 것을 확인할 수 있다. 맥태거트적 난점에서 파생하는 두 문제, 현재의 양의성과 A계열, B계열 간의 어긋남은 A계열, B계열이 상대적으로 미끄러지며 운동한다는 구상에 본질적인 역할을 한다.

4. 현재가 담지하는 a/{a}-공역성

객관적 시공인 B계열이 속으로 주어지고 그 위를 현재가 이동하여 거칠게 낱알화된 내적 시공인 일반화된 A계열이 이동한다. 이 이미지는 본질적으로 맥태거트가 정의하는 B계열과 A계열이 보이는, 상대적으로 미끄러지는 운동의 범주에 있다. 따라서 맥태거트가 주장하는 상대적 미끄러짐의 불가능성도 그대로 계승한다.

우리는 이 장 1절에서 A계열 오류의 원인은 '과거가 된 현재'도 역시 현재라는 전제에 있다고 기술했다. 과거가 된 현재는 복수 존재한다. 그러한 원소를 모은 개념, 즉 집합에 대해 '이전의 현재'를 명명하게 된다. 동시에 현재는 하나하나의 사건, 원소에 명명되고 있다. 이 집합-원소의 양의성이야말로 A계열의 오류였다. 역으로 이러한 양의성에 의해서만 '현재가 과거가 된다'는 변화 그 자체를 나타낼 수 있으리라는 것이다. 이 양의성이 전제가 되기 때문에 '사건 N이 현재였다'라는 과거시제를 사용하는 미래(현재 이후 사건의 집합)에서 그 한 원소를 현재로 지정하는 것이 '미래인 현재'를 의미하는 것이다.

A계열의 오류는 <그림 5-3>을 보면 명쾌해진다. A계열의 오류는 B계열과 갖는 관계를 빼고 말할 수 없다. <그림 5-3>에서는 우선 B계열에서 어떤 한 개의 원소를 현재로 지정한다. B계열은 속이자 집합이다. 따라서 그중 하나를 지정한다는 행위는 원소를 지정하는 것에 다름없다. 원소인 어떤 사건 N을 지정하고 그것이 현재라고 말할 수 있다. 이 원소로서의 현재로부터 A계열 — 과거, 현재, 미래 — 이 파생한다. 여기서 얻은 미래는 현재로서 지정된 사건 N 이후이고 과거는 사건 N 이전이므로, A계열의 현재는 과거와 미래의 교집합으로서 정의된다. 그것은 {N}이고 집합으로서의 현재이며 사건 N만으로 이루어진 집합이다.

B계열에서 지정되는 N과 A계열의 {N}은 원소와 집합이라는 차이를 갖는다. 그럼에도 불구하고 양자는 모두 현재라 불린다. 이것이 A계열의 오류, 정확히 말한다면 B계열과 관계 맺음으로써만 변화를 말로 표현할 수 있는 변화 그 자체의 오류이다. 이 원소와 한 점 집합으로서의 양의성을 상징적으로 'a/{a}-공역성'이라 부르기로 하자.

현재가 a/{a}-공역성을 담지한다. 다르게 말한다면 시간을 B계열과 A계열이 상대적으로 미끄러지는 운동으로서 나타내기 위해서는 양자를 매개하는 개념으로서 a/{a}-공역성을 갖는 현재를 필요로 한다는 것이다. 이 양의성은 <그림 5-3>에 나타냈듯이 현재 이전, 현재 이후에 의해 정의되는 과거, 미래라는 A계열에 고유한 문제는 아니다. 일반화된 A계열에 있어서 B계열은 편가름되고 각 군은 사건의 집합이 된다. 즉, B계열의 구성요소가 속의 원소임에 비해 일반화된 A계열의 원소는 속의 부분집합이다. 일반화된 A계열에서도 현재라는 말은 집합의 단위로만 사용할 수 있다. 따라서 B계열에서 원소로 지정되는 현재는 A계열에서는 집합이 되어야만 한다. 그 결과 내부 구조를 허용하는 군 간의 순서 구조도, 내부 구조를 무시해서 얻는 순서 구조도 일반화된 A계열이라 부르지 않을 수 없었던 것이다. 여기서도 a/{a}-공역성은 해소할 수 없다.

이 a/{a}-공역성은 본질적으로 모순이다. 그러므로 우선은 이것을 해소할 수단을 생각해 보자. 문제는 같은 단어 '현재'가 원소와 집합을 함께 지시해 버린다는 점에 있었다. 그러므로 본디의 원소와 집합의 쌍을 생각해 보자. B계열과 일반화된 A계열을 다른 개념으로 생각하지 말고 본래 양자가 겹쳐진 쌍을 얻게 된다고 하자. 단, 원소에 주목하고 군을 잊었을 때 우리는 B계열을 보고 있고, 역으로 군의 내용인 원소를 잊고 군에 주목할 때 우리는 일반화된 A계열을 보고 있다고 생각하는 것이다. B인지 A인지 구별하는 것은 해석만의 문제가 된다. 그러므로 B계열을 볼 때 이것을 B계열 해석, A를 볼 때 A계열 해석이라 부르기로 하자.

그러나 이러한 형태로 해석만의 문제로 만들어 버리는 것은 불가능할 것이다. A계열은 본래 '내적 시공'이고 B계열 전체에 관한 지식을 잊지는 않는 형태로 이해할 것이 요망된다. 맥태거트에게 A계열은 B계열의 사건과 그때마다 관련될 수는 있어도 본래 B계열에 완전히 의존하는 형태로 정의되지는 않는다. B계열이 주어지고 그 부분집합으로서 정의되는 것은 아니다. 'A계열에서 현재가 한 점 원소집합이고, B계열의 원소는 아니다'의 의미는 그 전일성, B계열 전체를 볼 필요가 없는 데 있다. 이 성격이야말로 일반화된 A계열의 원소 전부에서 찾을 수 있는 성격인 것이다. 그렇다면 A계열의 원소는 어디까지나 원소로서 B계열의 부분집합적 성격을 미리 갖지 않으며 사건의 집합으로서의 성격은 재발견된다. 원소였던 것 내에서 집합을 발견하는 것이 지금 문제가 되는 현재의 전일성이다.

이 재발견의 과정이야말로 A계열의 구성에 다름없다. A계열이 순수하게 해석일 수는 없다.

즉, 문제는 이러하다. 시공을 A계열과 B계열의 쌍으로 나타내고 군을 잊은 B계열 해석과 내용을 재발견하는 A계열 구성의 조작 쌍을 정의한다. '이로써 A계열이 담지하는 오류는 해결 가능할 것인가?' 이것이 문제이다.

우리는 A계열과 B계열 쌍의 다양한 전체를 부감할 필요가 있다. 그래서 A계열과 B계열의 쌍을 어떤 대상이라 부르고 대상 간에 사(射)라 불리는 조작이 정의된 한 세계상을 생각하기로 하자. 여기서는 A계열과 B계열 간에 모순이 없는 이상적인 상황만을 생각한다면 군은 전부 합동 관계만을 고려한다. 즉, 대상은 속과 합동 관계의 쌍으로 정의된다. 전술했듯이 대상은 원소에 정위하는 경우와 군에 정위하는 경우가 있다. 우선 대상의 원소에 정위하는 경우의 이미지부터 살펴보자(그림 5-9). 대상 간의 관계는 방향을 갖는 화살로, <그림 5-9>에서는 f로 표기된다. 이것은 화살의 꼬리 쪽 대상 원소 전부를 화살의 머리 쪽 대상 군 최대 원소로 대응하도록 정의된다(<그림 5-9>에서는 화살 머리 쪽 대상의 군은 마침 한 원소로 이루어진 집합이므로, 그것들은 군의 최대 원소가 된다). 이 대상, 사 양자에 대해 A구성 조작(A구성이라 부르자)이 정의된다. <그림 5-9>에서는 A구성을 Γ라 부른다. 대상의 A구성은 원래의 군을 잊고 각 원소를 집합이 되도록 군을 만들어보는 조작으로 정의된다. 단, 얻은 군이 합동 관계가 되도록 각 원소로부터 군이 만들어진다.

사에 관한 A구성은 대상의 A구성으로부터 자연스럽게 귀결된다. <그림 5-9>에 있듯이 원래 대상 원소와 군은 일대일대응하므로 이것을 이용해서 대응시켜 f로부터 직접적으로 군 간의 대응을 정의할 수 있다(<그림

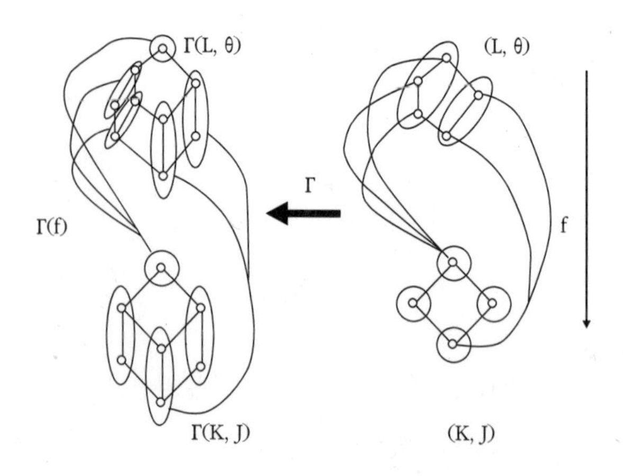

그림 5-9 대상과 대상 간의 사에 대해 군에 정위한 이미지로 A계열의 세계상을 구성하는 조작Γ를 나타낸다. A계열과 B계열의 쌍인 대상은 속 L과 합동 관계 θ(다른 대상은 속 K와 합동 관계 J)의 쌍(L, θ)(또 하나의 대상은 (K, J))로 표시되고 있다. 대상과 사 f 양자가 A구성 Γ에 의해 대상 Γ(L, θ) 및 사 Γ(f)로 대응한다.

5-9> 좌측 대응). 이것이 A구성Γ에 대응하는 사가 된다. 바로 A구성Γ은 대상은 대상으로, 사는 사로 대응한다. 단, 이것뿐이라면 A계열 구성에서 본질적인 결락이 있다. A계열 구성은 어디까지나 원소에서 집합을 재발견하는 조작이다. 따라서 원소에 정위하는 대상의 세계상에서는 원소를 지정한다는 조작(사)이 단위마다 정의될 필요가 있다. 그것이 단위를 지정하는 세계상을 특징짓는다. 이 사를 항등(identity)이라 부른다. 원소의 내용이 집합으로서 재발견되는 조작은 대상과 항등의 쌍이 A계열 구성에 의해 대응하는 조작도 잘 정의한다.

<그림 5-10>에 제시했듯이 항등은 각 원소를 한 개의 원소집합으로 하는 합동 관계 I를 사용해 정의된다. 원소에 정위하는 세계상에서는 사(대상과 대상의 관계)는 사의 꼬리 쪽에 있는 대상의 각 원소를 사의 머리 쪽 대상의 군 최대 원소에 대응하는 것으로 정의된다. 이런 한에서 각 원

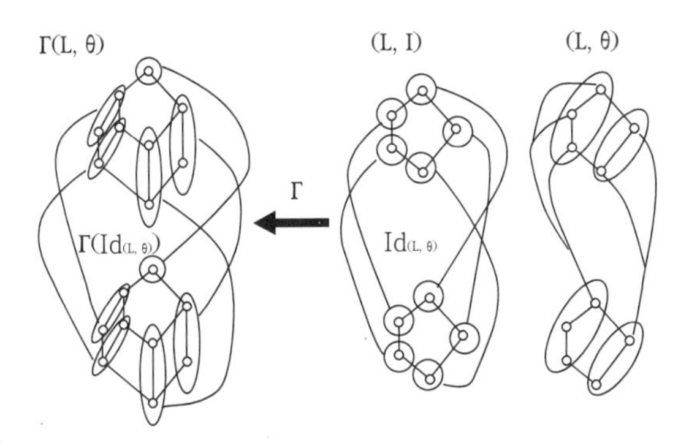

그림 5-10 원소에 정위하는 대상(B계열)과 항등의 쌍을 A계열 구성(Γ)과 대응시킨 것. 원소를 지정하기 위해서는 한 개의 원소집합으로 규정되는 편가름 I가 필요하다. 합동 관계 θ에 관해 항등을 정의하려고 하면 오른쪽처럼 된다.

소가 자기 자신에게 대응하기 위해서는 항등의 앞에 있는 대상의 원소를 원소 그 자체로 이루어진 한 개의 원소집합으로 정의할 수밖에 없다. 그러므로 원소의 지정이라는 형태로 항등을 규정하기 위해서는 대상을 정의하기 위해 속에 겹쳐진 편가름(합동 관계) 이외에 반드시 한 개의 원소집합으로 정의되는 자명한 편가름 I를 필요로 한다. <그림 5-10>에 있는 대상은 원래 쌍(L, θ)으로 정의되어 있지만 이것에 자명한 편가름 I가 부대하고 있고, 쌍(L, θ)의 항등(Id(L, θ)로 나타낸다)은 I를 통해 정의되어 있다.

다음으로 역의 조작, 군에 정위하는 이미지에서 군을 잊고 원소에 정위하도록 전환한 조작을 정의하자. 대상은 같은 L과 θ의 쌍이지만 군에 정위함으로써 L/θ로 표시된다. 역의 조작-B계열 해석(여기서는 F로 표시된다)은 다음과 같이 정의된다. 군에 정위하는 대상은 그대로의 형태로 대응된다. 단, 같은 대상이라도 군을 잊고, 원소를 볼 수 있게 된다. 군에 정위하는 세계상의 사 λ는 대상의 각 군을 다른 (자기 자신도 포함하는) 대상의 군에 대응하는 것으로 정의된다. B계열 해석 F는 이 사 λ를 원소에

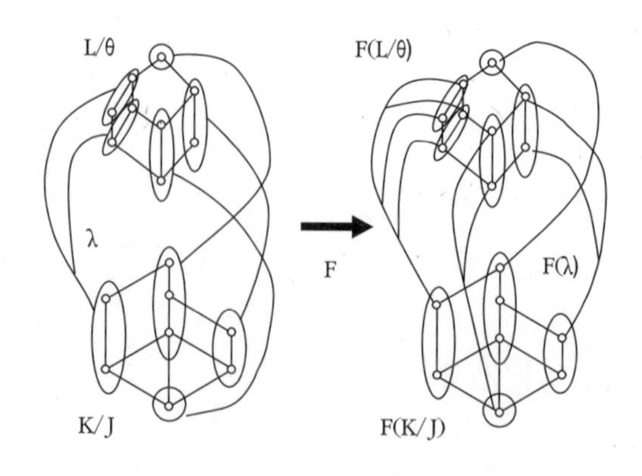

그림 5-11 군에 정위한 이미지에서 원소에 정위한 이미지로 변환하는 조작 F

정위하는 이미지의 사에 대응한다. 그러려면 사 λ의 원래 원소가 귀속하는 군을 λ에 대응하는 군의 최대 원소로 대응하도록 정의하면 된다(그림 5-11).

이리하여 A계열과 B계열의 쌍(중첩)으로서의 시공상(대상이자 속(B계열)과 합동 관계(A계열)의 쌍)이 정의되고 원소에 정위하는 세계상으로서 B계열이, 군에 정위하는 세계상으로서 A계열이 정의된다. 여기서 단적으로 실재하는 것은 속과 합동 관계의 쌍이고, 단지 해석의 차이가 A계열, B계열을 야기한다. 이때 두 세계상 사이에는 <그림 5-12>와 같은 샐틈 없는 일대일대응 관계(첨가adjunction라 불린다)가 확인된다.

첨가는 일반적으로 두 세계상 사이의 두 변환을 사용해 정의된다. 한쪽 세계상에 다른 쪽에서부터 변환 F를 통해 야기된 대상 F(X)가 있다고 하자. 이 대상에서 다른 대상 Y로 대응하는 사를 하나 선택하면 거기서부터 자동적으로 다른 쪽 세계상의 사가 하나 결정된다. 다른 쪽 세계상의 사는 변환 F로 대응되는 이전의 대상 X로부터 대상 Y를 또 하나의 변환 G

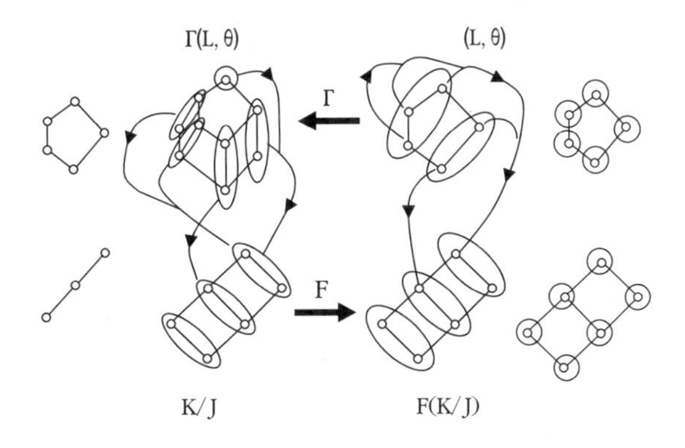

그림 5-12 원소에 정위하는 세계상(오른쪽)과 군에 정위하는 세계상(왼쪽) 사이에서 확인되는 샐 틈 없는 일대일대응 관계(첨가)

로 대응한 대상으로의 사가 된다. 이리하여 일견 대응을 취할 수 없는 두 이미지 사이에 극히 강력한 대응 관계를 확인할 수 있다. 이때 변환 F와 G가 첨가를 이룬다고 할 수 있다.

실제로 일견 대응 관계가 성립하지 않는다고 생각되는 두 이미지 사이에 숨겨진 엄밀한 대응 관계를 발견, 구성하는 장치로서 첨가는 유용하다. 예컨대 개념을 첨가로 형식적으로 정의하는 시도가 있다. 개념 규정에는 그 속성의 집합에 따라 정의하는 내포와 그 개념의 구체적 모델이 되는 대상의 집단에 따라 규정하는 외연이 있다. 산술에서는 짝수의 내포는 '2로 나누어 떨어지는 자연수'이고 외연은 '2, 4, 6, ……'이다. 컵의 내포는 '중앙이 크게 들어간 얇은 용기'이고 외연은 '커피컵, 티(tea)컵, 경량(輕量)컵, ……'일 것이다. 짝수와 같이 수학적으로 정의되는 개념은 차치해도 개념 일반을 내포-외연의 쌍으로서 정의하기는 곤란하다고 생각된다. 그러나 속성 집합과 대상 집합을 준비해서 그 원소 쌍의 일부를 취해 이것을 형식 문맥으로 할 때 개념은 내포와 외연의 쌍으로 정의할 수 있다. 우선 대상의 특정 집합을 준비하고 그 모든 원소와의 쌍이 형식 문맥이 되는 속성을 모으는 조작 F를 정의한다. 마찬가지로 속성의 특정 집합을 준비하고 그 모든 원소와의 쌍이 형식 문맥이 되는 대상을 모으는 조작 G를 정의한다. 여기서 속성 집합에서부터 조작 F로 만들어지는 대상의 집합에 조작 G를 적용하면 원(元) 속성 집합으로 돌아갈 때, 이 속성 집합을 내포, 대상 집합을 외연이라 하고 내포-외연의 쌍이 어떤 개념을 규정한다고 생각하는 것이다. 내포와 외연은 그 정의상 서로를 규정한다. 내포로서 열거되는 속성을 모두 만족하는 대상의 집단이 외연이므로, 외연이란 그 개념의 구체적 대상의 집합이다. 역으로 외연의 어떠한 대상도 내포 전부를 만족하므로 어떠한 구체적 대상도 거기에 제시된 속성을 과부족 없이 가지도록 요청된다. 이 내포-외연의 대응 관계도 역시 첨가를 구성하는 것이다.

우리가 본 시공상 사이의 B계열 해석 (F) 및 A계열 구성(Γ)이 이루는 첨가는 다음을 나타낸다. 우선 <그림 5-12>의 오른쪽 위에 있는 대상(L, θ)을 취한다. 이것에 A계열 구성의 조작 Γ를 적용해서 Γ(L, θ)를 얻는다. 대상 Γ(L, θ)는 군에 정위하는 세계상의 대상이므로 이 세계상 내에 또 하나 다른 대상 K/J를 취하고 두 대상 간의 사를 하나 결정해 본다. 이 사는 Γ(L, θ) → K/J라는 대상이 된다. 여기서 대상 K/J를 B계열 해석의 조작 F로 원소에 정위하는 세계상에 대응해 본다. 이것에 의해 대상 F(K/J)를 얻지만 거기에는 최초로 선택한 대상(L, θ)도 존재한다. 첨가는 이때 사 Γ(L, θ) → K/J와 일대일로 대응하는 사(L, θ) → F(K/J)의 존재를 의미한다.

첨가가 시간론에 있어서 무엇을 의미하는지 생각해 보자. 무릇 우리는 A계열의 오류, 즉 a/{a}-공역성을 해소하기 위해 속인 B계열과 편가름인 A계열의 쌍으로 시공을 규정했다. 이 상황이라면 단순히 군에 정위함으로써 A계열을 발견하고 원소에 정위함으로써 B계열을 발견하여 A계열, B계열의 차이를 해석 문제로 만들 수 있었을 것이다. 만약 그렇다면 <그림 5-12> 우측만을 생각하면 충분하다. 단, 여기서는 원소에 정위하므로 또 하나의 세계상(군에 정위한다)에서는 같은 대상을 사용해 군에 정위시키고 군 간의 대응을 짓는 사를 정의하면 될 터였다.

그러나 A계열과 B계열을 미리 겹쳐 두면 현재가 운동한다는 의미를 놓쳐 버린다. B계열 전체를 알고 있음에도 불구하고 시계를 그 일부에 한정할 때 이것을 내적 이미지라 말하는 것은 자못 자기기만에 빠지는 것이다. A계열이 내적이라는 것을 보이기 위해서는 '원소(점)를 현재로 지정함으로써 집합으로서의 현재가 개설된다'는 것을 구성할 필요가 있었다. 그러므로 우리는 변환Γ로 '집합으로서의 현재의 개설=A계열 구성'을 정의한 것이다. 그러나 이 정의는 독자에게 혼란을 초래함과 함께 A계열과 B계열이 본질적으로 불분명하다는 것을 명백하게 드러낸다.

5. a/{a}-공역성이 함의하는 무한의 계층성과 혼동

우리는 <그림 5-9>부터 <그림 5-12>에서 편가름에 의해 거칠게 낱알화된 시공 — 일부 정보를 잃어버린 시공 — 을 A계열이라 했다. 집합으로서 현재의 개설이라는 A계열의 성격을 무시하는 한 그것은 타당한 듯 생각된다. 그런 한에서는 변환Γ는 흡사 거칠게 낱알화된 A계열에서 B계열을 재현하는 조작이라고 생각된다. 그러나 동시에 '원소로서의 현재로부터 집합으로서의 현재의 개설'이야말로 (운동하는) A계열의 본질인 것이고 군에 정위하고 그 내부를 잊는 변환Γ의 역할은 A계열의 구성인 것이다.

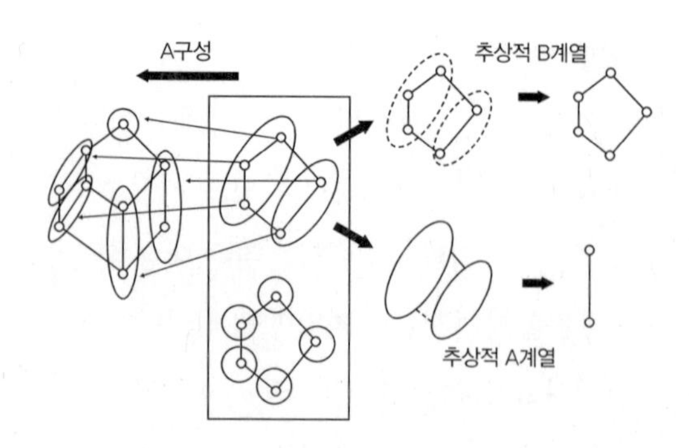

그림 5-13 A계열의 오류. 즉 a/{a}-공역성을 무시하고 이해되는 추상적 B계열과 추상적 A계열. a/{a}-공역성 때문에 A구성은 원소인 것에서 집합을 발견하는 조작이어야만 한다.

현재가 담지하는 a/{a}-공역성을 해결하기 위해 처음부터 시공을 B계열(속)과 A계열(합동 관계)의 쌍으로 두고 B계열을 보는가, A계열을 보는가는 해석의 차이라 생각할 수 있다. 그렇다면 <그림 5-13> 중앙에서 우측에 있는 상황을 상정해야 하지는 않았을까? 여기에서 제시되는 것은 편가름이 행해진 속에서 편가름을 무시하고 속을 발견하는 조작과 군 내의 내부 구조를 잊고 거칠게 낱알화된 속을 발견하는 조작이다. 그러나 <그림 5-13>에서 기술했듯이 이것들은 추상적 B계열, 추상적 A계열이라 불릴 정도의 것에 지나지 않고 시간을 구성하는 도구로서 B, A계열의 의미를 잃어버렸다.

객관적 시공인 B계열 위를 A계열이 운동해 간다. 그렇기 때문에 A계열은 원소에서 집합을 발견하는 조작을 함의한다. 만약 A계열의 운동, 혹은 A계열과 B계열의 상대운동을 무시해도 좋다면 <그림 5-13>에 있는 추상적 B계열, 추상적 A계열을 각각 B계열, A계열로 간주해도 좋을 것이다. 그러나 그렇지 않다. 그렇다면 a/{a}=공역성의 해소란 원소와 집합의 양의성을 완전히 무시하는 것이 아니라 가능한 한 원소를 집합에 대응하는 변환 조작으로서 이 공역성을 일단 치환해 보는 것이 될 것이다. 우리가 정의한 A구성은 바로 그러한 조작이었다.

<그림 5-13> 중앙의 직사각형 안에 있는 그림을 보라. 여기에 있는 것은 속인 B계열과 편가름인 일반화된 A계열의 쌍일 터이다. 그러나 A계열은 운동해야 비로소 A계열이다. 정적인 편가름 그 자체가 A계열이라는 주장은 이미 의미가 없다. 우선 주어진 B계열에서 어떤 점을 현재로 지정하고 거기서부터 편가름이 유도되어 일반화된 A계열을 얻은 결과 이 그림을 얻었다고 하자. 그러나 '진행하는 현재'에서는 점으로서 현재를 지정하고 일반화된 A계열을 인정하는 찰나, 원소인 현재에서 집합을 발견해야만 한다. 만약 이 현재의 운동을 인정하고 운동을 내재하는 형식으로 A계열화를 구상한다면, 모든 원소가 잇달아 집합으로 치환되는 조작을 부여할 필요가 있다. 그것이 바로 A구성인 것이다.

시간 양상이란 역사적 변천의 어떤 적분이다. 과거란 이 현재에 이르기까지 발생했던 역사의 집적이고 현재 일어나는 운동의 적분이라고도 생각할 수 있다. 따라서 일반화된 A계열은 잇달아 일어났고, 그리고 일어날 현재의 운동을 접어 넣은 형식이어야만 한다. 그러므로 A구성은 속의 모든 원소에 대해 집합을 발견하고, 그리고 그 내부 구조를 잊는 조작으로 정의되는 것이다. 공간의 적분은 면적으로서 값을 갖는데 그것은 도형의 경계를 지정할 수 있기 때문이다. 시간에 관해서는 어떠한가? 현재 이전을 과거로 할 때 현재는 이미 이동해 간다. 미래의 현재라는 집합 개념을 끊임없이 이 현재로 수축하는 '현재'는 비일정한 경계에 관한 적분이라는 성격을 일반화된 A계열에 부여한다. 그것은 폭이 없는 추상 개념으로서의 경계선이 실제로는 면적을 갖고 확장되었다는 것을 의미한다.

이리하여 A구성은 일반화된 A계열을 얻는 조작으로서 구상되면서 새로운 원소를 만들어 내고 새로운 B계열을 만들어 내는 조작으로서도 기능한다. 최초로 주어진 속과 편가름(합동 관계)은 이미 원소와 군(집합)이라는 계층을 구성한다. 이 원소에서 집합을 보는 것은 다시 계층을 부여하는 것인 셈이다. 이리하여 A구성은 잇달아 계층을 고차화(高階化)하여 무한한 계층을 구성한다. 동시에 그것은 어쩔 수 없이 A계열과 B계열을 혼동하게 한다. 무한의 계층을 함의하면서 계층은 원리적으로 압쇄(壓碎)되어 항상 A와 B로 해소된다. 이 원소로부터 집합으로의 변환을 인정하고, 그리고 변환 이전과 이후의 구조를 정합적으로 이해하기(첨가를 구성하기) 위해서는 변환이 시공(대상)의 항등을 보존할 필요가 있었다. 이 요청은 속과 합동 관계의 쌍으로서 정의되는 시공에 항상 특별 합동 관계 I가 부수할 것을 요청했다. 합동 관계 I는 모든 원소를 한 원소로 이루어진 집합으로 간주하는 합동 관계였다. 여기서 한 원소와 한 원소로 이루어진 집합의 양의성, 즉 a/{a}-공역성은 보다 직접적인 형태로 도입된다.

이러한 것이다. 시간을 B계열과 일반화된 A계열로 구성하고 이해할 때 만약 거기에 상대적 미끄러짐이나 운동이 끼어든다면 정적인 해석을 변환한다고 해서 이것을 이해할 수 없다. 과잉된 운동은 원소에서 집합이 개설되는 조작을 요청하고 그것은 A계열의 구성에 B계열의 재구성을 함의한다. A계열의 오류는 정적인 해석의 변환으로 해소할 수 있기는커녕 새로운 A와 B의 혼동을 환기한다. 그것이 A구성이자 B구성이기도 한 변환 Γ 문자의 의미이다. 그러므로 첨가가 의미하는 것은 B계열 간의 사와 A계열 간의 사의 일대일대응 관계라기보다도 오히려 A계열화 이전의 B계열과 이후의 재구성된 B계열의 대응 관계라고 말할 수 있다.

이제 토대로서의 B계열과 그 위를 이동하는 A계열이라는 이미지는 역전된다. 현재가 이동하고 A계열로서의 현재가 개설됨으로써 역으로 B

계열도 재구성된다. 이때 A계열을 통과한 B계열화의 변화는 첨가에 의해 결정론적으로 주어지는 것일까? 아니, 사태는 보다 착종되어 있다.

6. A계열과 B계열의 상호작용: 그 가능성

맥태거트가 주장하는 A계열의 오류, A계열과 B계열 상대운동의 불가능성은 마르코풀루의 구상에서는 무시된다. B계열과 일반화된 A계열의 순서쌍으로 생각해 보아도 결코 해소되지 않는다. 두 개 사이를 매개하는 현재가 담지하는 a/{a}-양의성은 결과적으로 A계열과 B계열의 상호작용을 야기한다. 이미 A계열과 B계열의 구별은 상대적으로만 있을 수 있다. 이 상대성은 일반화된 A계열이 양파처럼 차곡차곡 포함되는 구조까지 야기한다.

앞 절에서 정의한 B계열 해석 및 A계열 구성을 이용함으로써 <그림 5-14>와 같은, A계열과 B계열의 상호작용을 얻는다. 여기서는 B계열의 거친 낱알화, 즉 시공 전체를 편가름하고 각 군의 내용을 잃어버리는(그림 5-14에서 일반화된 A를 향한 화살표가 나타내는 조작) 것을 일반화된 A계열이라 부른다. 그러나 다시 앞 절에서 정의한 A계열 구성(그림 5-14의 Γ)과 B계열 해석(그림 5-14의 F)에 의해 A계열이 담지하는 집합으로서의 현재가 개설되고, 또한 군이 잊혀져 그로 인해 A계열이 운동하기 위한 B계열이 만들어진다. 이리하여 재구성된 B계열에서 새로운 위치의 현재가 지정된다. B계열상의 현재는 이동하고 A계열을 개설함으로써 B계열을 바꿔 버린다.

여기서 A계열 구성과 B계열 해석은 잘 정의되고 첨가를 구성한다. 그러면 B계열은 변화하면서도 어떤 규칙에 따라서 오류가 없도록 변화하

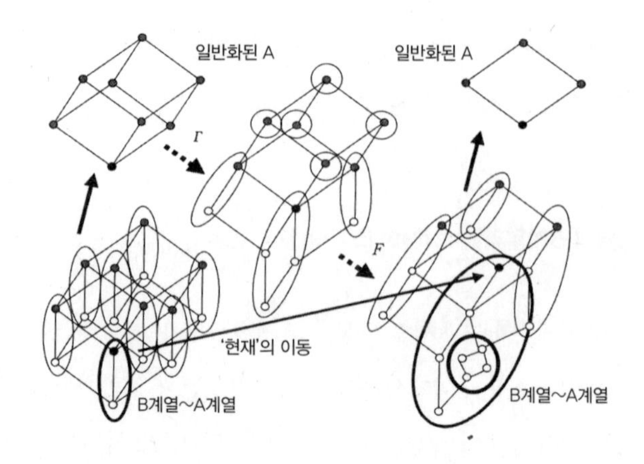

그림 5-14 상호작용하고 계속 변화하는 A계열과 B계열의 쌍. 편가름된 A계열에는 군의 계층마저 나타난다. 여기에 현재완료 내에 현재에 직접 귀속하지 않는 과거의 계층 구조가 출현할 가능성이 있다.

고 있는 것일까? 사태는 그 정도로 단순하지 않다.

일단 첨가가 복수 존재해 버린다는 문제가 있다. A계열 구성은 각 원소를 집합(군)으로 치환했을 때, 그 편가름이 합동 관계를 의미하도록 정의되었다. 한 합동 관계를 채택하면 A계열 구성을 정의할 수 있고 첨가를 얻는다. 그러나 A계열 구성은 합동 관계만 만족하면 얼마든지 자의적으로 정의할 수 있다. 그러므로 그 정의마다 다른 A계열 구성(=B계열의 변화)이 주어진다. 말하자면 A계열 구성은 Γ, Γ′, Γ″, ……로 제한 없이 존재한다. 우리가 도달한 시간 이미지 중 어느 A계열 구성을 선택해야 하는지 그 근거는 어디에도 없다. 따라서 A계열 구성에서 Γ, Γ′, Γ″, ……중 어느 것이 그때마다 선택되는지 결정할 수 없다. 이런 한에서 B계열의 변화는 결정론적이지 않다.

두 번째 문제는 B계열(이라 해도 그것은 A계열의 개설 그 자체이다)상의 원소는 어느 것이나 항상 집합과 원소의 양의성을 담지하고, 따라서 각

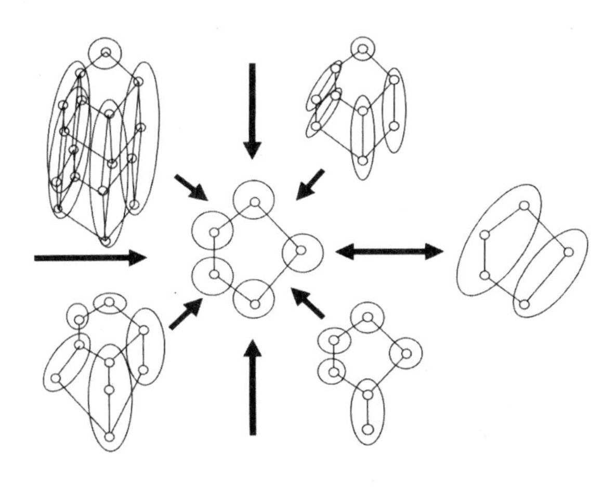

그림 5-15 B계열상의 원소는 한 원소집합이자 원소로 지정할 수 있다. 이런 의미에서 원소는 다른 어떤 집합(군)으로 치환되는 계기(契機)를 항상 담지한다.

원소는 제멋대로 집합으로서 개설되는 계기(契機)를 잉태한다는 점에 있다. <그림 5-15>로 그 의미하는 바를 나타냈다. 우리는 현재가 담지하는 a/{a}=공역성을 배제하려고 시도하면서 B계열과 A계열의 쌍을 겹쳐 대상화했다. 이리하여 원소와 군(집합)은 겹쳐졌다. 그렇지만 대상 간의 조작인 사의 정의를 조작적으로 닫힌 형식으로 주기 위해 사의 정의에 군의 최대 원소를 취한다는 형식을 취해야만 했다. 실제로 원소의 지정에 항상 군을 사용함으로써 '원소 하나하나가 한 원소집합이기도 하다'는 착오를 받아들여야만 했다. 이것이 원소 a가 한 원소집합 {a}이기도 하기 때문에 집합으로서의 현재를 개설시키는 근거가 된다.

이리하여 <그림 5-15>와 같이 대상 내의 원소는 집합으로서 자의적으로 열리고, 열린 집합 내의 원소도 제한 없이 집합으로서 계속 개설될 가능성을 띤다. <그림 5-14>에서는 B계열이 거칠게 낱알화된 뒤 A계열 구성, B계열 해석이 순차적으로 일어나고 B계열이 재구성된다. 그러나 A

계열화가 B계열을 야기하는 과정에서 어떤 단계의 속에서도 그 속의 원소가 일단 그 이상 집합으로서 개설되지 않는 원소인 것인지, 그렇지 않으면 바로 집합으로 치환할 수 있는 원소인지 더 이상 결정할 수 없다. 객관적 사건의 계열이라고 생각되던 B계열의 객관성을 잃게 되고 항상 그 배후에 A계열의 개설이 잉태되어, 역으로 A계열화는 끊임없이 새로운 B계열을 생기한다. A의 근저에 B가, B의 근저에 A가 발견되는 양파 같은 구조는 이미 제한이 없다(B계열이 A계열이기도 하다는 것을 여기서는 B계열~A계열이라고 나타낸다).

A계열과 B계열의 상대성은 어떠한 단계에서도 속의 어떤 원소가 집합으로서 개설되든지 되지 않든지 결정 불가능하다는 것을 함의한다. 그러므로 어떤 원소만이 군으로 치환되고 <그림 5-14>의 두 번째에 출현하는 B계열(~A계열)에서 확인되듯이 계층적 군(군 내에 군이 존재한다)의 출현이 가능해진다. <그림 5-14>에는 각 속에 검은 원으로 지정된 사건이 현재에 있다. 그러므로 군의 이중성은 현재에 이르는 과거라는 시간 양상에 동시에 다른 과거에 대한 양상이 병존하고 있다는 것을 의미한다. A계열의 오류는 A계열과 B계열의 상대성, 상호작용을 유도하고 계층적인 시간 양상을 야기한다. 결국 우리는 맥태거트 자신이 두 개의 다른 가능성으로서 제시한, 심리적이고 유한의 폭을 갖는 현재와 이념적인 점으로서의 현재(그림 5-2)를 함께 받아들여, 오히려 그 양의성을 전면적으로 전개할 수밖에 없다.

세 번째 문제는 합동 관계가 성립하지 않는 경우에 관한 것이다. 우리는 앞 절과 이 절에서 일단 이상적인 군으로서 합동 관계에만 한정해서 논의를 진행했다. 합동 관계인 한 속으로 주어진 B계열의 거칠게 낱알화된 이미지(이것도 역시 속)가 일반화된 A계열이 되고 양자의 어긋남은 없었다. 그러므로 <그림 5-14>에 주어진 B계열과 A계열의 발전 이미지는 A계열과 B계열의 '상호' 작용을 주지는 않는다. 속에 현재를 주고 원소를 집합으로 치환, 부풀린다는 자유는 항상 합동 관계의 제약하에서 실행되고 부풀리기 이전의 일반화된 A계열은 쌍일 터인 또 하나의 계열을 갖지 않는다. 이것은 쌍의 다른 쪽과 갖는 어긋남을 고려하고 있지 않기 때문이다. 그러나 일반적인 '과거 유도형 편가름'(5장 3절)을 생각하는 한, 편가름은 합동 관계에 의해 주어지지 않고 A계열은 B계열을 반영하지 않는다. 이러한 상황을 고려할 때, A계열과 B계열의 상호작용에 관해 보다 구체적인 모델이 주어짐에 틀림없다.

7. A계열과 B계열의 조정(調停): 데자뷔의 기원

시공을 B계열과 일반화된 A계열의 쌍으로 나타낼 때, A계열을 합동 관계에 기반하는 편가름에 한정해도 좋은 것인가? 이 제약을 완화하고 과거 유도형 편가름으로 일반화해서 A계열과 B계열의 상호작용을 재정의해야 하는 것은 아닌가? 이 절에서는 이 점에 관해 논하고 A계열과 B계열의 상호작용을 보다 일반적인 형태로 규정하자. 이때 A계열과 B계열 사이에 어긋남이 발견되고 어긋남을 해소하도록 A계열과 B계열 간의 조정이 요청된다.

속으로서 표현된 B계열에 편가름으로서 일반화된 A계열을 놓고 양자의 쌍으로서 시공을 준다. 문제가 되는 것은 이 일반화된 A계열과 B계열이 어긋남을 초래하는 경우이다. 우리는 여기서 과거 유도형 편가름에 의해 일반화된 A계열을 생각한다. 이런 한에서 A계열과 B계열 사이에 어긋남이 출현하는 경우가 있는 것이다. 만약 완전히 자유로운 편가름이 허

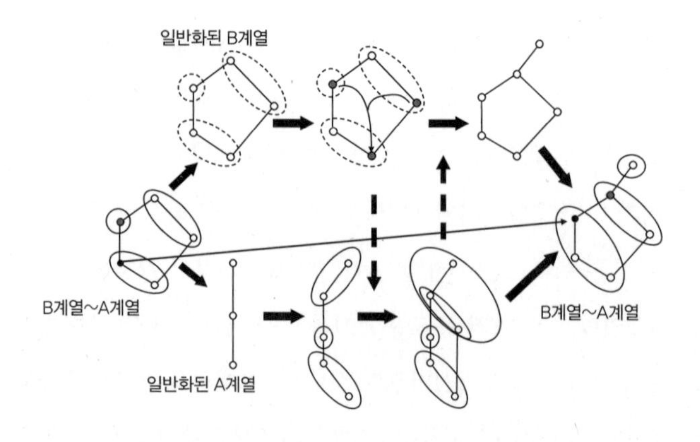

그림 5-16 A계열과 B계열이 어긋남을 야기하는 경우에 확장·일반화된 A계열과 B계열의 상호작용. 일반화된 B계열을 반영하지 않는 일반화된 A계열에 대해 조정(점선 화살표)이 행해지고 그럼으로써 일반화된 B계열도 변화한다.

용된다면 B계열의 각 원소에 관해 그 원소로만 이루어진 한 원소집합을 취하는 편가름이 항상 허용된다. 즉, 항상 이 특수한 A계열을 선택함으로써 A계열과 B계열의 모순은 회피할 수 있다. 과거 유도형 편가름이라는 제약하에서 A계열과 B계열의 어긋남이 발견되는 것이다. 그리고 그것은 앞 절에서 접했듯이 B계열의 구조에 의존한다. 속이 분배율이라는 특수한 구조를 만족할 때, 과거 유도형 편가름은 반드시 합동 관계를 함의하고 A계열과 B계열은 모순되지 않는다. 역으로 속이 분배율을 만족하지 않을 때 A계열과 B계열은 모순되는 경우가 있다.

<그림 5-16>은 A계열과 B계열이 모순되는 경우 A계열과 B계열의 상호작용을 나타낸다. 우선 좌측에 나타냈듯이 5개의 원소로 이루어진 속(B계열)이 주어지고 검은 원에 의해 현재가 지정된다. 이 현재로부터 과거 유도형 편가름에 의해 일반화된 A계열이 결정된다. 이 하세도표는 원소가 집합이기도 하다는 계층화를 인정하는 한 앞 절에서 기술했듯이, B

계열이자 A계열이다. 그러므로 <그림 5-14>에 준해서 이 구조를 B계열~A계열이라 부르자. 그런데 <그림 5-14>에서는 편가름에 합동 관계만을 생각, A와 B의 모순을 고려하지 않았기 때문에, B계열~A계열로부터 거칠게 낱알화된 B계열=일반화된 A계열을 생각하는 것만으로 충분했다. 그러나 <그림 5-16>의 경우에는 B계열과 일반화된 A계열은 명백하게 모순되고 양자가 어떻게 다른지 생각할 필요가 있다. 그래서 여기서는 일반화된 A계열과 함께 편가름을 담보하면서 원소가 이루는 구조를 일반화된 B계열이라는 이름하에서 병기할 것이다.

좌측 B계열~A계열로부터 하단, 상단으로 가는 경로를 설명해 보자. 내부 구조를 잊어서 얻은, 일반화된 A계열은 A구성의 원 원소를 집합으로 변환한다. 이리하여 원소 층위가 복원되고 상단에 있는 일반화된 B계열과 비교, 조정(調整)하는 것이 가능해진다. 여기서는 원소의 일부를 유한개 무작위로 선택해 이것에 관해 상한, 하한을 취해 순서 구조를 비교하는 메커니즘을 생각하자. 상단에 제시했듯이 일반화된 B계열에서 최하위 군 내의 하위원소를 선택하여 이것과 중간 군 원소의 하한을 취하면 최하위 군의 원소가 된다. 이것에 비해 일반화된 A계열에서는 최하위 군의 어떠한 원소와 중간 군 원소의 하한을 취해도 중간 군의 원소가 될 뿐으로 최하위 군에는 도달하지 않는다. 즉 최상위 군에 그러한 원소가 부족한 것이다. 이것이 A계열-B계열 간의 조정(調整)(<그림 5-16>의 아래 방향 굵은 화살표)을 야기한다. 두 계열의 차이를 해소하도록 다시 부풀려진 A계열 원소 내의 원소가 집합으로 확장된다. 이리하여 군 내에 군이 존재하는 새로운 A계열이 생성된다. 새롭게 생성된 A계열은 군을 잊음으로써 B계열이 재생됨을 의미한다. 이리하여 일반화된 B계열도 역시 일반화된 A계열에 준해 변경된다(그림 5-16의 위 방향 굵은 점선 화살표). <그림 5-16>에 제시한 두 화살표가 A계열과 B계열의 조정(調停)을 나타낸다. 이 결과 새로운 시공이 출현하고 현재가 이동함으로써 새로운 군을 얻는다.

여기서 정의한 A계열과 B계열 조정(調停)의 본질은 주관적인 사건 계열의 분절, 거친 낱알화를 사건 계열 그 자체와도 구별할 수 없다는 상황에 있다. 사건의 객관적 파악을 한편으로 담보한 채 주관적으로 이것을 편가름, 분절하고 해석을 더함으로써 사건 계열의 기억을 끊임없이 수정한다. 단 어디까지나 일반화된 B계열을 담보한 채, A계열화를 통해 B계열의 재편이 진행된다. 그래서 담보된 B계열과 A계열화를 통한 B계열 사이에서 어쩔 수 없이 조정(調整/調停)이 행해진다. 우리는 그 결과 군 속에 군이 생기리라는 사실을 발견했던 것이다. 상대적으로 객관적인 기억과 주관적인 기억의 조정(調停)은 인식론적인 착오의 보정이 실행되는 층위나 문자적·감각적 층위, 지각 층위에 이르기까지 다양한 층위에서 일상적으로 진행된다. 담보되는 B계열은 예컨대 시계라는 외부 장치를 채용해서 도입되는 일도 있을 것이다. 이 경우에조차 객관적 시간(B계열)은 시계가 새기는 시간 그 자체가 아니라 '나'에게 의미가 부여된 시간이다. 몽상에 빠져 겨우 수분에 지나지 않았다고 생각했는데 실제로는 한 시간이나 경과했을 때 체험한 한 시간의 의미를 재고하는 경우가 있다. 여기서는 수분을 나타내는 A계열적 시간이 시계라는 B계열 외부 장치의 한 시간으로 수정됨과 함께 한 시간이 생각한 만큼 길지는 않은 것으로 이해된다. 필시 이 조정(調停)이 가장 극적으로 발생하는 지각 층위의 현상이 데자뷔일 것이다.

<그림 5-17>로 A계열과 B계열 간의 어긋남을 조정(調停)하는 과정이 어떻게 데자뷔를 설명하는지 살펴보자. 좌측 직사각형에 있는 개념도는 2장에서 제시한 데자뷔를 이해하기 위한 것이다. 방에서 텔레비전을

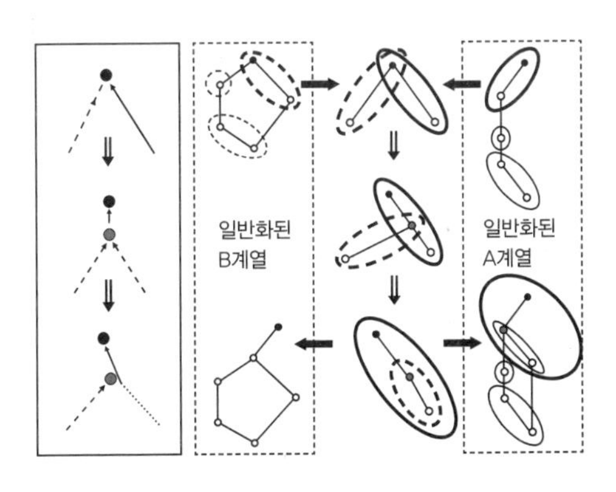

그림 5-17 일반화된 A계열, B계열을 조정함으로써 출현하는 이중화된 시간 분절이 갖는 데자뷔적 구조. 좌측 직사각형(실선)의 개념도는 2장에서 제시한, 데자뷔일 때 일어나는 두 시간 계열의 조정(調停)을 의미한다.

보고 있었을 때의 데자뷔 감각을 예로 들면 상단 그림에서 검은 원이 '옥상에서 사람을 확인하는 현재'를 나타낸다. 현재에 이르는 실선 화살표는 지금 여기에서 '내'가 체험한 것, 즉 나도 역시 세계 내의 한 사람으로서 영화를 보고 있었다는 실감을 나타낸다. 다른 한편 현재에 이르는 점선 화살표는 내가 초월자처럼 배경으로 물러나고 세계를 조망하고 있던(것처럼 영화를 보고 있던) 조금 전까지의 체험을 나타낸다. 가운데 그림에서 이 두 체험(두 역사)을 조정(調停)함으로써 현재와는 다른 순수하게 추상적인 과거(회색 원)가 생성되고 최종적으로 하단 그림에 있듯이 현재(검은 원)에 이르는 역사(현재완료) 내에서 갈 곳 없는=명명되지 않은 과거(회색 원)와 거기에 이르는 역사(과거완료)의 이중 구조가 발견된다. 우리는 이 이중 구조가 바로 데자뷔의 구조임을 확인한 것이다.

현재에 이르는 두 역사의 어긋남은 이제 A계열과 B계열의 어긋남으로 치환된다. 주관적인 이 '나'의 체험이 A계열이고 이 A계열에 탁월하게 앞서서 '나'를 배경으로 물러나게 하는 체험이 B계열이다. 두 시간상의 어긋남이 바로 이 상황을 잘 나타낸다. 여기서는 <그림 5-16>에서 A계열과 B계열의 어긋남을 참조하면서 데자뷔의 모델로 삼도록 하자. 우리는 과거 유도형 편가름을 현재가 아닌 임의의 사건을 기점으로 해서 주는 것을 포함해서 확장했다. 그러므로 <그림 5-16>의 A~B계열에서 가장 위의 점을 현재로 하고 이것보다 두 개 아래의 원소를 과거의 기점으로 해서 거기서부터 유도되는 일반화된 A계열을 본다고 생각하기로 하자. 최상위에 위치하는 원소(현재)가 A계열과 B계열과 어긋난다는 것은 다음과 같다. <그림 5-17> 상단 오른쪽에서 두 번째에 위치하는 현재(검은 원)에 이르는 두 계열은 점선 루프로 둘러싸인 것이 B계열의 부분계열, 실선 루프로 둘러싸인 것이 A계열의 부분계열을 나타낸다(그림 5-17에서는 좌측 점선 직사각형 내에 있는 순서 구조가 일반화된 B계열을, 우측의 것이 일반화된 A계열을 나타낸다). 실제로 B계열의 부분계열은 왼쪽에 나타냈듯이 현재(검은 원)에 이르는, 우측에서 시작되는 계열을 나타내고, A계열의 부분계열은 오른쪽에 나타냈듯이 단 하나의 계열을 나타낸다. 양자의 어긋남이란 <그림 5-16>에서 설명한 그것으로, 즉 B계열에서 유래하는 흰 원 원소는 중간 군 원소와 하한을 취해 최하위 군에 이르지만 A계열에서 유래하는 흰 원 원소는 같은 조작에 대해 중간 군에 머무른다. B계열에서 유래하는 과거와 A계열에서 유래하는 과거 중 어느 한쪽을 선택하는 것이 아니라 어긋남을 받아들여 그 양의성을 받아들이는 상황은 바로 이 단계를 나타낸 것이다.

양자의 어긋남을 받아들이는 것은 일반화된 A계열에서 이것과 모순되는 일반화된 B계열의 원소를 받아들이는 것이다. 어디까지나 A계열이 우선되고 담보된 B계열에서 기원하는 위화감은 일반화된 A계열에 부여된다. 따라서 <그림 5-17>에 있듯이 A계열에서 현재로 오는 경로가 단

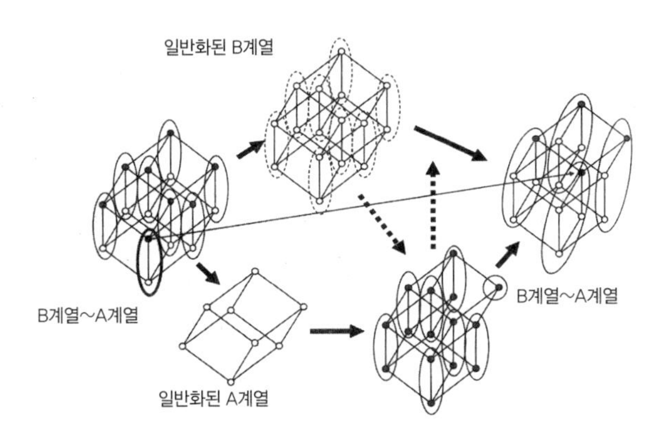

그림 5-18 A계열과 B계열의 조정을 고려한 다음 양자 간에 어긋남이 없는 경우 A계열과 B계열의 상호작용. 조정은 실질적인 의미를 잃어버린다.

하나일 때 이 유일성이 우선되고 이것을 보장하도록 B계열에서 기원하는 위화감이 도입될 것이다. 그것은 상위 군과 중간 군의 하한을 취해 최하위 군에 이르는 원소를 도입하는 것이므로 현재로 오는 경로의 유일성을 담보한 채 이것을 도입하기 위해서는 최하단과 같은 구조를 인정할 수밖에 없다. 이리하여 B계열의 위화감을 도입하기 위해 군 내에 다시 새로운 군이 도입되고 현재완료의 역사에 과거완료가 중층적으로 생성된다(그림 5-17하단). 이리하여 일반화된 A계열도, 일반화된 B계열도 새로운 원소를 부여하는 구조가 되지만 이중 구조의 군이 획득되는 시간이 유한시간 동안 지속할 것이다. 그것이 데자뷔 체험이라 이해할 수 있다.

두 계열, B계열과 A계열의 조정을 도입한 지금, 두 계열 간에 어긋남이 확인되지 않는 일반적 상황에서 양자의 상호작용은 어떻게 될까? <그림 5-18>에 제시했듯이 A계열과 B계열 간에 어긋남이 없는 한 조정(調停)은 실질적으로 의미가 없다. 여기서는 주어진 B계열~A계열로부터 거칠게 낱알화되고 일반화된 A계열을 얻고 각 원소가 A구성에 의해 집합이 되어 B계열~A계열이 재구성된다. 여기서 A구성에 의해 대부분의 원소는 두 원소로 이루어진 집합으로 변화하지만 우측 원소만은 그 자체로 이루어진 한 원소집합이 된다. 즉, A구성에서 얻는 순서 구조는 담보되는 일반화된 B구조와는 일치하지 않는다. 그러나 일반화된 A계열과 점선 루프로 편가름되는 일반화된 B계열은 완전히 일치하고 양자 간에 어긋남은 없다. 그러므로 일반화된 B계열에서 일반화된 A계열에 대한 요청(아래 방향 점선 화살표)은 실질적으로 아무것도 아니다. 단, 제멋대로 구성된 일반화된 A계열이 스스로의 복제(copy)로서 B계열을 재구성하고(위 방향 점선 화살표), 현재를 진행시키는 것이다. 여기서 B계열에서 A계열에 대한 조정을 무시할 수 있을 때, 양자 간의 상호작용은 앞 절 <그림 5-14>에서 구상한 것과 완전히 일치한다. 단, <그림 5-14>에서는 자의적으로 이중 군 구조의 가능성을 시사했지만 이제 이중 구조의 출현은 A계열과 B계열의 어긋남이 있는 경우로만 한정된다. B계열이 분배율을 만족하지 않을 때에 한해 이중 구조가 출현할 가능성이 있고(항상 출현하는 것은 아니다) 데자뷔가 출현할 가능성이 있다.

실제로 뇌에서 객관적 시간, 주관적 시간이 코드화되고 끊임없이 조정(調停)된다면 거기서는 순서 구조에 따라 추상화된 구조가 확인될 것이다. 또한 그 구조가 뇌의 다른 영역에서 모니터링되고 전체적으로 전망하기 쉬워지기 위해서는 전체성을 갖는 속이 바람직하다. 또한 B계열과 A계열의 끊임없는 조정은 가능한 한 양자 간에 어긋남을 만들어 내지 않는 구조를 야기할지도 모른다. 우리의 관점에서 말한다면 그것은 B계열이 분배율이 성립하는 속(분배속)에 근사하게 되도록 수정, 유지되는 것을 의미한다. 만약 인간이 발달 과정에서 그러한 시간구조를 갖는다고 상정한다면 어떤 연령을 지나면 주관적 시간과 객관적 시간의 어긋남이 줄어들

것이다. 그것은 데자뷔 체험이 성인이 되면 극단적으로 감소하는 현상을 이해하는 길이 될지도 모른다. 어쨌든 다음 장에서 우리는 B계열과 A계열의 조정에서 양자론적 구조를 발견하고 이 장에서 기술한 것과는 다른 종류의 조정 양식을 발견하게 된다. 그것은 뜻밖에도 분배속으로 자기 회귀하는 운동을 의미하는 것이다.

6장 _ 인과론-숙명론의 상극(相克)과 양자론

인과집합이라는 개념은 마르코풀루가 시간의 내적 기술을 착안하기에 앞서서 소킨(Rafael Sorkin) 등이 양자론과 관련해서 논의했다. 이 책에서는 물리학에서 다루는 미소 세계의 이미지로서 양자론을 도입하지 않고 인식론적인 틀로서 그 의의를 접하고, 그다음 A계열-B계열의 상호작용과 양자론을 접속하는 길을 논하려고 한다.

여기서는 특히 타입(type)과 토큰(token)의 쌍, 그 양자 간의 조정을 내재한 논리로서 양자론을 살펴볼 것이다. 타입이란 개념을 규정하는 일반적 성격, 속성이다. 토큰이란 해당 개념의 구체적 대상, 개체이다. 타입에 의한 규정과 토큰에 의한 규정이 일치하면 개념은 과부족 없이 기술되는 듯 생각된다. 그러나 일반적으로 타입과 토큰은 간단명료하게 분리되지 않고 양자가 혼재된 형식은 불가피하기도 하다.

그런데 물리상태란 모든 속성(물리량)에 관해 규정되는 상태의 목록이다. 소박하게 생각하면 물리상태는 단 하나로 결정되어 있다고 기대할 수 있다. 이러한 이미지를 고전론이라 부른다. 다른 한편 물리상태가 하나로 결정되지 않고 확률분포로서만 기대할 수 있다고 하는 관점을 양자론이라 한다. 양자론은 파동함수의 중첩으로 양자상태라 불리는 물리상태를 규정한다. 그것은 상태의 일반화, 즉 타입적 어휘를 의미한다. 그 중첩은 관측의 결과에서 융합 불가능한, 즉 토큰의 확률적 중첩을 의미한다. 여기에 타입과 토큰의 조정이 이미 내재한다. 더욱이 양자론에서는 분리 독립적 부분계의 지정을 인정하지만 복합된 전체에서 재차 중첩을 인정하도록 정의된다. 여기에도 역시 토큰과 타입의 조정이 내재하고 있다. 이러한 관점에서 양자얽힘(quantum entanglement)은 타입과 토큰이 어긋나는 단적인 형식으로 위치 매길 수 있다(양자얽힘에 관해서는 추후에 설명할 것이다).

양자론에 내재하는 타입과 토큰 간의 어긋남과 조정은 시간 발전과 동시간면 지정 사이의 어긋남, 조정이라는 형식으로 논해진다. 특히 인과집합에서 타입과 토큰 사이의 어긋남은 인과계열과 동시간면을 규정하는 비인과집합 간의 어긋남이 되어 나타난다. 인과 관계는 선행 및 후속하는 두 사상(事象)을 각각 특정 사상으로서 추상화, 일반화함으로써 규정할 수 있고 그 어휘는 타입이 된다. 다른 한편 동시간면을 부분을 그러모은 것으로서 규정할 때 무관계한 사상의 지정, 병치가 요청되고 그 어휘는 토큰이 된다. 이런 의미에서 시간과 공간이 규정될 때, 타입과 토큰의 어긋남과 조정 문제는 불가피하게 출현한다. 이 장에서는 특히 타입과 토큰의 관계를 인과론과 숙명론의 대립 도식에서 발견할 것이다. 인과론자와 숙명론자가 논쟁할 때 타입과 토큰의 상호작용, 조정이 현전한다. 우리는 그 구조에서 양자얽힘의 구조를 발견할 수 있다.

글머리에서 기술했듯이 양자론의 관점에서 인과집합을 채택할 때 인과적 역사는 도입되지 않는다. 즉 B계열만이 논의되고 관측자나 그 위치인 현재, 그리고 A계열은 질문되지 않는다. 그럼에도 불구하고 여기서도

B계열과 A계열의 어긋남, 조정이 출현한다. 사건 하나하나를 분리독립적인 것으로서 지정하는 B계열은 상대적으로 토큰적 어휘라 말할 수 있다. 다른 한편 사건의 집합을 일반화하는 A계열은 타입적 어휘이다. B계열과 A계열의 어긋남, 조정이란 타입, 토큰의 어긋남, 조정이기도 했다. 하지만 맥태거트 자신은 B계열의 공간 개념을 다루고 있지는 않다. B계열은 사건이 일직선상에 늘어선 순서집합으로 상정될 뿐이다. 이것에 비해 인과집합은 (그리고 우리가 논의해 온 속은) 일반적으로 시간과 공간, 양자를 다룬다. 그러므로 양자론에서는 A계열을 도입하는 일 없이 시간적 인과관계를 지정하고 공간 지정을 조정한다는 형식으로 타입과 토큰을 조정하는 문제가 나타난다. 그러나 그것을 해결하려 하면 우리는 재차 A계열과 B계열의 어긋남, 조정을 발견하게 된다.

1. 양자얽힘

양자론을 우리의 문맥에서 이해하기 위해 우선 원래 양자론의 형식에서 양자 공간이동(quantum teleportation)이란 어떤 것인가를 간단히 살펴두기로 하자. 양자론이란 양자로 상태를 규정하는 물리계이다. 양자계는 이하 네 개의 가정을 만족하는 이론으로서 정의된다. 첫 번째로 고립되고 주위와 관련을 갖지 않는 양자계는 힐베르트 공간에서 그 상태(양자상태)를 지정할 수 있다. 힐베르트 공간에서 지정할 수 있다는 것은 다양한 상태를(서로 독립적인) 기저 상태의 중첩(선형 독립성)으로 표현할 수 있다는 것을 의미한다. 또한 양자상태에 내적(內積)이라는 양을 정의할 수 있기 때문에 상태의 확률이나 어떤 종류의 보존량을 계산할 수 있다. 두 번째로 양자계의 시간 발전은 내적을 보존하는 유니터리(unitary) 연산자로 정의된다. 이 보존칙으로 말미암아 시간 축에 따른 정보의 손실이나 유입은 배제된다. 세 번째로 양자상태의 관측은 에르미트(Hermitian) 연산자라 불리는 어떤 변환에 관해 불변성을 갖는 연산자의 집합으로 정의된다. 네번째로 복수의 양자계로 이루어진 복수계는 힐베르트 공간의 텐서곱(tensor product)으로 정의된다. 이것은 복수계를 구성하는 각 양자계로 자유롭게 분할된다는 것을 의미한다.

중첩이 가능하다는 요청과 복수계가 텐서곱으로 표현된다는 요청을 함께 만족함으로써 '양자얽힘'이라 불리는 기묘한 상태가 출현한다. 중첩은 독립적 성분(기저 상태), 말하자면 토큰의 합으로 야기되는 타입 표현이다. 다른 한편 복합계의 텐서곱은 전체로서의 타입은 유보하면서, 부분을 토큰으로서 지정하는 것을 의미한다. 둘 다 타입과 토큰의 조정을 내재한 형식이면서 전자는 타입에, 후자는 토큰에 역점을 둔 표현이다. 각자가 타입, 토큰의 계층적 구조를 갖기 때문에 복합계에서 타입, 토큰의 역점(力点)을 역전하고 토큰적 개체의 복수성을 담지하는 한 타입을 구성할 수도 있게 된다. 그것이 양자얽힘이다. 양자얽힘에서 타입과 토큰의 양의성을 실감하기 위해 계산 절차를 개관해 보기로 하자.

중첩을 가능케 하는 기저의 독립성은 상태를 나타내기 위해 요청되는 성분의 독립성을 의미한다. 마을의 어떤 지점을 원점으로 하고 동쪽으로 x킬로미터, 북쪽으로 y킬로미터 이동한 도달 지점을 생각해 보자. 도달 지점은 좌표로서 (x, y)로 나타낼 수 있지만 동서 방향을 나타내는 제1성분단위를 (1, 0), 남북 방향을 나타내는 제2성분단위를 (0, 1)로 나타내면,

$$(x, y) = x(1, 0) + y(0, 1)$$

로 쓸 수 있다. 단, x(1, 0)은 수치 x와 (1, 0)의 곱셈을 의미하고 (x 1, x 0) 즉 (x, 0)을 의미한다. y(0, 1)도 마찬가지이다. 괄호 안의 제1성분과 제2성분은 관계가 없고 각각 독립적으로 계산된다. 이리하여 평면상의 모든 점은 단위에 비례하는 성분의 덧셈으로 표현된다. 양자론에서는 (x, y)가 독립계의 양자상태이고 (1, 0)나 (0, 1)는 기저 상태가 된다. 이것이 첫 번째 가정이 의미하는 바이다.

이 중첩이 확률적인 것일 때 관측의 결과로 배타적인 상태의 중첩마저 구상할 수 있다. 두 기저 상태로서 삶과 죽음을 취한다고 가정하는 것이 절반은 살아있고 절반은 죽어 있는 슈뢰딩거의 고양이다. 슈뢰딩거의 고양이는 기이하게 느껴질 수 있지만, 내일 우산을 가져갈 확률이라는 상황은 일상적으로 사용하는 개념일 것이다(실제로 텔레비전의 일기예보에서 다음 날의 비올 확률을 예보할 때 예보관은 '비올 확률 60%란, 10명이 있다면 6명이 우산을 들고 가는 날씨를 말합니다'는 식으로 설명한다). 내가 우산을 들고 간다, 가지 않는다는 양자택일의 문제로 그 중간상태는 존재하지 않지만 우산을 들고 갈 확률은 일상적으로 이해할 수 있다. 나는 자신의 개별적 행동을 집단 내의 행동으로 자리매김하면서 개체와 집단을 이중 대응해 볼 수 있는 것이다. 이것이 토큰의 합으로서 표현되는 타입으로서의 양자상태가 갖는 의미이다.

이것에 대해 두 양자상태 (x, y) 및 (u, v)를 생각하자. 이것들을 부분계로 하는 복합계의 양자상태는 제4의 가정에 따라 텐서곱으로 표현된다. 양자의 텐서곱은 $(x, y) \otimes (u, v)$로 표현되고 그 계산은 예컨대 아래를 따른다.

$$(x, y) \otimes (u, v) = (xu, xv, yu, yv)$$

여기서 xu는 x와 u의 곱셈으로, 다른 것도 마찬가지이다.

중첩으로 양자상태를 나타낼 때, 제1성분과 제2성분은 독립적이었다. 부분계의 독립성은 텐서곱으로, 중첩에서 사용된 독립성과는 다른 양식을 갖는다. 이런 의미를 타입, 토큰의 쌍으로 이해하기 위해 일상적인 상태에 유비해 보자. 여기서는 다시 우산을 갖고 갈 확률 표현으로 생각해 보자.

양자상태는 우산을 갖고 갈 확률이고 중첩된 제1성분단위 (1, 0)은 우산이 다른 어딘가로 옮겨지고(괄호 안의 왼쪽이 1) 집에 없는 것(괄호 안의 오른쪽이 0)을 의미하며, 그러므로 '우산을 갖고 가는' 것을 의미한다. 다른 한편 제2성분단위 (0, 1)은 다른 어딘가에 존재하지 않고(괄호 안의 왼쪽이 0), 집에 있는 것(괄호 안의 오른쪽이 1)을 의미하기 때문에 '우산을 갖고 가지 않는' 것을 의미한다. 복합상태는 독립적으로 상정할 수 있는 우산 지참 상(相)이 복수 존재하는 상황을 나타낸다고 생각할 수 있다. 여기서는 남성과 여성의 우산 지참 가능성이라 생각하자. 복합계 (x, y)⊗(u, v)의 제1양자상태가 남자, 제2양자상태가 여자의 우산 지참 가능성을 나타낸다. 이 복합계에서 남자도 여자도 우산을 갖고 가는 상태는,

$$(1, 0) \otimes (1, 0) = (1 \times 1, 1 \times 0, 0 \times 1, 0 \times 0) = (1, 0, 0, 0)$$

으로 표시된다. 제1양자상태는 남자가, 제2양자상태는 여자가 우산을 지참하는 것을 의미한다.

그러면 '남자도 여자도 모두 우산을 들고 가든지, 모두 들고 가지 않든지 둘 중 하나'는 어떻게 기술될 것인가? 여기서는 남성과 여성은 독립적 상으로 가정되고 각 상은 본래 독립적이라고 상정되어 있다. 같은 강우

량이라도 남성은 젖는 것을 꺼리지 않는 경우나, 자외선이 강해서 여성만 양산도 겸할 겸 우산을 지참하는 경우, 비가 너무 많이 와서 여성은 처음부터 차로만 이동하고 우산을 지참하지 않는 경우 등으로 그 독립성을 상정할 수 있을 것이다. 이 경우 남성과 여성의 복합계는 둘 다 우산을 지참할 가능성과 지참하지 않을 가능성의 합이 되어,

$$(1,0)\otimes(1,0)+(0,1)\otimes(0,1)=(1,0,0,0)+(0,0,0,1)=(1,0,0,1)$$

로 표시된다(단 여기서는 간단히 하기 위해 계수는 생략한다). 표기 (1, 0, 0, 0)은 남자도 여자도 우산을 지참하는 것, (0, 0, 0, 1)은 남자도 여자도 지참하지 않는 것을 의미한다. 남녀의 한다/하지 않는다 쌍의 가능성과 다양한 쌍 조합에 따라 복합계의 양자상태는 표시된다.

중첩을 위한 성분의 독립성과 텐서곱의 독립성, 양자를 조합함으로써 비로소 '남녀 모두 지참한다/지참하지 않는다 중 어느 쪽'이라는 상황이 표현된다. 그러면 만약 부분계의 독립성이 텐서곱이 아니라 중첩 성분의 독립성과 같은 형식으로 주어진다면 어떻게 될까? 부분계의 독립성이 우선되고 부분계마다 덧셈이 계산되어 버린다. 따라서 모두 지참한다, 모두 지참하지 않는다라는 극상(極相)은 표시되지 않고 남녀의 상관은 인정되지 않는다. 복합계로서의 상태를 구별하고 세는 것이 가능하지 않게 된다. 이에 비해 부분계를 텐서곱으로 묶은 경우 부분계의 조합에 따른 가능성을 세고, 가능성을 개개로 들면서 그 전체로서 복합계가 갖는 양자상태를 지정할 수 있는 것이다.

기저 상태의 독립성(우산을 지참한다/우산을 지참하지 않는다)은 중첩함으로써 양자상태를 전체로 지정하기 위한 틀이다. 몇 가지 상태가 각 부

분계에서 허용되어도 만약 각 부분계에서 덧셈을 먼저 계산하면 그 전체로서의 강도가 지정되는 것이다. 부분계의 독립성이 성분의 독립성과 같은 형식이라면 복합계로서의 평가는 각 부분계가 갖는 강도의 집단에 지나지 않는다. 각 부분계는 기본적으로 다른 부분계를 고려하지 않는데, 말하자면 각 부분계는 전체에 대해 어떤 원소라는 것 이상의 의미를 갖지 않는다. 즉, 성분으로서의 독립성은 집합=전체 내에서 원소를 지정하도록 작용한다. 이에 비해 부분계의 독립성이 텐서곱으로 주어진다면 부분계의 상태 조합이 구별되어 세어진다. 복합계의 상태는 어떠한 부분계를 원소로 하는가보다 어떠한 조합의 집단으로서 지정되는가에 따라 특징지어진다.

성분의 독립성은 상태를 어떤 강도로 하고 타입으로 하기 위해 요청하는 독립성이고, 텐서곱의 독립성은 세어지는 낱낱의 개체와 토큰을 지정하기 위해 요청하는 독립성이다. 복합계에서는 부분계 사이를 잘 분리할 수 있다는 것, 토큰을 지정함으로써 정의가 만족되며(부분계를 분리할 수 있다는 것은 복합계 전체가 부분계의 순수상태(내적이 1이 되는 양자상태)의 텐서곱으로서 표현되는 경우를 의미한다), 결국 토큰의 지정이 일의적(一義的) 목표가 된다. 그러나 양자계에서는 항상 토큰의 지정에 타입이, 타입의 지정에 토큰이 내재한다. 양자의 혼재는 정도 문제로서 항상 존재한다. 부분계를 최후로 텐서로 묶을 때 타입과의 혼재는 표면에 드러나지 않는다. 그러나 남자도 여자도 우산을 지참한다, 우산을 지참하지 않는다 어느 한쪽인 것처럼, 부분계의 지정 뒤 타입에서 덧셈을 행할 때, 복합계에서 토큰적 개체의 복수성을 담지하는 한 개의 타입이 구성된다. 그것이 양자얽힘이다.

양자얽힘은 순수상태의 텐서곱으로 표현되지 않는 복합계의 양자상태로 정의된다. 우리가 이미 살펴본 '남자도 여자도 둘 다 우산을 지참하든가 지참하지 않든가 둘 중 하나인 상황'처럼, 그것은 독립성이 담보되었을 터인 부분계 간에 상관을 내재시킨다. 본래 없을 터인 상관이 내재하고 관측 결과를 표출한다. 이리하여 공간이동이라 불리는 사태가 나타난다.

2. 양자 공간이동

양자 공간이동은 양자얽힘을 이해하기 위한 도구로서 매우 유효하다. 우선 두 사람의 관측자 앨리스와 밥을 상정하자. 두 사람은 양자얽힘을 정보로 공유한다. 이 양자얽힘은 '남자도 여자도 우산을 지참하든가 지참하지 않든가 어느 한쪽으로 기대되는 상황'의 형태를 한 양자상태이다(단 실제로는 이것을 2의 제곱근으로 나눈 형태). 앨리스는 양자얽힘의 제1의 부분계(앞의 남자에 관한 정보), 밥은 제2의 부분계(앞의 여자에 관한 정보)를 갖는다. 여기서 정보전달에 관하여 다음과 같은 문제 — '앨리스는 자신도 모르는 임의의 독립계가 가진 양자상태를 고전 정보(확률분포가 아니라 1이나 0 어느 한쪽으로 결정할 수 있는 정보)의 송신만으로 밥에게 전달할 수 있는가' — 가 제시된다. 이것에 그렇다고 답하는 수단이 양자 공간이동이다.

<그림 6-1>을 통해 양자 공간이동의 절차를 보기로 하자(그림에서는 양자역학 특유의 기호인 브라bra 기호, 켓ket 기호를 사용하고 있지만 그림 설명문 내에 있듯이 그것들은 전술한 설명에 있던 형식을 생략한 것에 지나지 않는다). 우선 '송신해야 할 양자상태'(그림 속에서 밑줄로 임의의 상태라 기술된 양자상태)와 양자얽힘을 부분계로 하는 복합계가 구성된다. 앨

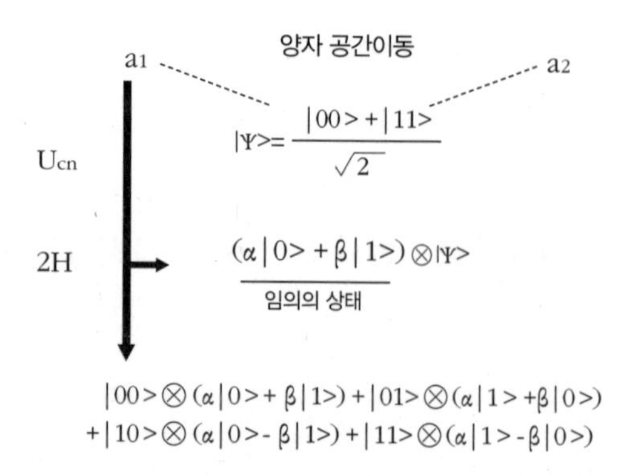

그림 6-1 양자 공간이동의 절차. 여기서는 부분계의 양자상태는 | 과 ⟩로 묶인 기호로 표시되어 있다. |0⟩은 단위 성분의 (1, 0), |1⟩은 단위성분의 (0, 1)을 나타낸다. |00⟩은 |0⟩⊗ |0⟩를 의미한다. 기호 a_1이 앨리스를, a_2가 밥을 나타낸다. 양자상태 |Ψ⟩가 양자얽힘이다. 기호 U_{cn}은 부정(否定)게이트를, H는 아다마르 게이트라 불리는 특수한 변환을 의미한다. 아다마르 게이트의 앞에 붙인 2는 단순히 두 배로 하는 것을 의미한다.

리스는 양자상태의 내용물은 모르지만, 송신해야 할 양자상태가 담지하는 부분계와, 양자얽힘의 제1부분계를 조작할 수 있다. 다른 한편 밥은 남은 제3의 부분계를 조작할 수 있다고 가정되었다. 그래서 앨리스는 스스로가 조작 가능한 부분계에 부정(否定) 게이트라 불리는 변환 및 아다마르(Hadamard) 게이트라 불리는 변환을 행한다. 이리하여 복합계의 양자상태는 <그림 6-1>에 그려진 화살표 앞에 있는 형태로 변환된다.

두 게이트에서 변환된 복합계의 양자상태는 <그림 6-1>에 나타나듯이 가능한 네 상태의 합으로 제시된다. 이 상태에 관측 장치를 설치하여 비로소 우리는 양자상태에 관한 정보를 알 수 있다. 합은 네 개의 상태가 확률적으로 등가로 출현하고 네 개의 상태가 '또는'으로 묶여 있음을 의미한다. 양자론의 제3가정에 따르는 관측 장치로 관측하면 합으로 결합된 네 개 중 한 개를 4분의 1의 확률로 얻는다. 이때 앨리스가 얻는 관측 결

과는 복합계의 최초 두 독립계를 합친 것으로, |00>, |01>, |10>, |11>중 어느 것으로 결정된다. 중요한 점은 네 상태 각각에서 최초의 두 양자상태와 남은 하나인 제3의 양자상태(이것은 α|0>+β|1>등으로 표시되는 부분이다)가 텐서곱으로 결합된 쌍을 이룬다는 것이다.

앨리스는 4분의 1의 확률로 관측결과 |00>을 얻을 것이다. 이때 남은 부분계는 α|0>+β|1>의 형태가 되어 있을 터이므로, 밥은 자신이 갖고 있는 양자상태를 가공하지 않아도 최초로 주어진 양자상태를 알게 된다. 앨리스가 |01>를 얻었을 때 밥이 갖는 남은 부분계는 α|1>+β|0>의 형태로 되어 있을 터이다. 밥은 자신이 조작할 수 있는 부분계에 |0>의 계수를 교환하도록 변환을 행하면, 문제의 양자상태 α|0>+β|1>을 얻을 수 있다. 즉, 최초로 설정된 '송신해야 할 양자상태'를 손에 넣는다. 앨리스가 관측치 |10>이나 |11>을 얻은 경우도 마찬가지이다. 밥이 그것에 따른 변환을 적당하게 행하면 목적인 '송신해야 할 양자상태'를 얻을 수 있는 것이다. 앨리스는 물론 제3부분계의 양자상태를 아는 것은 아니다. 그러나 앨리스는 자신의 관측치를 고전 정보로서 알 수는 있고, 이것을 밥에게 전달함으로써 밥에게 변환 방법을 전달할 수 있다. 밥은 이것에 따라 해당 양자상태를 얻을 수 있다. 앨리스와 밥은 멀리 떨어진 장소에 있다고 해도, 이러한 절차에 따라 양자 정보를 주고받을 수 있다. 이것이 양자 공간이동이라 불리는 까닭이다.

양자 공간이동은 부분계가 텐서곱으로 결합되어 있다고 표현된다. 양자 공간이동에서는 양자얽힘을 확인할 수 있다. 양자얽힘에 내재한 조합의 셈은 부분계 간의 상관으로 실현된다. 이 상관이 새로운 결합계의 정의와 게이트 변환에 의해 앨리스가 조작할 수 있는 부분계와 밥이 조작할 수 있는 부분계 사이의 상관에 대응하여 바뀌고 그것이 양자정보의 전달을 가능케 했다. 즉, 양자 공간이동은 부분계의 조합을 개체로서 보존하는 양자얽힘으로 말미암아 비로소 실현된다.

3. 인과적 시간의 타입과 동시간면을 이루는 토큰

양자얽힘은 인과론적 시간과 동시간면을 이루는 개체가 갖는 무관계성이라는 양의성을 도입하고 그럼으로써 공간이동을 실현한다. 여기서는 인과론이 타입을 요청하고 숙명론이 토큰을 요청한다는 것에서 출발해서 양자얽힘의 기원과 그 불가피성을 논의할 것이다.

인과율을 인식한다는 것은 어떠한 사태일까? 사건 A가 원인이 되어 사건 B가 귀결될 때 우리는 A와 B 사이에서 원인-결과 관계를 발견할 것이다. 그러나 문제는 사건 A가 원인이 된다는 인식의 기원이다. 개구리가 울자 비가 내렸다. 당신이 이러한 현상을 뚜렷하게 반복해서 관찰했다고 하자. 그러나 이것이 개구리가 울었기 때문에 비가 왔다를 의미하지는 않는다. 개구리의 울음소리와 비 사이에 상관이 있다는 것에 지나지 않는다. 만약 상관이 극히 강하다면 개구리의 울음소리와 비가 내리는 원인 사이에 인과 관계가 있을지도 모른다. 포화수증기량 이상으로 습도가 올라가면 그것이 물론 강우의 간접적 원인이 됨과 동시에 개구리의 피부를 자극해 개구리가 울게 되듯이 말이다. 그러나 우리는 종종 '개구리가 울면 비가 내린다'와 같이 선후 관계를 인과 관계로 간주해 버리고 그 뒤의 인과 추론에 사용한다.

인과 관계를 파악한다는 것은 그러한 것은 아닐까? 사건 A 뒤 B가 일어나는 것, 이 상관으로 A(개구리의 울음소리)로 말미암아 B(비가 내린다)가 야기된다는 인과 관계를 유도한다. 여기에는 항상 B의 참 원인으로 보

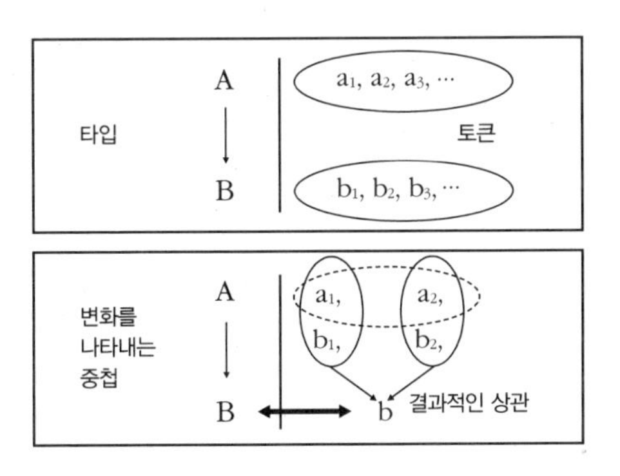

그림 6-2 사건을 타입화함으로써 구성되는 인과율적 시간론과 상태를 개체의 집단(토큰)으로 생각하는 반인과율의 상보적 관계(위 그림). 타입을 토큰적 어휘에 도입하여 양자를 혼동할 때(b라 하는 것), 토큰에서 강한 상관(a1과 a2 사이)을 확인할 수 있다(아래 그림).

이는 A′(습도의 상승)를 상정할 수 있다. 즉, A라면 B라는 인과율의 배후에 A와 동시에 어느 A′가 존재하고 있고 이것을 무시하지 않는 한 A라면 B라는 인과 관계는 인식할 수 없다. 물론 A′가 참 원인이라는 보장은 어디에도 없다. 오히려 중요한 것은 B와 인과 관계를 이룰지도 모르는 A와 A′의 철저한 무관계성이다.

상황을 <그림 6-2> 위 그림으로 정리해 두자. 개구리가 울었기 때문에 비가 내렸다고 생각하고 인과율을 발견하는 자는 개구리가 운다는 사건이 세계 전체를 덮고, 이것 이외의 사건은 세계에 없다고 생각하는 셈이다. 이리하여 일반적으로는 인과율 'A라면 B'를 얻는다. 그러나 A에 의해 일괄된 세계에는 다른 여러 A와는 무관계한 사건 a_1, a_2, ……가 동시에 생기하고 있었다. 다양한 개별 사건이 무관계하게 병치해 존재하고, 토큰(개체의 집단)이 A의 동시간면, 어느 상태 개념을 이룬다. 무관계하게 병치되는 개체를 일반화하고 한 추상적 사건으로 지시하는 것이 타입화이다. 타입화함으로써 인과율, 인과론적 시간이 구성된다.

타입과 토큰의 관계는 서로 대립하지는 않는다. 토큰적 세계가 참으로 존재하고 타입은 관측이나 지각을 통한 결과에 지나지 않는 것은 아니다. 우리는 관측의 결과인 타입만을 근거로 할 수밖에 없다. 삶의 세계에 직접 접하는 방법 같은 것은 없고 타입을 통해서만 이해할 수 있다. 그 결과 토큰적 세계가 개설되는 것이다. 앞의 개구리의 예처럼, 개구리가 울기 때문에 비가 내린다라고 인과 관계로 간주하는 것에 대한 유보가 개구리가 우는 사건과 관계없이 이것과 병치되는 다른 개별적 사건을 상기시킨다. 타입화하고 인과율을 인정하는 것에 대한 유보가 토큰적 세계상을 야기한다(물론 세계가 타입의 부정否定으로써 날조된다는 것을 의미하지는 않는다. 인과율에 대한 유보의 계기契機로서 세계의 존재는 선행하고 있다).

타입은 토큰적 세계에 보다 직접적으로 공헌하기도 한다. 토큰적 세계 그 자체로 개별적 사건이 갖는 집합의 크기를 규정할 수 없다. a_1, a_2, ……를 어디까지 취하면 좋은지 규정할 수 없다. 그 크기의 근거는 타입적 세계상이 규정하는 인과적 시간에서 찾을 수밖에 없다. 예컨대 정보에 관한 보존칙이 있다면 어떤 토큰에서 다른 토큰의 크기를 규정할 수 있다. 그렇게 타입적 세계상은 토큰적 세계상에 기여한다. 토큰적 세계를 가공해서 타입적 세계상을 확인하는 것, 타입적 세계관을 유보하여 토큰적 세계상을 구상하는 것, 이 양자는 마치 닭과 달걀의 관계처럼 어느 쪽이 앞이랄 것 없이 보완관계를 이룬다.

타입적 어휘와 토큰적 어휘의 구별과 혼동이라는 문제를 통찰하는 예로, 여기서 더밋이 든 인과적 결정론과 숙명론의 대립에 관해 생각해 보자.

제2차 세계대전 때 런던은 독일 공군의 격심한 공습을 받았다. 런던 시민은 폭격 지점의 분포에서 어떤 경향을 확인하는 등 폭격에서 피할 다양한 방어책을 취했다. 그들은 방어책을 취하면 살 수 있다고 믿는 인과적 결정론자였다. 그러나 동시에 그 대책에서 의미를 찾지 않는 숙명론자도 대두하게 되었다. 숙명론자는 다음과 같이 생각한다. 내일 자신은 죽든지, 죽지 않든지 둘 중 하나이다. 우선 죽지 않는다고 하자. 그러면 오늘 방어책을 취하지 않아도 내일은 죽지 않는다. 방어책을 취하는 것은 쓸데없는 일이다. 역으로 자신이 내일 죽는다고 하자. 이때는 역으로 오늘 방어책을 취해도 내일은 죽는다. 따라서 어느 경우도 방어책과는 관계없이 운명은 결정되어 있다. 무엇을 해도 의미는 없다. 이것이 숙명론자의 주장이다.

그다음 더밋은 숙명론자가 순차적으로 내놓는 언명 사이에 부주의한 논리적 도약이 없는지 음미했다. 그는 '만약 죽지 않는다고 결정되어 있다면 방어책을 취하지 않아도 죽지 않는다'와 '방어책을 취하는 것은 쓸데없는 일이다' 사이에서 그것을 확인하고, '바로 자신이 취하려고 하는 방어책 때문에 죽지 않을지도 모른다'고 반론한다. 즉, '방어책을 취하지 않아도 죽지 않는다'는 '방어책을 취했으므로 죽지 않는다'와 양립할 수 있고, 그러므로 최후의 결론은 도출할 수 없다는 것이다. 이리후지 모토요시는 숙명론자의 주장을 더밋의 그것에 대신하여 처음부터 모든 가능성을 열거해 둔다. '만약 죽지 않는다고 결정되어 있다면 방어책을 취해도 취하지 않아도 죽지 않는다'라고. 이리하여 더밋의 반론을 처음부터 배제한다. 더밋이 말하는 오류 없이 숙명론자의 주장은 성립한다는 것이다. 그러나 이리후지는 숙명론은 성립하지 않는다고 한다. 숙명론자는 그 정의상 과거→현재→미래라는 시간적 추이가 인과 관계로서 성립한다는 것을 부정한다. '만약 죽는다고 결정되어 있다면 방어책을 취해도 취하지 않아도 죽는다'는 미래가 결정되어 있는 것이 아니라 현재에, 즉 이 현재에 있어서 죽는다는 것을 의미한다고 이리후지는 말한다. 그러므로 이 언명은 현재와 그 이전 과거의 무관계성을 주장한다. 이에 비해 최후의 언명 '그러므로 방어책을 취하든 취하지 않든 방어책은 빗나간다'는 현재와 미래가 무관계하다는 것을 의미한다. 즉, 두 언명 사이에 (과거, 현재)로부터 (현재, 미래)로의 미끄러짐이 있고, 이 흐름에 숙명론자가 부정(否定)해야 할 과거→현재→미래가 담지하는 추이성이 숨어 있다는 것이다.

숙명론자의 논의는 오류추론을 포함하고 있는가 그렇지 않은가? 더밋이나 이리후지의 취지는 거기에 있었다. 그러나 나는 그것과 다른 문맥에서 숙명론자를 논하고 싶다. 인과론적 결정론자와 숙명론자는 각각 타입적 어휘와 토큰적 어휘 속에 있다. 숙명론자는 이렇게 주장하는 셈이다. "폭탄에 대한 방어책을 취했다. 그렇다면 살 수 있다는 것이 인과적 결정론자의 주장일 것이다. 그러나 그들이 방어책을 취하고 있는 동안 고양이는 울고 있었고 비둘기는 날고 있었으며 모퉁이 가게의 여주인은 누군가에게 인사하고 있었다. 당신은 그 순간의 상태를 '방어책을 취했다'로서 타입화하고 거기서부터 인과율을 도출하고 있지만 그런 것은 불가능하다. 세계에는 항상 숱한 도처의 개별적 사건이 동시에 진행하고 있다. 바로 순간순간에 다양한 개체가 존재하기 때문에 그것들은 그 순간에 서로 무관계하다. 정보의 전파는 최대 빛의 속도로밖에 전달할 수 없다. 그렇다면 순간에 병치되는 세계의 사건은 무관계하다. 무관계성이 엮어내는 이 세계의 순간을 일반화하고 인과율을 발견하는 것 따위는 불가능하다. 비둘기가 원인일지도 모르고 고양이의 울음소리가 원인일지도 모른다. 그들을 무시하는 것이 타입화인 것이다"라고 말이다.

이것은 토큰주의자의 언설이다. 그러면 앞에서 기술한 숙명론자의 논의는 과연 토큰적 어휘에 머무르는 것일까? 숙명론자는 '내일 죽지 않는다고 정해져 있다면 방어책을 취해도 취하지 않아도 죽지 않는다'고 말한다. '방어책을 취한다' 및 '방어책을 취하지 않는다'라는 두 개별적 사건이 모두 '(내일) 죽지 않는다'로 유도된다. 원인에 관계없이 결과가 선험적으로 결정되어 있다는 점에서 그것은 숙명론이다.

'방어책을 취한다'도 '방어책을 취하지 않는다'도 시간적으로는 '(내일) 죽지 않는다'로 도달하지만 그것은 선행하는 사건이 '죽지 않는다'의 원인임을 의미하지 않는다. 단지 '(내일) 죽지 않는다'로 결정되었을 때 그렇게 결정된 다음의 의미를 '방어책을 취한다'도 '방어책을 취하지 않는다'도 수반하게 된다. '방어책을 취한다'가 예컨대 자택 가까이 있는 방공호로 들어가는 것을 의미한다고 하자. 그러면 (내일은) 죽지 않는다에 의해 도출되는 것은 '내일은 방공호 안에서 살아 있다'가 된다. '방어책을 취하지 않는다'가 공중폭격을 무시하고 길을 걷는 것이라고 하면 (내일은) 죽지 않는다에 의해 그것은 '내일은 공중폭격 중에 길을 산보하며 살아 있다'를 의미하게 된다. '(내일은) 죽는다'로 결정되어 있는 경우도 마찬가지다. 방어책을 취한다, 취하지 않는다는 각각 방공호에서 죽는다, 길에서 죽는다를 의미한다.

이 상황을 <그림 6-2> 아래 그림으로 제시하자. 타입적 어휘 내에서 인과론자는 '방어책을 취하지 않는다(A)면 죽는다(B)'라는 인과율(그림 6-2에서는 $A \rightarrow B$로 표시되어 있다)을 인식한다. 토큰적 어휘를 사용하는 숙명론자는 방어책을 취하고(a_1) 죽지 않는 경우도 있겠지만 방어책을 취하지 않고(a_2) 죽지 않는 경우도 있고, 다양한 개별적 사건이 단지 무관계하게 꿈틀거리고 있을 뿐이라고 주장한다.

여기서 숙명론자가 다시 인과론을 공격하고 숙명론을 정당화하려고 했던 것이 앞에서 나왔던 숙명론자의 주장이었다. 이때 '(내일은) 죽지 않는다'고 가정하는 것은 토큰적 어휘 내에서 행해지는 궁극의 타입이다. 왜인가? '(내일은) 죽지 않는다'는 단지 죽지 않는다는 것만을 선언한다. 그러므로 다양한 이전의 사건이 '죽지 않는다'로 수렴하는 것을 허용한다. 보다 구체적으로 '(내일은) 교외의 레스토랑에 있어서 죽지 않는다'에서는 다양한 이전의 사건을 시간축하에서 회수하는 장치로서 기능하지 않는다. 구체성을 일체 배제한 추상 개념임이 논의의 전개상 불가피한 것이다.

그러므로 '(내일은) 죽지 않는다'는 토큰적 어휘 내에 도입된 타입이다. 여기서 타입과 토큰의 혼동이 명시적인 형태로 도입된다. <그림 6-2> 아래 그림에 있는 첨자 없는 b는 여기서 '(내일은) 죽지 않는다'를 의미한다. 이것이 토큰적 어휘 내에서 사용되고 '방어책을 취한다'(a_1), 또는 '방어책을 취하지 않는다'(a_2)로 접속된다. 이 접속으로 '(내일은) 죽지 않는다'에 내재하고 있던 본래 무관계한 것과 갖는 상관이 출현한다. 그것이 '방어책을 취한다'(a_1)-'방공호에서 살아 있다'(b_1), '취하지 않는다'(a_2)-'길에서 살아 있다'(b_2)라는 상관이다. 타입의 어휘 B를 토큰 어휘 내에서 사용하고 b로 삼음으로써 통상 무관계한 a_1-b_1, a_2-b_2라는 상관이 출현하는 것이다(그림 6-2 아래 그림).

왜 a_1-b_1, a_2-b_2라는 상관이 출현하는가? 토큰 어휘에 도입된 타입은 밖에서 보면 타입이지만 토큰적 개체의 지시를 내재한다. 이 구조는 바로 양자얽힘의 구조가 아닐까? 양자 공간이동의 논의를 상기하자. 우리는 양자론의 기본 구조에서 (1) 중첩으로 상태를 표현하기 위한 성분의 독립성, (2) 부분계의 복합으로서 양자계를 이해하기 위한 부분계의 독립성(=텐서곱)이라는 두 독립성을 발견했다. 이 두 독립성은 같은 종류의 것이 아니며 두 번째의 그것이 텐서곱이므로 부분계마다 중첩이 보장된다. 그런데 동시에 이것 때문에 양자얽힘이 야기된 것이다.

중첩함으로써 표현한다는 것, 그것은 개체를 열거하기를 그만두고, 전체를 하나의 양으로서 평가하는 것이다. 그것은 타입 어휘이다. 본래 중첩을 요청하는 동기는 다양한 상태를 일련의 변이로 이해한다는 점에 있고 그것은 변이를 허용하는 동일성, 즉 변화를 이해한다는 점에 있었다. 변화는 화살표이고 광의의 인과이다. 중첩의 요청은 인과적 결정론이 타입의 어휘임과 같은 이유에서 타입의 어휘인 것이다. 이에 비해 양자계에서 부분계의 독립성은 토큰 어휘이다. 부분계는 각각의 선형성을 보장하도록 독립한다. 이 제약으로 인해 경우에 따라서는 양자얽힘처럼 전체로서 한 개이면서 내부에 개체의 집합(collection)을 내재하는 경우가 표면에 드러난다. 개체의 집단은 타입에 있어서 상관을 내재한다.

<그림 6-2> 아래 그림을 양자 공간이동의 도식(scheme)과 비교할 수 있다. 기호 b는 <그림 6-1> 위 그림에 있었던 앨리스와 밥이 공유하는 양자얽힘이다. 이것에 접속되는 a_1+a_2가 전달해야 할 양자상태이다(이것은 숙명론자의 주장에서 '방어책을 취한다·또는·취하지 않는다'에 대응한다). 이 접속으로 얻어지는 복합계에 적당한 변환을 행하면 양자얽힘에 내재한 상관이 외부에 출현한다. 이리하여 $|00\rangle$에 대해서는 $\alpha|0\rangle+\beta|1\rangle$, $|01\rangle$에 대해서는 $\alpha|1\rangle+\beta|0\rangle$이라는 상관이 나타난다. 양자 공간이동에서는 a_1'(a_1은 변환되어 다른 형태가 된다)에 대해 b_1, a_2'(a_2는 변환되어 다른 형태가 된다)에 대해 b_2라는 상관을 얻는다.

우리는 양자론을 인과론적 문맥에서 재파악했다. 양자론은 변화를 일련의 것으로서 표현하려는 타입 어휘의 요청과 상태를 무관계한 개체의 집단으로서 표현하려고 하는 토큰 어휘의 요청이라는 이중의 요청에서 자연스럽게 생긴 인식론적 틀이라고 말할 수 있다. 이중성은 많은 경우 은폐되고 문제가 되지 않는다. 그러나 그것은 양자얽힘과 같은 형식으로

표출된다.

우리는 인과론과 숙명론의 대립이 타입 어휘와 토큰 어휘의 대립이라는 것 및 인과론자와 숙명론자의 논쟁이 양자의 어휘가 혼동된 형식, 즉 양자얽힘의 구조를 표출시킨다는 것을 살펴보았다. 본래 타입과 토큰은 뚜렷하게 구별할 수 없고 타입, 토큰 각각에 타입과 토큰 양자가 내재한다. 그러므로 인과론자와 숙명론자는 철저하게 통약 불가능한 말을 사용하고 있지는 않기 때문에 논쟁을 시작하고, 그 결과 타입, 토큰 간의 어긋남을 드러낸다. 양자의 대립은 각각이 스스로에 내재하는 타입, 토큰의 어긋남을 은폐하고 각각이 단적인 형식임을 주장하는 것에서 생기고, 완전히 은폐할 수 없기 때문에 논쟁할 수 있게 되며, 어긋남이 나타나기 때문에 대립이 의사(擬似)적인 것이라고 폭로된다. 실제로 우리는 일상생활에서 어떤 경우는 인과론자이고 어떤 경우에는 숙명론자이다. 양자 간을 자유롭고 무절제하며 거침없이 건너다니는 것만이 아니라 양자를 혼동한다. 그것이 바로 우리의 시간인 것이다.

인과론, 숙명론의 대립 도식은 바로 시간적 인과율과 동시간면을 지정하는 것이 어긋남으로써 생겼다. 같은 문제는 양자론 내에서도 나타난다. 그것은 동시간면을 복합계로서 지정하는 것과 그 시간 발전 사이의 정합성으로서 나타난다. 그리고 우리는 양자론에서만이 아니라 인과론-숙명론의 구도에서도 이것을 재차 발견한다.

4. 비인과집합과 시간 발전의 어긋남

이 장 첫 부분에서 인과집합을 양자론과 연관해서 논했다. 시공간을 순서집합으로서 주었을 때, 순서 관계가 성립하지 않는 원소의 집합이 양자계

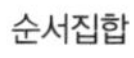

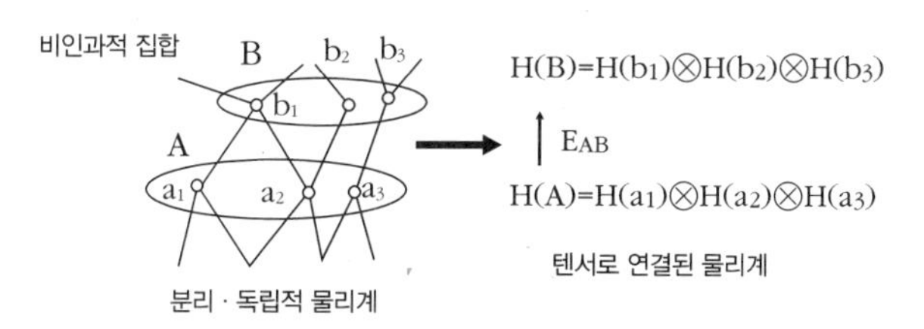

그림 6-3　인과집합(순서집합)과 양자계의 관계

의 복합계에 대응한다. 순서집합은 순서 관계가 결정되지 않는 두 원소를 포함한다. 이것들을 모은 집합을 반쇄(反鎖, anti-chain)라 부른다. <그림 6-3>을 보자. 주어진 순서집합(인과집합)에서 원소인 사건 b_1과 b_2 사이에는 $b_1 \rightarrow b_2$라는 관계도 $b_2 \rightarrow b_1$이라는 관계도 없다. 이때 b_1과 b_2는 반쇄를 이룬다. 인과집합의 문맥에서는 반쇄를 이루는 집합을 비인과집합이라 부른다. <그림 6-3>에서는 두 비인과집합 A와 B를 확인할 수 있다. 각 비인과집합에서 어떤 원소도 다른 어떠한 원소와도 관계가 성립하지 않는다. 비인과집합은 서로 관계가 성립하지 않는 원소를 모은 집합으로 정의된다.

비인과집합은 무관계한 사건이 성립하는 어떤 한 개의 전체, 토큰이 이루는 전체이다. 이로 말미암아 비인과집합은 양자론에서 복합계로 해석된다. 즉, 각 사건은 독립적으로 설정된 부분계로 해석되고 그것들을 텐서곱으로 묶은 전체가 복합계를 이룬다고 생각할 수 있다. 그 결과 <그림 6-3>에 제시했듯이 각 부분계는 사건에 상응적인 힐베르트 공간으로 표시되고(사건 a_i는 그것을 기술하는 힐베르트 공간 $H(a_i)$로 표시된다), 복합계는 부분계를 텐서곱 (⊗)으로 묶어 표현된다. 이리하여 복합계의 시간 발

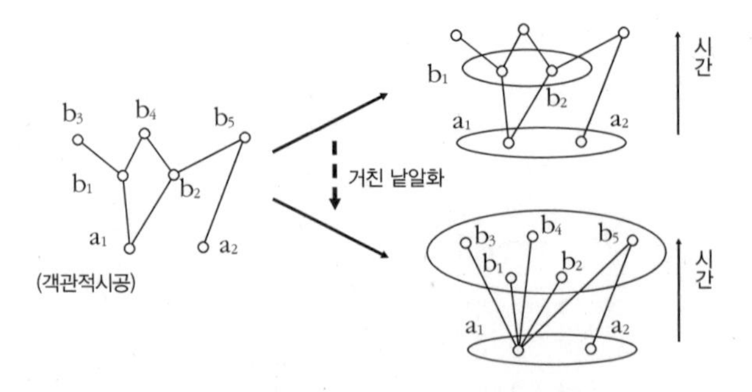

그림 6-4 인과집합(시공)을 비인과집합의 시간 발전으로 간주할 때의 문제점. 오른쪽 위 그림과 같은 두 비인과집합에서는 정보의 손실이 있고 양자론의 시간과 모순된다. 이것을 해소하게끔 순서 관계의 추이성을 이용해서 관계를 거칠게 낱알화하고 비인과집합을 다시 취할 때, 정보의 손실 없는 시간 발전을 구성할 수 있다

전은 복합계 A의 힐베르트 공간에서부터 복합계 B의 힐베르트 공간에 대응하는 유니터리 연산자로 표시된다.

복합계와 시간의 관련을 구상할 때 다음 문제가 생긴다. 양자론에서는 이 장 글머리에서 기술한 제2의 가정에 따라 시간 발전에 이어지는 정보의 변화를 인정하지 않는다. 이것은 인과집합의 문맥에서 <그림 6-4>와 같이 예시된다. 주어진 인과집합에서 오른쪽 위에 제시한 두 비인과집합을 확인할 수 있다. 여기서 시간은 아래에서 위를 향해 진행한다. 첫 번째 비인과집합 원소인 사건 a_1이 담지하는 정보는 두 번째 비인과집합인 b_1 및 b_2를 향하고, 샐 틈 없이 두 번째 비인과집합으로 회수되고 있음을 알 수 있다. 이것에 비해 a_2가 담지하는 정보는 두 번째 비인과집합에 도달하지 않는다. 여기서 정보의 상실을 볼 수 있는데 이것은 양자론의 가정에 반한다.

시간에 관한 정보 보존의 문제에 대해 몇 가지 해결책이 제안되었다. 하나는 마르코풀루가 제안하는 것으로, 비인과집합을 수정하는 것이다.

<그림 6-4>의 오른쪽 위 그림에서는 두 번째 비인과집합의 원소보다 상위에 세 개의 원소가 존재하고 있다. 이 세 원소들은 두 번째 비인과집합 원소와 반쇄 관계에 있지 않다. 그러므로 두 번째 비인과집합에 포함되지 않는다. 여기에서 정보의 손실이 확인된다는 것이다. 그러므로 관계를 수정해 본다. 원래 인과집합의 관계에 추이율을 적용하면 b_1 및 b_2와 비인과집합을 이루지 않는 b_3, b_4, b_5가 a_1 또는 a_2와 관계를 갖고 있다는 것을 알 수 있다. 예컨대 $a_1 \rightarrow b_3$는 $a_1 \rightarrow b_1$ 그리고 $b_1 \rightarrow b_3$에 의해 얻어진다. 이 추이율을 적용함으로써, 말하자면 거칠게 낱알화된 순서 관계를 <그림 6-4> 오른쪽 아래에 그린다. 이때 반쇄 관계는 변화하고 두 번째 비인과집합도 변화한다. 첫 번째 비인과집합의 정보는 두 번째 비인과집합의 정보로 모두 회수되고 정보는 시간 축에 따라 보존된다. 그러나 이러한 거친 낱알화의 요청은 너무나도 갑작스러운 것이다. 객관적 시공이 주어지고 거기서부터 자동적으로 반쇄가 선택되어 비인과집합이 선택되었음에도 불구하고 여기에 와서 돌연 거친 낱알화, 말하자면 거칠게 낱알화하는 관측자가 출현하는 셈이 되기 때문이다. 이로써 우리는 역설적으로 시공에 현재의 형태로 잠재하는 관측자, 즉 A계열을 상기하지 않을 수 없다.

5. 시간의 자기 수복 능력

복합계의 규정과 시간 발전의 어긋남을 인과론-숙명론의 관계로 다시 파악해 보자. 인과론자(타입론자)는 시간 발전이 정보의 보존을 만족해서 실현한다고 주장하고 그는 스스로가 확인하는 사상에서 토큰을 발견하지 않는다. 즉, 인과론자는 비인과집합을 단위로 해서 시간을 보고 있다. 이에 비해 숙명론자(토큰론자)는 인과론자가 동일시하는 사상이 서로 독립적으로 무관계한 토큰으로 이루어진다고 주장한다. 즉, 그는 인과론자가 보는 사상을 비인과집합으로서 인식하고 그럼으로써 시간 발전의 보존칙에 관한 비일관성을 지적하는 것이다. 그것은 바로 <그림 6-4> 오른쪽 위 그림 정보 손실의 지적에 대응한다.

앞 절에서 논의한 전회는 어떠한 것이었는가? 그것은 숙명론자가 인과론의 불완전함을 명시적으로 반박하려고 할 때 토큰의 지시를 내재하는 한 개의 타입이라는 형식이 분출하고 타입-토큰의 대립 도식이 역으로 무효가 된다는 전회였다. 즉, 양자얽힘의 구조가 인과집합에 출현함으로써 인과론적 시간 발전과 비인과집합의 지정에 관한 어긋남은 대립 도식이 해체됨으로써 무효로 간주된다. 앞 절의 논의는 그것을 시사한다. 그러면 인과집합에서 인과론-숙명론의 대립으로 출현한 양자얽힘은 어떻게 표현되었는가? 우선 확인해야 할 것은 인과집합에서 원소가 하나만 지정되어 한 개의 원소=전체일 때, 그것은 타입을 의미한다는 것이다. 이 원소가 비인과집합으로서 무관계한 전체를 이룰 때 이 독립성, 무관계성이 토큰의 지정을 의미한다. 따라서 한 개의 원소 내에 비인과집합을 포함하는 집합이 발견되는 것이 '토큰의 지정을 내재하는 한 개의 타입'이라는 형식이고 양자얽힘의 형식이라고 말할 수 있을 것이다. 또한 인과론자와 숙명론자의 대립에서 나타난 얽힘은 인과론적 전체를 선취한다는 의미에서 '토큰의 지정을 내재하는 한 개의 타입'이었다. 그러므로 그것은 단순히 비인과론이 아니라 숙명론이었던 것이다. 즉, 우리가 발견한 '토큰의 지정을 내재하는 한 개의 타입'이란 한 개의 원소 내에서 스스로의 전체를 규정하고 매입한 구조였던 것이고, 그러므로 결과적으로 비인과집합을 내재하고 양자얽힘을 도입했다고 말할 수 있다. 우리가 생각해야 할 구조는 원소에 대한 인과집합 전체의 매입(埋入)이다.

원소에 인과집합 전체를 매입하고 원소를 집합으로 치환한다. 이 치환을 발단으로 해서 비인과집합과 인과적 시간 발전의 어긋남이 무효로 간주된다. 우리가 구상하는 타입과 토큰의 조정은 그러한 형태를 취할 것이다. 또한 비인과집합의 시간 발전에 관해 정보의 손실이나 부가의 유무를 두 비인과집합의 완전쌍으로 정의한다. 우선 어떤 비인과집합이 어떤 사건의 완전미래라는 것을 정의한다. 그것은 그 사건에서부터 순서 관계를 위로 더듬어 가 최대원에 이를 때 그 경로가 반드시 그 비인과집합을 통과한다는 것을 의미한다. 마찬가지로 아래 방향으로 순서를 더듬어 감으로써 완전과거를 정의할 수 있다. 또한 비인과집합 A가 비인과집합 B의 완전미래라는 것은 B의 어떤 원소인 사건에 대해서도 A가 완전미래라는 것으로 정의된다. 마찬가지로 두 비인과집합 사이의 완전과거도 정의된다. 마지막으로 두 비인과집합 A, B에서 A가 B의 완전과거, B가 A의 완전미래일 때 이 두 비인과집합을 서로 완전쌍이라 한다. 즉, 완전쌍인 비인과집합은 정보의 손실이나 부가가 없는 시간 발전을 나타내는 두 순간이다. 그런데 우리는 앞 장까지 인과집합을 속으로 규정했다. 이 제약하에서 생각한다면 실은 인과집합이 분배속일 때 인과집합의 전체를 (i) 서로 교집합이 없고 (ii) 그 합집합이 인과집합 전체에서 최대, 최소원을 제거한 전체가 되며 (iii) 어떤 두 비인과집합도 서로 완전쌍이 되는 비인과집합에 의한 분할이 존재한다는 것을 증명할 수 있다. 따라서 바야흐로 우리가 지향하는 것은 속인 인과집합이, 원소로 인과집합 전체가 매입됨으로써 분배속으로 변화하는가 하는 것이다(만약 그것이 가능하다면 비인과집합의 지정은 정보를 보존하는 시간 발전을 의미한다).

<그림 6-5>에서 원소로 자기 매입되는 경우를 살펴보자. 여기서는 오른쪽 위 오각형의 속이 인과집합이다. 단, 앞 장의 논의에 따라 인과집

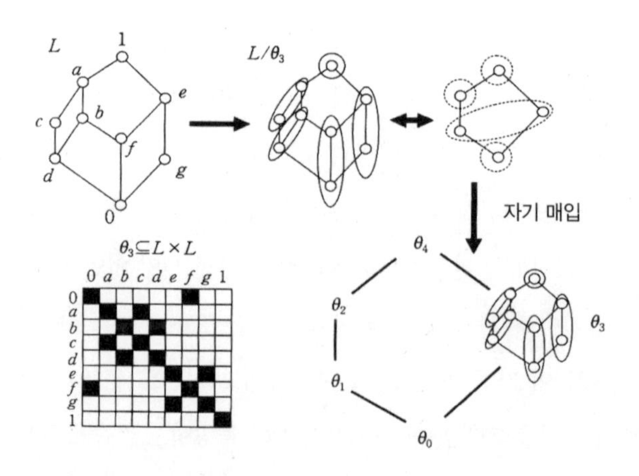

그림 6-5 인과집합에서 원소로 자기 매입되는 예. 주어진 인과집합이 오른쪽 위의 점선 루프가 있는 속이다. 단, 인과집합은 본래 B계열과 A계열의 양의성을 담지하고, 편가름의 결과 얻어졌다고 생각할 수 있다. 편가름은 인과집합의 왼쪽 하세도표이다. 편가름은 아래 왼쪽에 있는 모눈 패턴에서 나타나는 이항관계로 표시되고 자기 매입은 인과집합의 어떤 원소를 편가름으로 치환함으로써 구현되어 여기서는 합동 관계가 된다.

합은 B계열과 A계열의 양의성을 담지한다고 생각되고 이런 한에서 오각형의 속은 A~B계열이라 할 수 있다. 즉, A~B계열의 각 원소는 그 왼쪽 하세도표로 제시한 인과집합을 동시에 표시하고 있다. 여기서 왼쪽 하세도표를 B계열이라 간주하는 한 오른쪽 인과집합은 왼쪽 속 L을 거칠게 낱알화해서 얻은 A계열이라 생각할 수 있다. B계열과 A계열을 잇는 것은 좌측 B계열에 대한 편가름이고 그것은 실선 타원으로 표시된다. 또한 주어진 인과집합(A~B계열)에서 비인과집합에 의한 시간 발전을 생각한 하나의 예가 오각형의 속 위에 점선 편가름으로 주어져 있다. 이 인과집합의 경우 아무리 비인과집합을 취해도 정보의 보존은 불가능하고 비인과집합의 지정과 시간 발전은 정합하지 않는다.

<그림 6-5>에서 B계열을 거칠게 낱알화하는 편가름은 아래 왼쪽 모

눈 패턴과 같이 표시된다. 편가름이란 속 L의 원소 간의 관계이므로 편가름은 L의 모든 조합에 대한 부분집합으로서 표시된다. 여기서 편가름을 나타내는 관계가 검게 칠해서 표시된 관계이다. 예컨대 모눈 패턴의 최상단열은 좌측에 0이 있고 속 L의 최소원 0과 다른 원소의 관계를 나타낸 것이다. 모눈종이의 상부에 있는 기호를 보면 원 0와 0, 원 0과 f의 관계를 나타내는 격자가 검게 칠해져 있음을 알 수 있다. 마찬가지로 f와 f, f와 0의 관계도 존재하므로 원소 f와 0이 편가름된다는 것을 알 수 있다. 또한 최대원 1은 자기 자신과의 관계밖에 가질 수 없고 군은 자기 자신으로부터만 구성되는 집합이 된다는 것을 알 수 있다. 이렇게 편가름은 조합의 집합으로 표시된다.

바야흐로 인과집합이란 A~B계열이고 양자를 매개하는 편가름이야말로 A~B계열을 지정하는 실체로 이해할 수 있다. 여기서 편가름은 5장에서 기술했듯이 A계열과 B계열이 조정되고 양자의 어긋남은 해소되어 있다고 하자. 따라서 편가름은 합동 관계가 된다. 인과집합으로 자기 매입하는 것은 인과집합의 어떤 위치(예컨대 현재의 위치)로 자기 자신을 매입하는 것이다. 그것은 해당 B계열로부터 A(~B)계열을 얻는 편가름이다. 다른 원소에 관해서도 상정되는 것은 전부 합동 관계를 만족하는 편가름이다. 즉, 주어진 A~B계열을 얻기 이전의 B계열(그림 6-5 왼쪽 위 그림)상의 합동 관계에서 적당한 것이 선택되고 다른 원소에 메워진다. 이때 A~B계열의 원소 간에 있는 것은 순서 관계이고 원소가 합동 관계라는 집합으로 치환됨으로써 순서 관계는 포함 관계로 표시된다. 그러므로 최초로 현재의 위치에 메워진 합동 관계 이외의 원소에서 순서 관계를 포함 관계로 하여 만족하는 제약하에서 임의의 합동 관계가 선택되고 원소에 메워진다.

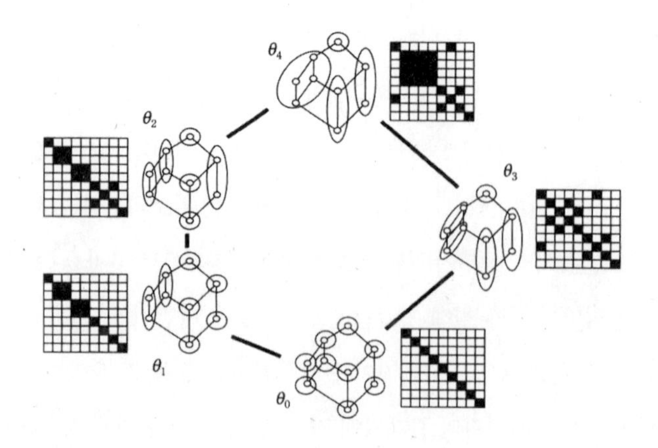

그림 6-6　주어진 B(~A)계열인 속의 각 원소를 편가름(합동 관계)으로 치환한 것. 루프가 있는 각 하세도표가 편가름을 겹쳐 그린 B(~A)계열로, 병치된 모눈 패턴이 편가름을 유도하는 합동 관계. 합동 관계의 포함 관계가 속의 순서 관계를 만족한다는 것을 알 수 있다.

<그림 6-6>에서 주어진 인과집합(A~B계열)의 모든 원소를 순서 관계에 따라 합동 관계로 메운 것을 나타내 보자. 편가름이 있는 하세도표가 최초 속의 각 원소에 주어져 있다. 각 하세도표의 옆에 병치되어 있는 모눈 패턴은 편가름을 나타내는 이항관계(즉, 합동 관계)이다. 모눈 패턴의 포함 관계가 속의 순서 관계를 만족하고 있다는 것은 그림을 살펴보면 명백하다.

<그림 6-6>에서 얻어지는 속은 속인 이상 상한, 하한에 관해 닫혀 있다. 그러면 원소를 합동 관계로 치환하고, 순서 관계를 포함 관계로 표시한 순서집합에서 상한, 하한은 어떻게 정의될까? 여기서 하한은 합동 관계(집합이라는 것에 주의)의 교집합으로 정의한다. 상한은 상한을 취하는 합동 관계를 추이율로 합성해서 얻는 관계로 정의한다. 이 상한, 하한의 정의하에서 <그림 6-6>과 같이 합동 관계를 매입할 때 모든 합동 관계 간

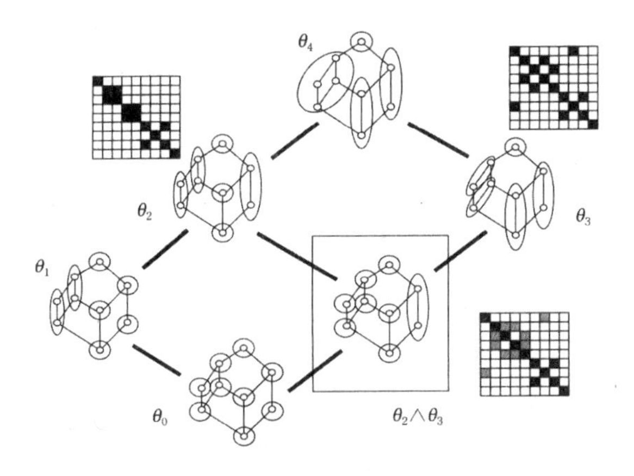

그림 6-7 합동 관계의 상한, 하한을 모음으로써 수복된 B~A계열. 직사각형으로 둘러싸인 하세도표가 새롭게 얻어진 합동 관계를 나타낸다. 합동 관계 θ_2와 θ_3 및 양자의 하한을 나타내는 하세도표에 병치된 검은 격자 모눈 패턴이 각각의 합동 관계를 나타낸다.

의 상한, 하한을 구성하고 그 전체를 새로운(수복된) 인과집합(A~B계열)으로 정의한다. <그림 6-6>에 대해 이 절차를 행해서 얻는 수복된 속의 하세도표가 <그림 6-7>이다.

수복 이전의 속은 합동 관계 θ_0부터 θ_4까지에 의해 구성되고 있었다. 그러나 모든 상한, 하한을 취할 때 이전의 합동 관계 θ_2와 θ_3의 하한이 수복 이전에는 존재하지 않았던 합동 관계로서 새롭게 부가된다. 여기서 모눈 패턴으로서 합동 관계 θ_2와 θ_3이 도시된다. 아래쪽에 있는 양자의 하한에 병치된 모눈 패턴의 검은 격자 집합은 하한으로서 얻는 합동 관계를 나타낸다. 회색과 검은 격자를 모은 전체는 θ_2와 θ_3의 합집합이고 공통부분이 검게 표시되어 있다. 이때 전체의 원소가 하나 증가하여, 속은 분배속이 된다.

<그림 6-7>을 보면 하세도표에 겹쳐 그려진 편가름을 봐도 모눈 패

턴을 봐도, 두 합동 관계의 하한이 양자의 교집합이 된다는 것을 이해할 수 있다. 이리하여 수정된 속은 하나의 원소를 늘린 속이 되지만 동시에 이 속은 분배속이 된다. 여기서 θ_2와 θ_3의 하한을 새롭게 θ_5로 바꿔 쓰면 예컨대,

$$\theta_3 \wedge (\theta_1 \vee \theta_5) = \theta_3 \wedge \theta_2 = \theta_5 = (\theta_3 \wedge \theta_1) \vee (\theta_3 \wedge \theta_5)$$

이 된다는 것을 알 수 있지만, 어떠한 세 개의 원소를 선택해도 이 식은 성립하고 수정된 속이 분배속이라는 것을 이해할 수 있다. 실제로 합동 관계인 편가름을 적당하게 모아서 모든 이원(二元)에 대해 상한, 하한을 취해 구성한 새로운 인과집합은 그저 속인 것만이 아니라 일반적으로 분배속이 된다. 이리하여 당초 기술했던 전망이 성립한다. 즉, 어떤 B~A계열에서 출발해서 합동 관계로서의 자기 자신을 원소로 매입하고, 또한 모든 원소를 B~A계열상의 가능한 합동 관계로 치환해서 상한, 하한 전부를 모을 때 속은 수정되고 분배속이 되어 인과적 시간 발전과 비인과집합 지정 사이의 어긋남이 무효가 된다. <그림 6-8>은 이 과정을 나타내고 있다.

인과집합(B~A계열)의 자기 수복이란 다음과 같은 과정이었다(그림 6-8). 우선 주어진 인과집합의 현재 위치에 자기 자신(인과집합의 전체)이 매입된다. 자기 자신이란 이미 B계열이자 A계열이므로 이것을 단적으로 나타내는 구조는 인과집합을 편가름해서 길게 낱알화한 속상의 관계(합동 관계)이다. 관계란 집합이다. 그러므로 인과집합으로 자기 매입함으로써 인과집합의 원소는 집합으로 치환된다. 마찬가지로 가능한 관계집합에서 적당한 것이 선택되어 주어진 인과집합의 모든 원소가 합동 관계로 치환된다. 단, 해당 속의 순서 관계를 포함 관계로 치환하고, 그 순서를 만

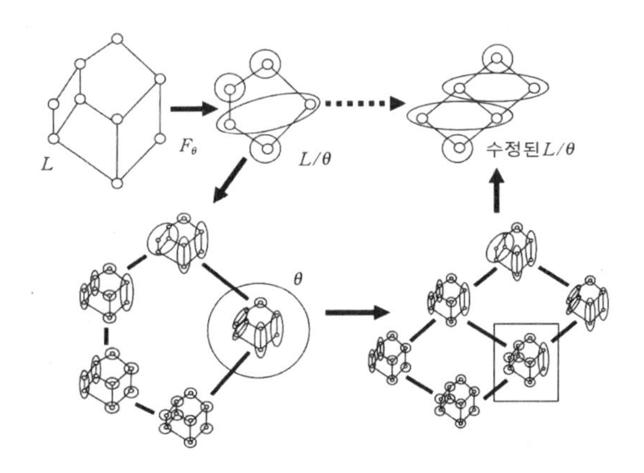

그림 6-8 비인과집합과 시간 발전 사이의 모순이, 원소로 자기 매입하는 것에 의한 인과집합(B~A 계열)의 변화로 말미암아 해소되는 과정. 상단 중앙의 하세도표가 인과집합. 이 구조에 자기 자신이 매입되어(아래 왼쪽 그림) 자기 수복한 결과 새로운 원소(사각으로 둘러싸여 있다)가 더해져 속은 분배속으로 변화한다(아래 오른쪽 그림). 그 결과 비인과집합은 서로 완전쌍이 된다.

족하는 합동 관계가 선택된다(그림 6-8 아래 왼쪽 그림). 특히 <그림 6-8> 아래 왼쪽 그림에서 원으로 둘러싸인 하세도표가 자기 자신인 B~A계열을 나타낸다.

원소가 합동 관계로 치환된 순서집합은 합동 관계를 원소로 하는 상한, 하한에 관해 닫히도록 수복된다. <그림 6-8> 아래 왼쪽 그림의 다섯 원소로 구성되는 속은 어떤 원소의 하한에 관해 닫혀 있지 않다. 그 하한을 부가하여 역시 순서 관계를 포함 관계로 정의하고 합동 관계의 순서집합을 취하면, <그림 6-8> 아래 오른쪽 그림과 같은 하세도표를 얻는다. 새로운 원소가 부가됨으로써 속은 여섯 개의 원소가 되고 또한 분배속이 된다. 이리하여 어떤 교집합이 없는 비인과집합으로 분할될 때, 정보 보존을 만족하는 시간 발전이 실현되고(그림 6-8 오른쪽 위 그림) 인과론과 동시간면을 지정할 때 어긋남은 해소된다.

6. 두 종류의 이인칭

우리는 5장에서 A계열과 B계열 상대운동의 불가능성을 양자 간의 끊임없는 어긋남, 조정으로 전회하고 A계열과 B계열이 상호작용하는 이미지를 얻었다. 이에 비해 양자론을 통해 얻은 A~B계열의 자기 수복이라는 과정은 두 계열의 차이를 문제 삼지 않고 오히려 양자가 계층만 다른 동형이라는 점에 정위해서 속을 변화시켰다. 5장에서 기술한 A계열과 B계열의 상호작용과 이 장에서 기술한 A~B계열의 자기 수복은 다른 인과집합 변형양식이다. 그러면 양자는 어떠한 관계를 갖는 것일까?

여기서는 어긋남, 조정이라는 과정을 이인칭이라는 관점에서 논할 것이다. 첫 번째로 이인칭은 일인칭과 삼인칭 사이의 관계, 거리감으로서 묘사된다. 내 눈앞의 당신은 눈앞에서 사라졌을 때 기억되고 기록되며 누군가에게 보고되는 대상이 된다. 역으로 그러한 기록으로서의 객관적 대상이 당신의 배후에 끊임없이 있고 그 객관적 대상의 기록을 변경, 조정(調整)하는 절차 전부로서 눈앞에 있는 당신은 나에게 묘사된다. 이런 한에서 눈앞에 있는 당신, 이인칭 존재는 일인칭(나)과 삼인칭(당신에 관한 기억, 기록)의 조정(調整) 과정으로서 현전한다.

시각 정보에서 거리감은 이러한 이인칭의 범주에 속한다고 생각할 수 있다. 망막에 비춰진 영상은 윤곽을 갖고 전경과 배경으로 분리되어 내가 살고 있는 세계 속에 자리 매겨져서 비로소 의미를 갖는다. 창으로 작게 보이는, 누군가가 운전하는 차는 결코 장난감 자동차가 아니라 먼 곳을 달리는 차라고 인식되어야 비로소 내가 지금 있는 공간을 의미 짓는 대상으로서 의미를 갖는다. 의미는 내가 부여하는 것이면서 내가 개설하는 내적 거리 공간에서는 일의적인 의미가 결정되어 공간 속에 배치된다. 즉,

시각 정보는 공간의 구성물로서 거리를 잴 수 있는 한 거리의 조정(調整) 과정으로서 현전하고 나(일인칭)와 객관적 의미(공간 내의 위치)의 조정(調整) 과정으로서 기능한다. 이 양식은 전술한 당신의 존재방식과 같다. 여기서는 이것을 총칭해서 관계형 이인칭이라 부르기로 하자.

두 번째로 당신의 존재방식에는 일인칭과 삼인칭의 거리감을 무효로 하는 양식이 있다. 그것은 접촉이다. 시각 정보가 일인칭과 삼인칭의 구별을 명시하고 양자의 조정(調整) 과정으로서 눈앞에 나타나는 데 비해 촉각 정보에서는 양자가 명확하게 구별되지 않는다. 나와 타자는 밀착하여 압력이나 온도로서만 느껴지기 때문에, 당신을 삼인칭적으로 대상화하려고 하는 시도는 처음부터 성립하지 않는다. 여기에 있는 것은 접촉 그 자체이고 접촉 그 자체로 인해 오히려 나(일인칭)와 당신의 배후에서 극한으로서 묶이는 당신의 이미지(삼인칭)가 분화한다. 첫 번째 이인칭이 주-객의 대립에서 시작해서 양자의 조정 관계로서 나타난 것과는 역으로 두 번째 이인칭은 주-객을 은폐하고 이인칭 그 자체로부터 양자를 분화한다. 여기서는 이것을 접촉형 이인칭이라 부르기로 하자. 특히 우리 지각과정에서 시각과 촉각은 철저하게 다른 과정일 것이다. 두 개의 이인칭은 그 차이를 담지한다.

여기에서 발견된 두 종류의 이인칭은 바로 5장 및 이 장에서 논한 두 개의 시공간 변형 양식, A계열-B계열의 조정과 A~B계열의 자기 수복에 대응할 것이다. 객관적 시공으로서 개설되는 B계열과 이 나의 위치, 현재를 개설하는 A계열은 객관적 시공상-주관적 시공상으로서 대립한다. 이 두 차이를 전제로 하고 양자 사이의 어긋남을 조정(調停)하는 과정이야말로 5장에서 논한 조정 과정이었다. 그러므로 그것은 관계적 이인칭에 대응한다. 이것에 비해 A~B계열의 자기 수복은 두 계열이 모순 없이 접혀

들어간 전체로서의 인과집합을 상정하고 A계열, B계열을 접속하는 합동 관계에 의해 양자의 접촉 그 자체가 형식화된다. 구체적인 A계열과 B계열은 여기서부터 모순 없이 분화해야 할 것으로 상정되어 원소와 전체, 부분과 전체라는 계층성은 항상 자기 상사(相似)를 이룬다고 상정된다. 자기 수복은 계층을 초월한 자기 상사성을 상정함으로써 야기된다. 이리하여 자기 수복은 두 번째인 접촉형 이인칭에 대응한다.

두 종류의 이인칭도 다시 조정된다. 미야지 나오코(宮地尚子)는 신체적 폭력에서 기인한 트라우마를 현실의 사례에 준거해서 상세하게 논하는데 거기에서 발견되는 구조는 두 종류의 이인칭의 조정을 상기시킨다. 우선 관계형 이인칭에 대응하는 A계열과 B계열의 조정이 들뢰즈-베르그송의 용어로는 미래(세번째 시간의 종합)에 대응하고 미래를 자아내는 과정이라는 것을 확인해 두자. A계열은 현재였다. B계열은 A를 기초 짓는 과거였고, A계열에 현전하는 과거이기도 했다. 양자가 조정됨으로써 계열이 고쳐쓰일 때, 발견되지 않았던 과거가 창출되고 미래가 명시적으로 눈앞에 나타난다(그러므로 과거로서 발견되는 데자뷔는 미래지각과 표리일체이다). 즉, 관계형 이인칭으로서 A계열과 B계열의 어긋남/조정은 미래를 만들어 내는 중추이다.

우리는 A계열과 B계열을 매개하고 어긋남을 만들어 내면서 조정하는 것이야말로 현재가 담지하는 a/{a}-양의성이라고 논했다. 즉, a/{a}-양의성은 매개자이기 이전에 양자의 차이, 어긋남, 균열을 체현한다. 그러면 왜 어긋남, 균열을 만들어 내면서 바로 이것을 조정할 수 있는가? 균열을 메우는 임시적 토대가 '조정한다'라는 규정 작용 이전의, 보다 직접적인 자기 수복이 이미 균열을 완화하고 은폐하기 때문이라고 생각할 수 있다. 이 가상의 토대, 직접적 자기 수복을 이루는 기제야말로 접촉형 이인

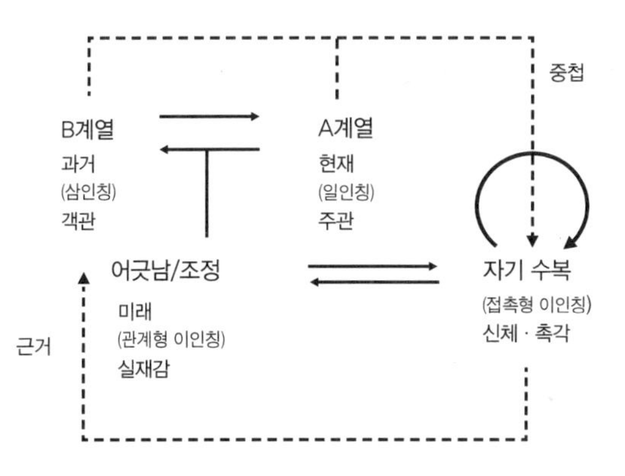

그림 6-9 A계열, B계열과 두 종류의 이인칭이 갖는 관계. 시간에서 A계열, B계열의 대립, 어긋남을 전제로 해서 출현하는 양자의 조정 과정이 관계형 이인칭에, 두 개를 중첩시킨 A~B계열이 담지하는 자기 수복 능력이 접촉형 이인칭에 대응한다. 이리하여 시간은 시각적 시간과 촉각적 시간을 내재한다.

칭이다. 그리고 접촉형 이인칭을 도입한 장치가 바로 이 육체이다.

미야지는 육체적 폭력이 야기하는 트라우마를 논할 때 자신이 체험했던 절도 피해에 관해 기술했다. 차의 자물쇠를 망가뜨리고 계기판 부근을 흩트려 놓은 듯했는데 피해는 생각한 만큼 심각하지는 않았다. 그러나 열쇠를 고치고 차가 원래대로 돌아온 뒤에도 자물쇠 주변, 계기판 주변에서 절도범의 흔적을 느끼면서 지박령처럼 그 장소에 들러붙은 어떤 종류의 불길한 느낌을 불식할 수 없었고, 장기간 꺼림칙한 느낌에 사로잡혀 시달렸다고 기술한다. 그리고 육체적 폭력이 야기하는 트라우마란 압도감, 무거운 기억이라는 접촉감각에 기초해 있으리라고 기술한다. 이러한 육체적 폭력은 해리와 밀접한 관계가 있고, 인격의 동일성이 손상됨과 함께 피해자는 '미래가 오지 않는다'는 감각을 강하게 호소한다고 기술한다. 여기서는 관계형 이인칭과 접촉형 이인칭의 상호작용이 본질적으로 관련된다. 설명해 보자.

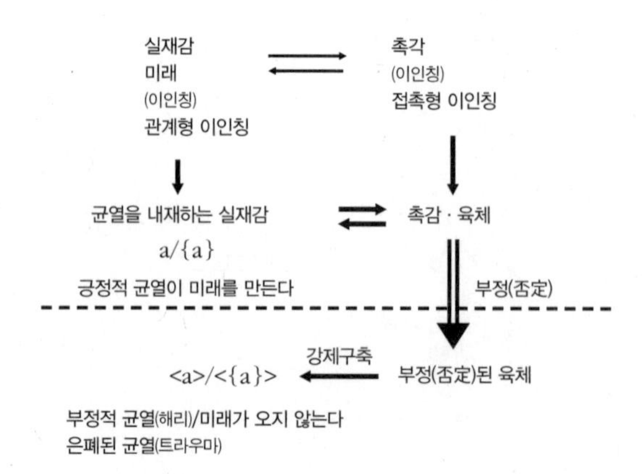

그림 6-10 관계형 이인칭 및 접촉형 이인칭 사이의 조정 및 그 실패가 야기하는 해리(解離)

<그림 6-9>에서 든 모델을 시간뿐만 아니라 지각 일반으로 확장해서 생각하면 관계형 이인칭이란 시각이 만드는 신체 이미지나 실재감이고, 접촉형 이인칭이란 촉각이 만드는 보다 직접적인 육체 이미지이다. 전술했듯이 전자는 a/{a}-양의성을 담지하고 다른 계층의 어긋남, 균열을 내재하지만, 접촉형 이인칭과 상호작용함으로써 통상 어긋남, 균열이라는 부정(否定)적 측면은 은폐되고 조정, 매개를 가능케 하는 긍정적 측면만이 눈앞에 나타나고 유지된다. 이것에 비해 육체적 폭력은 촉각에 기반하는 육체를 부정(否定)하고 두 이인칭 간의 조정을 파괴한다. 양자가 조정됨으로써 드디어 매개자의 임무를 담지하고 있던 a/{a}-양의성은 말하자면 벌거벗은 채 내던져져 기호화된 a, 기호화된 {a}로서 (이들을 <그림 6-10>에서는 <a>, <{a}>로 기술했다) 양자 간의 균열을 드러낸다. 그것은 나의 시간, 나의 지각의 균열을 드러내는 것이고 해리를 의미한다. 또한 a/{a}-양의성이야말로 미래를 자아내는 본질적 기제였다는 것을 생각하면 그 파괴인 벌거벗은 <a>/<{a}>가 '미래가 오지 않는다'라는 감각을 야

기하는 것도 이해할 수 있다.

주-객의 관계를 조정함으로써 자아지는 시간과 양자를 불가분하게 일체화함으로써 자기 수복되는 시간, 그리고 그 양자를 조정함으로써 '나'의 시간이 만들어지고 나는 시간을 산다. 바야흐로 그 시간은 '나' 그 자체이기도 하다.

7장 _ 인지적 시간에서 A계열, B계열 간의 조정

우리는 데자뷔에서 출발해서 시간을 다루기 위해서는 적어도 시간을 구성하는 소재로서의 사건 계열 및 그 해석의 계열이라는 두 계열이 필요하다는 것을 살펴보았다. 또한 이 두 가지를 우주론의 마르코풀루나 철학의 맥태거트 및 베르그송-들뢰즈가 독립적으로 제안했다는 것, 두 상대운동으로서 시간을 기술하려고 할 때 양자 사이에 본질적인 상호작용을 인정하지 않을 수 없다는 것 등을 조망했다. 두 계열은 바로 맥태거트가 주장하는 B계열(사건의 순서 계열)과 A계열(현재, 과거, 미래)이고 우리는 이것을 속과 그것을 편가름해서 얻어지는 속으로서 일반화한 뒤 사건이 사건의 집합이 될 수 있다는 것과 A계열과 B계열이 상호작용, 조정한다는 것을 발견했다.

B계열과 A계열의 대비는 기저 층위로 상정되는 인과적 순서와 그 거칠게 낱알화된 상위 계층으로도 볼 수 있다. 따라서 B계열을 토큰, A계열을 타입으로 생각할 수 있고 양자의 상호작용은 토큰적 어휘와 타입적 어휘의 통합을 의도하는 양자론이기도 한 평행 관계를 갖는다. 이리하여 우리는 B계열과 A계열 상호작용의 또 다른 형식으로서 토큰적 순서를 끊

임없이 인과적으로(타입적으로) 해석 가능케 하기 위한 자기 수복 능력을 시간 내에서 확인한 것이다.

B계열과 A계열의 분절과 그 상호작용, 이것은 단순한 이념적 개념이 아니라 우리가 일상적으로 지각하고 체험하며 상기하는 시간이다. 따라서 우리가 발견한 구조는 뇌 속에서 발견되는 구조이며 그 운동은 뇌과학이나 인지과학에서 논의되는 현상으로서 이해될 것이다. 실제로 최근 주관적 시간에 관한 실험적 연구가 인지과학이나 뇌과학에서 진행 중이다. 주관적 시간을 객관적으로 분석하고 기술하는 것은 불가능하다고 더 이상 의심할 수 없다. 이 세계와 상호작용하고 타자와 언어적으로 상호작용하는 것을 통해 존재하는 이 '나'는 이미 '나'로서만 닫힌 '나'일 수 없다. 주관적 시간은 주관적 시간의 객관적 분석이 불가능하다는 의미에서 객관을 침윤시킨 형태로만 있을 수 있다. 그 주관, 객관의 상호작용이 매입된 주관적 시간이야말로(또한 객관적 시간이야말로) A계열에 정위해서 본(마찬가지로 B계열에 정위한) A계열과 B계열의 상호작용인 것이다.

주관적 시간은 그 발동 조건을 발견함으로써 과학 논문의 주제가 될 수 있었다. 즐거운 시간은 빨리 지나가고, 지루하고 괴로운 회의 시간은 느릿느릿해서 잘 흘러가지 않는다. 치명적 위험에 노출되는 공포 체험은 시간을 슬로모션처럼 진행시킨다. 이러한 사례는 특정 조건에서 시간 감각이 변화한다고 볼 수 있고 그 진위도 확인할 수 있다. 그중 몇 가지는 이미 실험적으로 확인되었다(물론 조건의 지정이라고는 해도 충분조건이긴커녕 필요조건조차 명료하지 않다. 외적으로 주어지는 조건이 어떻게 뇌나 '나'의 내부와 상호작용하는지, 그 비일정성은 해소할 수 없기 때문이다. 조건의 지정은 어디까지나 괄호에 묶인 조심스러운 표현이 된다).

주관적 시간은 세계에서 적응하며 사는 나라는 문제를 주제화한 순간, 그 연장선상에서 반드시 발견되는 문제이다. 캐치볼에서 공을 잡는 경우에는 공의 영상을 망막에서 받아들이면서 그 영상을 목표로 손을 뻗고 발을 움직이면 당연히 늦는다. 그래서 손이나 발의 목표와 시각적 영상을 구별하면서 양자의 관계를 조정(調整)할 필요가 생긴다. 망막에서 오는 시각상과 그것에서 기인하는 운동이라는 도식에서 반드시 전자는 후자에 선행한다. 즉, 시각계, 운동계를 조정(調整)한다는 것은 양자 사이에서 시간적 동기(同期)를 취한다는 것이다. 끊임없이 뇌가 다양한 감각계나 운동계 상에서 동기를 취하고 있다면 그 동기의 실패, 착오도 자연스럽게 있을 수 있을 것이다. 주관적 시간에 관한 실험은 시각, 운동계 사이에 섭동, 어긋남을 가하고 그러한 조건하에서 시간의 동기가 어떻게 변화하는가를 살펴보는 것이다. 이리하여 시간의 신장, 인과 관계의 역전이나 미래의 지각 등이 지각 현상으로서 출현한다.

운동계와 감각계의 어긋남, 조정이라는 형식이야말로 뇌가 B계열과 A계열의 상호작용, 조정을 사용한다는 결과이다. 우리는 내 실험실 대학원생이 행한 데자뷔 체험을 위한 실험도 포함해서 시간에 관한 몇 가지 실험을 채택하고 그것을 논의할 것이다.

1. 자유낙하의 공포와 시간

아주 참신한 실험부터 소개하자. 누구나 치명적 위험에 노출될 때 시간이 천천히 진행한다는 이야기를 들은 적이 있을 것이다. 실제로 나도 자전거 운전 중 차에 부딪쳐 시간이 순간촬영 사진이 프레임 단위로 재생되듯 진행했던 체험이 있다. 텍사스의 이글먼(David Eagleman) 연구팀은 공포 체험을 자유낙하로 만들어 보자고 생각했다.

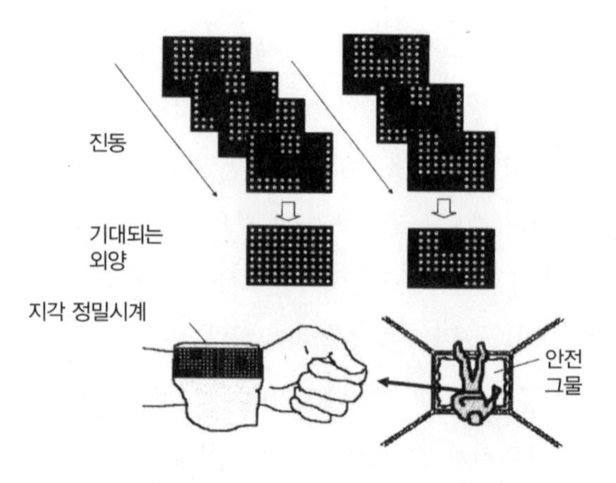

그림 7-1 지각 정밀시계와 그것을 장착한 자유낙하 실험 장치. 지각 정밀시계에 표시되는 숫자는 진동수가 커서 통상 숫자를 판별할 수 없다. 만약 '외양'의 분해 능력이 자유낙하의 효과로 올라간다면 숫자를 판독할 수 있으리라 기대된다. C. Stetson, M. P. Fiesta and D. M. Eagleman, "Does Time Really Slow Down during a Frightening Event?", *PLOS ONE*, 2(12), 2007, e1295에서 수정 게재.

물론 자유낙하라 해도 아래에는 안전 그물이 있어서 피험자가 지면에 충돌하는 일은 면할 수 있다. 그러나 어쨌든 31미터나 되는 장거리를 자유낙하하기 때문에 그때 느끼는 공포는 상당할 것이다. 그러면 이 체험에서 주관적 시간의 신축을 어떻게 평가할까? 우유 방울이 우유로 채워진 컵에 떨어질 때 육안으로는 무엇이 일어났는지 알 수 없다. 그러나 이것을 고속 촬영한 슬로모션 영상을 보면 시간 분해 능력이 일어나 극히 단시간의 영상을 선명하게 인식할 수 있고 밀크 크라운의 형태는 이렇게 알 수 있다. 이글먼 연구팀은 이것과 마찬가지로 만약 '시간이 천천히 진행한다'가 시간 분해 능력이 향상됨으로써 야기된다면 고속으로 운동하고 있는 것도 선명하게 보일 것이라고 생각했다.

그래서 피험자는 팔에 지각 정밀시계(chronometer)라 불리는 장치를 장착한다. 이것은 <그림 7-1>에 나타나듯이 흑색 배경에 붉은 점으로 패턴을 나타내는 전광 게시판과 같은 것이다. 여기서 흑을 배경으로 붉은 숫자를 그리는 패턴과 같은 숫자를 붉은 점 배경에서 흑으로 그리는 패턴을 생각하자. 이 두 패턴들은 고속으로 번갈아 일어난다. 만약 각각의 패턴을 구별할 수 있다면 피험자는 숫자를 식별할 수 있을 것이다. 역으로 각 패턴을 구별할 수 없다면 피험자는 중첩된 두 패턴을 보는 셈이고 한결같이 붉은 점이 확장된 패턴을 볼 것이다. 지상에서 우선 피험자가 숫자를 식별할 수 있는 한계 주기(두 패턴이 한 회 교차할 때 갖는 시간)를 측정한다. 피험자 집단에서 평균은 낮에 47.4±13밀리초, 야간에 33.4±9밀리초였다. 이것보다 작은 주기, 즉 더빨리 교차하는 패턴은 인식할 수 없다는 것이다. 실제로 자유낙하하는 한창 중간에는 이것보다 훨씬 작은 6밀리초 주기의 진동 패턴이 제시된다.

지각 정밀시계의 식별률과 함께 낙하 시간의 주관적 길이를 평가한다. 우선 피험자(이것을 A라 하자)는 다른 피험자(이것을 B라 하자)가 낙하하는 것을 관찰한다. 이 관찰 후 A는 B의 낙하가 시작될 때부터 안전 그물에 도착하기까지의 경과를 회상해서 스톱워치로 상상되는 시간을 재현한다. 이렇게 타인의 낙하 시간을 평가하는 것이다. 이 뒤 A 자신도 자유낙하를 체험한다. 그리고 낙하한 후 A는 지상에서 낙하를 개시해서 안전 그물에 도착하기까지 걸린 시간을 생각해 내서 역시 스톱워치로 자신의 낙하 시간을 평가한다. 문제의 시간 분해 능력은 피험자가 자유낙하하는 동안의 '외양'으로 평가된다. 피험자는 자유낙하하는 동안 팔에 장착한 지각 정밀시계를 계속 응시한다. 낙하해서 지상에 도착한 뒤 자유낙하 중 응시하고 있던 지각 정밀시계의 숫자가 어떤 숫자로 보였는지를 보고한다.

<그림 7-2>의 왼쪽 두 개 막대 그래프는 이 낙하 시간의 평가를 나타

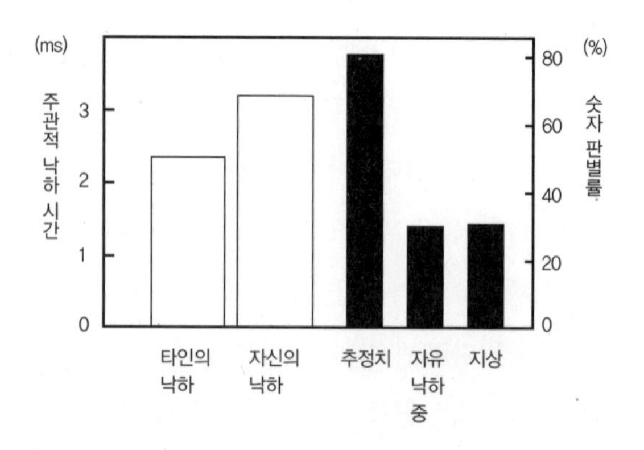

그림 7-2 자유낙하 시간의 평가와 낙하 시의 숫자 판별률 및 대조 실험의 판별률. Stetson, Fiesta and Eagleman, "Does Time Really Slow Down during a Frightening Event?"에서 수정 게재.

낸다. 타인 낙하 시간의 평가에 대해 자신의 낙하, 일인칭적 낙하 시간은 36%정도 길어진다. 자유낙하라는 공포 체험을 함으로써 주관적 시간은 늘어난다는 것이다. 그러면 분해 능력은 올라갈까? 향상한다는 결과는 나오지 않았다. <그림 7-2> 오른쪽 검은 세 개의 막대 그래프가 정밀시계 문자의 판별률을 나타낸다. 가장 왼쪽은 주관 시간이 36% 늘어났을 때 분해 능력이 그것에 의존해서 향상했다고 가정한 경우 기대되는 문자 판별률이다. 이것에 따르면 문자 판별률은 80%에 달해야만 한다. 그러나 실제로는 자유낙하 중의 판별률(중앙의 막대 그래프)은 30% 약하고 그 판별률은 지상에서의 판별률(우측 막대 그래프)와 거의 차이가 없다. 결국 자유낙하라는 공포 체험 때문에 확실히 주관적 시간은 늘어났지만 그것이 시간 분해 능력의 향상을 의미하지는 않고, 상기(想起)할 때 인상의 테두리를 벗어나지 않는다는 것이 이 논문의 결론이다. 이것과 이 책의 시간론이 갖는 관계는 추후에 논의할 것이다.

2. 미래를 앞당기다

운동과 감각 사이에 시간 지연이 있어도 길게 경험하면 뇌는 여기에서 동기(同期)를 만들어 낸다. 앞 절의 실험에서 얻은 결론은 이것이다. 길게 경험하고 습관화한다는 것은 흡사 스스로를 세계에 공명시켜 동화하고 예상외의 사태가 배재된 예정조화적 세계를 만들어 낸다는 것과 같다. 뒤집으면 습관화-반복이라는 개념은 반복되는 대상(세계의 일부)이 명확하게 존재한다는 것을 의미하고 그를 위해서는 나와 세계가 명확하게 구별된다는 것을 전제하는 듯 생각되기도 한다. 즉, 습관화-반복은 시스템의, '나'의 실재를 무엇보다도 선험적으로 인정하는 개념처럼 생각된다. 물론 4장에서 논했듯이 반복은 반복 그 자체로서 이해되어야 하고 여기서부터 현재의 단독성이 출현한다는 것을 우리는 이미 살펴보았다.

과정 그 자체, 반복 그 자체가 아니라 '나'를 기점으로 한다고 하는 논의와 평행 관계에 있는 인지과학적 논의가 미래가 앞당겨지는 사태에 관한 자발적 행동 기원설일 것이다. 내가 경험하고 내가 반복한다. 이런 한에서 반복 대상도 역시 해당하는 내가 만들어 내는 것이라면 습관화는 가속되지 않을까? 마찬가지로 습관화가 감각, 운동계의 동기를 재조정한다면 '내'가 반복 대상의 원인을 만들어 내는 경우 동기는 촉진되지 않을까? 실제로 해거드(Patrick Haggard)는 그렇게 생각했다. 즉, 내가 자발적으로 행동하는 운동은 내가 해당 운동의 소유자이기 때문에 감각, 운동계의 동기를 촉진하는 것은 아닐까 하고 말이다.

자발적 운동이나 그 결과는 언제 시작했다고 지각되는 것일까? 의식 행동은 우리의 자유의지에 기반해서 의식에 떠오르기보다 훨씬 전부터 뇌 속에 나타난다. 뇌는 다른 지각이나 감각을 알아차리는 순간을 고려해

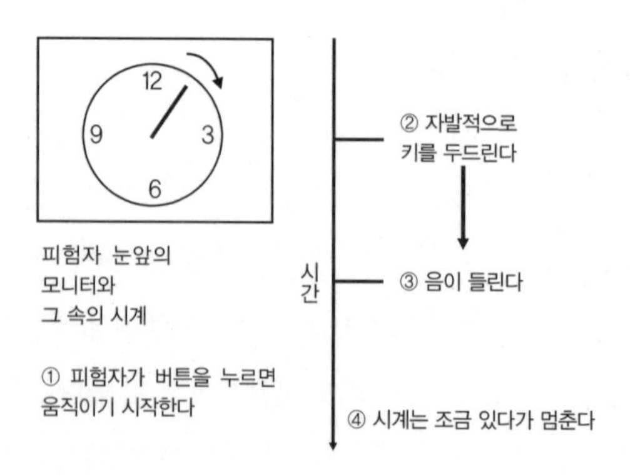

그림 7-3 해거드 등의 실험 설정. 시계를 보면서 자발적으로 키를 두드리고 음을 듣는다. 건반을 두드린 시점과 음이 들린 시점을 나중에 시계의 침을 조작해서 보고한다.

서 지각이나 의식적 행동을 시간 축 내에 배분하고 동시성을 만들어 낸다. 이러한 시간의 문제를 철학적 사고 실험이 아니라 인지과학적 실험으로 제시하고 뇌의 활동까지 평가한 최초의 연구자는 리벳(Benjamin Libet)으로, 20년 이상 이전에 이미 실험되었다. 리벳의 논문은 오랫동안 논쟁의 표적이 되었고 확립된 사실로 받아들여지지 않았다. 최근 해거드 등이 행한 일련의 실험은 리벳의 실험과 같은 환경을 사용하여, 리벳 재평가의 기운(機運)을 고조시켰다고 말할 수 있다.

실험 설정은 다음과 같다. 피험자는 모니터와 스피커가 놓인 테이블 앞 의자에 앉는다. 바로 눈앞에 모니터가 있고 화면에는 <그림 7-3>의 아날로그식 시계가 나타난다. 시계에는 침이 하나밖에 없고 처음부터 적당한 위치에서 멈춰 있다. 모니터 옆에는 스피커가 있어서 거기서부터 음이 들리고 있다. 피험자는 왼손으로 시계를 움직이기 위한 키를, 오른손으로 음을 내기 위한 키를 조작하도록 지시받는다. 실험은 다음과 같은 수순으로 진행한다. 의자에 앉은 피험자는 왼손으로 키를 누른다. 이에 따라 시계의 침이 회전하기 시작한다. 이것을 보면서 피험자는 전적으로 자신이 내키는 순간에 오른손의 키를 누른다. 그 직후에 스피커에서 음(신호음)이 들린다. 조금 있으면 시계는 저절로 멈춘다. 이 뒤 피험자는 자발적으로 키를 두드렸을 때 시계의 침이 어디에 있었는가를 시계의 침을 움직여 표시한다. 또한 음이 들린 시점에 관해서도 마찬가지로 시계의 침으로 표시한다. 본 실험의 내용은 이것뿐이다.

해거드는 자발적 행동의 경우 이것을 원인으로 하는 효과의 지각은 실험에서 그것이 일어나는 시점에 앞서서 지각될 것이라고 예측했다. 그래서 같은 조작을 첫 번째로 비자발 조건, 두 번째로 거짓 음원 조건하에서 행하는 것이 대조 실험으로서 설정된다. 비자발 조건에는 경두개적 자기자극(transcranial magnetic stimulus, TMS)이라 불리는 두개골 외부에서 국소적으로 자장을 가해 국소적으로 뇌의 활동을 바꾸는 자극이 사용되었다. TMS로 뇌의 운동영역을 자극하면 뇌가 멋대로 경련해서 의지와 무관계하게 키를 두드린다. 이것이 비자발 조건이다. 비자발 조건하에서 피험자는 근육이 경련해서 키를 두드린 순간과 음을 들은 순간을 보고한다. 거짓 음원 조건에도 TMS를 사용한다. 두정엽 후방 7센티미터를 TMS로 자극하면 음이 실제로 존재하지 않음에도 불구하고 뇌는 클릭음을 만들어 스스로 이것을 듣는다. 이 클릭음 뒤 피험자는 실제의 신호음을 듣는다. 거짓 음원 조건하에서 거짓음을 들은 순간과 이것에 후속하는 실제 소리의 순간을 보고한다.

<그림 7-4>가 실험 결과이다. 첫 번째 사건은 음을 내기 위한 원인이 되는 사건을, 두 번째 사건은 신호음이 들렸다는 사건을 의미한다. 두 번째 사건은 전부 조건에 있어서 같은 사건을 의미하지만 첫 번째 사건은 다르다. 자발 조건에서는 첫 번째 사건은 키를 두드리는 조작이고 거짓 음원

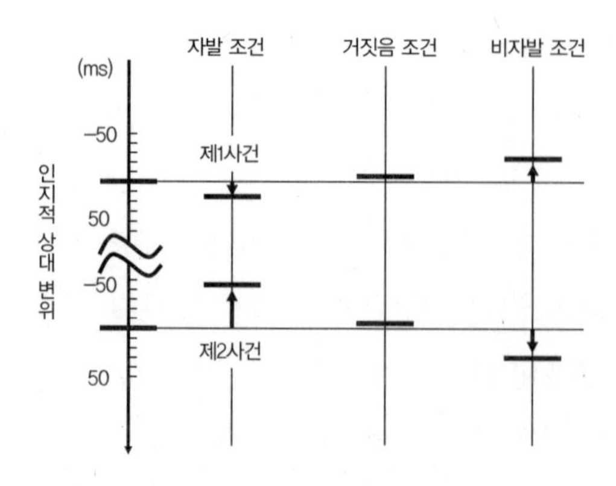

그림 7-4 자발적 원인과 그 결과의 지각 및 대조 실험 결과. 자발 조건에서는 미래가 앞당겨진다. P. Haggard, S. Clark and J. Kalogeras, "Voluntary Action and Conscious Awareness", *Nature Neuroscience*, 5(4), 2002, pp.382~385에서 수정 게재.

조건에서는 TMS에 의한 거짓음(클릭음)의 지각, 비자발 조건에서는 TMS로 유도된 근육 경련에 의한 키 두드림 조작이다. 여기서 가장 왼쪽에 제시된 세로축은 첫 번째 사건, 두 번째 사건이 발생하는 순간의 기준점을 나타낸다. 기준점은 각 사건을 단독으로 체험하고 그 지각된 시각을 기록한 것이다. 이 기준 시각과의 어긋남이 빨리 지각되면 마이너스로, 늦게 지각되면 플러스로 표시된다.

가장 상대 변위가 크고 현저하게 어긋날 때는 자발 조건하의 신호음을 지각할 때다. 음이 들렸다는 지각이 앞당겨지고 키를 두드리는 조작과 신호음 지각의 간격이 가까워진다. 자발 조건에서 키 조작 지각의 지연은 무시해도 좋을 것이다. 2003년 논문에서는 첫 번째 사건의 연기는 무시할 수 있는 정도이기 때문이다. 거짓음 조건은 피험자 자신과 기본적으로 무관계한 사건을 의미한다. 제멋대로 클릭음이 나고, 필시 그것이 원인으로 신호음이 나는 것이겠지만 피험자인 '나'는 이 사건에 일절 참가하고 있지 않다. 원인과 결과의 어긋남이 '나'와 무관계하고, 그 때문에 지각 순간의 변화는 일어나지 않는다고 생각된다. 비자발 조건은 어떠한가? 실험 결과는 원인과 결과의 지각 간격을 오히려 크게 만들고 있는 듯 보인다. 그러나 이것도 다른 실험에서는 역의 변화가 확인되고 오히려 지각의 순간은 그다지 변화하지 않는다고 생각된다. 설령 자신의 손가락이 움직여도 그것은 자각 없이, 나의 의식과 무관계하게 일어난다. 이런 한에서 그것은 '나'와는 무관계한 사건으로 간주될 것이다.

자발 조건과 다른 두 조건은 인과 관계에 '내'가 자발적으로 참여하고 있는가 그렇지 않은가 하는 점에서만 다르다. 나의 자발적 행위에 의해 원인이 만들어졌을 때 결과의 지각이 앞당겨진다. 해거드 연구팀은 그렇게 생각, 특히 나로 인한 결과의 소유성을 강조했다. 결과가 이 '나'에 의해서 야기되기 때문에 원인과 결과는 강하게 결부된다. 이 결부의 강도가 원인과 결과의 시간 간극을 단축시킨다는 것이다. 양자 사이를 단축시킬 뿐이라면 원인의 지각이 늦어질 뿐이어도 좋을 터이다. 왜 그렇게 되지 않고 결과의 지각이 앞당겨지는 것일까?

나는 뇌에서도 지각이나 계산 처리에 시간이 관계되는 이상, 결과 지각이 앞당겨지는 것이 가장 자연스럽다고 생각한다. 시각에 한해서 살펴보아도 외계의 대상은 우선 망막에 생(生)화상로서 맺혀져, 윤곽이 검출되고 전경 배경 분리가 행해져서 그 의미가 해석되는 과정을 거친다. 일차 정보를 변환하고, 변환하고, ……라는 반복은 다르게 말하면 일차 정보의 해석의, 해석의, ……라는 고차 해석을 의미한다. 그렇게 해서 비로소 통상 대상은 일상생활 속에서 지각된다. 그러나 대상이 자명하다면 통상의 변환과정을 단축해서 보다 빨리 최종적 해석으로 도달하도록 뇌 속에서 처리될 것이다. 즉, 통상은 원인의 지각에도 결과의 지각에도 마찬가지로 이러한 처리를 위한 유한시간이 존재하고, 일차 정보의 획득과 그 의식적인 지각 사이에 시간 지연이 생긴다. 이것에 비해 자발적 원인의 경우 이 '내'가 인과 관계의 당사자인 이상 그 결과는 다른 사건보다 훨씬 확실하고 자명한 것이다. 어쨌든 나는 당사자이기 때문이다. 그렇다고 한다면 해석 처리의 중간 과정을 건너뛰어 처리 시간을 대폭 단축할 수도 있을 것이다. 이리하여 처리 시간의 단축으로 통상의 지각보다도 앞선 지각이 야기된다. 결과의 지각이 통상 시간 지연 없이 실시간으로 지각된다고 가정하는 한 처리 시간의 단축은 '미래가 앞당겨졌다'고 간주되는 것이다.

해거드의 실험에서 기준점이 하나하나의 사건마다 단독으로 실행되고 통상의 지각으로서 기록되고 있다는 것은 이러한 나의 해석을 보강한다. 다른 것과 연관을 갖지 않는 단독 지각에 대한 상대적 시간의 어긋남이야말로 여기서 확인되는 지각의 어긋남인 것이다.

그러나 '결과의 확실성, 자명성에 의해 정보 처리가 단축되어' 미래가 앞당겨진다면 '나'의 당사자성, 자발성만을 강조하는 해거드의 논의는 역으로 취약해진다. 내가 원인이므로 결과가 자명, 확실하다는 것은 바로 내가 원인이 될 때 '늘' 시간 지연을 갖고 결과가 지각되어 왔기 때문이고, 내가 그러한 원인-결과를 실현하는 세계에 적응해 왔기 때문이다. 우리는 앞 절의 시간 지연에 대한 적응 실험에서부터 적응의 전제가 되는 '나'의 확실성에 의거한 시간의 논의로 진행해 왔다. 그렇지만 우리는 반복의 전제였을 터인 '내'가 오히려 반복이나 경험과 독립적으로, 그 당사자성만으로 원인의 확실성을 주장하는 것은 곤란하다고 통감하게 된 것이다.

내가 원인의 당사자라는 것은 어떠한 것인가? 자유의지를 갖는 이 나에게 있어서 실현된다는 것이라고 하자. 이때 내가 실현한 것과 하지 않은 것이 명확하게 구별되어야만 한다. 내가 입김을 내뿜었기 때문에 2미터

앞의 풍경이 운 것인가, 입김은 닿지 않았고 밖에서부터 불어온 미풍 때문에 운 것인가? 폐활량이 큰 사람이라면 자기의 입김 때문에 풍경이 울었다는 것을 확신할 것이다. 그러나 '나의 입김 때문에 풍경이 울었다'라는 확신이 흔들리지 않으려면 나는 항상 건강해야 하고, 부는 입김이 약해져서 풍경이 울지 않는 경우는 없을 필요가 있을 것이다. 나의 확신은 내가 야기하는 운동과 그 결과가 반복되어 내가 반복을 실현하는 세계에 적응함으로써 야기된다. 나의 의식적 행동, 자유의지는 세계에 작용하고, 세계의 응답과 갖는 관계를 쌓아올리는 가운데 개설된다. 세계와의 관계를 빼고 독립적으로 내가 존재하는 일 따위는 있을 수 없다.

실제로 해거드는 2003년에는 '나'의 당사자성으로서의 자발성을 철회하는 실험을 했다. 실제 실험 환경은 전술한 실험과 같다. 피험자는 키를 두드려서 음을 듣고 각각의 순간을 기록한다. 단, 이 실험들에서 피험자는 항상 머리에 TMS 발생 장치를 장착하고 언제나 TMS로 운동영역이 자극되는 조건하에 놓인다. 해거드가 혼합 조건이라 부르는 이 조건에서 피험자는 언제나 자유롭게 키를 두드리고 또한 무작위한 타이밍에 TMS를 받아 근육을 경련시킬 가능성에 열려 있다. 자발적으로 키를 두드리는 것이 선행한 경우 TMS의 작동은 정지하고 피험자는 키 조작과 음의 타이밍을 전술한 방법으로 보고한다. 자발적으로 키를 두드리기 이전에 TMS가 작동한 경우, 여기서 키 조작은 종료하고 피험자는 TMS에 의해 강제된 키 조작과 음을 들은 순간을 보고한다. 혼합 조건에서 경우에 따라서는 피험자의 키 두드림-음의 관계지각이 방해받는다. 방해받지 않는 경우 음의 지각이 상대적으로 빨라지는 현상을 여기서도 확인할 수 있다. 그러나 방해받고 피험자가 원인-결과의 관계를 강하게 파악할 수 없을 때, 음을 지각할 때 미래가 앞당겨진다는 현상은 확인되지 않는다. 이로 말미암아 해거드는 자발적 행동에서 결과 지각이 앞당겨지는 현상에는 '나'의 소유성, 당사자성보다도 오히려 나에게서 기인하는 원인 및 그 결과가 강하게 결부되어 있다는 것이 기여하리라고 결론짓는다.

우리는 '나'에 의한 당사자성을 경유하면서 반복과 적응에 의해 시간이 앞당겨진다는 커닝엄(Douglas W. Cunningham)의 실험이 갖는 의의를 재평가하게 된다. 커닝엄 연구팀은 막스 프랑크 연구소에서 텔레비전 게임에 시간 지연을 도입한 실험을 했다. 피험자는 마우스 조작이 모니터상에 반영되는 데 시간 지연이 있는 텔레비전 게임으로 운전 게임을 하게 된다. 당초 이 시간 지연은 피험자들을 초조하게 했지만, 그들은 곧 익숙해져 게임에서 고득점을 얻게 되었다. 그리고 익숙해졌을 즈음에 시간 지연을 없애고 마우스 조작이 빠르게 모니터에 반영되도록 게임의 설정을 바꿨다. 이때 피험자는 그 후효과(after-effect)로서 당장 게임을 할 수 없게 된다. 이 후효과란 나의 운동(마우스를 움직이는 조작)에 앞선 결과(모니터상의 움직임)의 지각이 아닐까? 만약 그렇다면, 시간 지연에 적응한 뒤라면 해거드의 실험 이상으로 결과의 지각은 앞당겨지게 되고 인과 관계의 지각이 역전할 수도 있지 않을까? 바로 그러한 실험을 처음에 제시한 자유낙하 실험의 스테트슨(Chess Stetson)과 이글먼이 행했다.

3. 인과 관계의 전도

이글먼도 역시 해거드와 마찬가지로 리벳의 실험을 다시 확인하고 '나'의 자발적 운동이 그 결과의 지각을 앞당긴다는(미래가 앞당겨지는 것) 것을 보고했다. 동시에 스테트슨과 이글먼은 결과 지각이 앞당겨지는 것이 주관적 시간의 수축으로서 이해되는 것에 이의를 제기한다. 나는 앞 절에서 결과 지각이 앞당겨지는 것이 필시 지각 경로가 단축되는 것에서 유래하리라고 기술했다. 소박하게 생각한다면 단축에 의해 원인과 결과 간에 가로놓인 시간이 짧아지는 경우는 있어도 인과 관계의 역전은 없는 것처럼 생각된다(그러나 후술하듯이 그렇지는 않다). 그렇지만 커닝엄 연구팀의 실험에서 있었던 후효과는 결과가 원인보다 먼저 지각될 가능성을 시사한다. 그래서 스테트슨과 이글먼은 인과 관계의 역전 지각을 통계적으로 조사해 본 것이다.

실험 그 자체는 매우 단순하다. 피험자는 시작 신호음을 신호로 해서 모니터를 보면서 키를 누른다. 그 몇십 밀리초 뒤에 모니터가 빛난다. 이 시간 지연은 대단히 작은 거의 동시인 경우(35밀리초 뒤)와 통상 어긋남이 인식되는 큰 경우(135밀리초 뒤)의 두 종류를 준비한다. 각각의 시간 지연에 피험자를 적응시킨 뒤 키를 누르는 조작의 전후 다양한 순간에서 모니터가 빛난다. 이것에 대해 피험자는 섬광 전에 키를 눌렀다고 생각하는가 하지 않는가, 예인가 아니오인가로 대답하는 것이다. 섬광의 전후 다양한 순간에서 빛나는 섬광을 피험자는 키 조작 전이라고 느끼는가, 뒤라고 느끼는가? 거의 동시인 35밀리초에 적응하고 있을 때, 피험자는 키 조작보다 35밀리초 이상 늦게 빛나는 섬광을 키 조작 뒤라고 판단할 것이다. 그러나 35밀리초의 시간 지연에 적응했을 때 피험자는 키 조작보다 35밀리초 이상 135밀리초 이하의 시간 지연으로 빛나는 섬광을 키 조작 전이라고 지각하는 것은 아닐까?

시간이 수축하는 것이 아니라 순서 관계 그 자체가 역전한다. 이것을 설명하기 위해 스테트슨과 이글먼은 우선 <그림 7-5>와 같은 작업 가설을 세운다. 운동계와 감각계에는 서로 독립적인 시간 축이 존재한다고 생각하자. 실제로 그것은 각각의 정보 처리계를 나타낼 것이다. 뇌는 양자

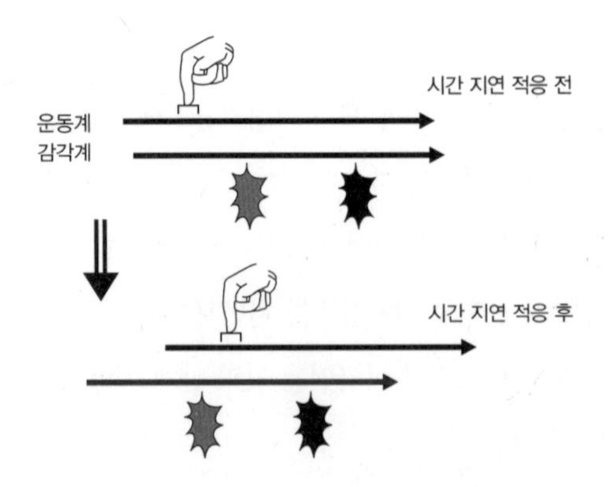

그림 7-5 운동계와 감각계의 시간 축이 독립적으로 존재하고 시간 지연에 적응함으로써 상대적으로 미끄러진다고 가정하는 감각 · 운동계의 동기 조정(調整) 모델. 두 섬광의 기호는 회색이 키 직후, 검은색이 135밀리초 뒤의 섬광을 나타낸다. Stetson, Fiesta and Eagleman, "Does Time Really Slow Down during a Frightening Event?"에서 수정 게재.

간에서 동기(同期)를 취하고 그 결과 동시성이 만들어진다고 생각하는 것이다. 여기서 동기란 두 시간 축의 평행이동이자 상대운동이라 가정된다.

<그림 7-5>는 회색 섬광 기호가 키를 누른 뒤 시간 지연 35밀리초보다 조금만 늦은 섬광을, 검은 섬광 기호가 훨씬 늦은 135밀리초 뒤의 섬광을 나타낸다. 시간 지연에 적응하기 전에는 35밀리초 뒤의 섬광을 키 조작과 거의 동시라고 지각하고 135밀리초 뒤를 확실히 키 조작보다 뒤라고 지각하는 시간 속에 피험자가 있는데 그것은 운동계, 감각계의 시간 축이 <그림 7-5> 위 그림처럼 동기하고 있다는 것을 나타낸다. 시간 지연에 적응한다는 것은 즉 135밀리초 뒤의 검은 섬광을 키 조작과 거의 동시라고 지각한다는 것이다. 그것은 이 조작 가설에서는 감각계의 시간 축이 운동계에 대해 상대적으로 앞으로 이동하는 것으로 설명된다(그림 7-5 아래 그림). 이 상대적 이동으로 말미암아 35밀리초보다 조금만 늦은 섬광은 이미 키를 누르는 조작 전으로 와 버린다. 이리하여 시간 지연에 적응

한 후 섬광이 있은 뒤에 키를 누른다는 인과 관계의 역전이 지각된다는 것이다.

실험은 구체적으로는 다음과 같이 설정된다. 우선 시간 지연이 없는 기준 실험을 실행한다. 이 실험에서는 피험자가 자신이 내키는 순간에 키를 누르는(한 회 누르는 조작을 한 시행으로 센다) 조작을 몇 번이나 반복한다. 전시행 횟수의 60%에서는 키 조작의 35밀리초 뒤 섬광이 있다. 남은 40%에서는 키를 누르는 순간의 전후 150밀리초의 폭으로 무작위하게 섬광이 있다. 즉, 시행 개시의 지시(시작 신호음)가 주어진 뒤 피험자는 300밀리초 뒤까지 내키는 순간에 키를 두드리지만 키 두드림과는 독립적으로 시작 신호음 직후부터 300밀리초 뒤까지의 시간 사이에 무작위하게 섬광이 있는 것이다. 결과적으로 평균적 키 조작의 마이너스 150밀리초, 플러스 150밀리초 사이 어딘가에서 섬광이 있는 상황이 된다. 즉, 기준 실험의 일련의 시행에서 피험자는 60%를 점하는 35밀리초 뒤의 섬광에 적응하고 동시에 이 적응의 효과를 다른 40%의 시행으로 나타낸다. 피험자는 각 시행 뒤 '섬광 전에 키를 두드렸는가' 하고 질문받고 예나 아니오로 대답한다. 모든 시행은 키 조작과 섬광이 어긋날 때마다 집계된다. 키 조작 전 100밀리초의 순간에서는 10회의 시행이 있고, 대답은 전부 '아니오'였다고 하자. 이때 마이너스 100밀리초에서 "키를 두드린 뒤 섬광"의 보고 비율은 0/10으로 0%가 된다. 마찬가지로 키 조작 뒤 10밀리초의 순간에서 섬광이 있었던 시행이 5회 있고 1회 예, 4회 아니오라는 대답이었다고 하면, "키를 두드린 뒤 섬광"의 보고 비율은 1/5로 20%가 된다.

기준 실험이 끝난 뒤 135밀리초의 시간 지연에 적응하는 실험이 실행된다. 이것을 시간 지연 도입 실험이라 부르자. 실험 설정은 기준 실험과 거의 다르지 않다. 시행 전체의 40%에서 키를 누르는 순간을 전후해서

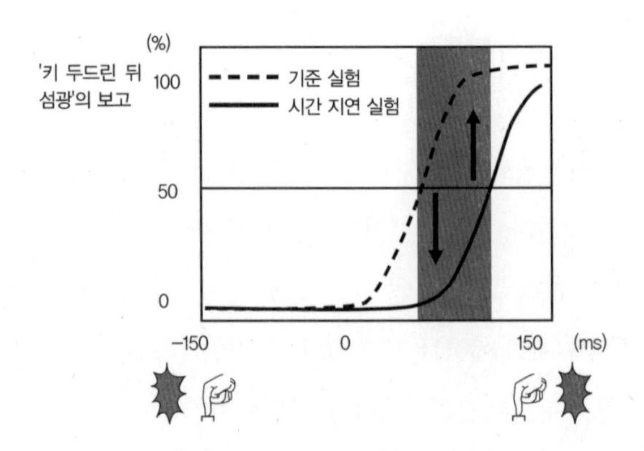

그림 7-6 시간 지연에 적응해서 얻어지는 인과 관계의 역전. 가로축은 키를 누르는 순간을 원점으로 했을 때 섬광이 있던 순간을 나타내는 상대시간. 시간 지연에 대한 적응 없음(기준 실험)에서 "키를 두드린 뒤 섬광"과 지각된 회색의 직사각형 영역에 위치하는 순간의 섬광은 적응 후(시간 지연 실험) "섬광 뒤 키 조작"으로 지각된다.

150밀리초의 폭으로 무작위하게 섬광이 있다는 것은 완전히 같다. 남은 60%에서 기준 실험에서는 35밀리초 뒤의 섬광이었던 곳을 135밀리초 뒤의 섬광으로 한다. 차이는 이것뿐이다. 시간 지연 도입 실험에서 피험자는 60%의 시행으로 시간 지연에 적응하고 40%의 실험에서 시간 지연의 효과를 나타낸다.

실험 결과를 <그림 7-6>으로 나타내자. 기준 실험은 점선으로, 시간 지연 도입 실험은 실선으로 그려져 있다. 기준 실험에 대응하는 곡선을 살펴보면 대략 40밀리초의 시간 지연으로 "키를 두드린 뒤 섬광" 보고의 비율은 50%가 된다. 즉, 피험자는 40밀리초의 시간 지연을 키 조작과 거의 동시로 지각하고, 그렇기 때문에 이것을 예나 아니오 둘 중 하나로 대답하라고 질문받았을 때, 그 확률이 같아진다고 생각할 수 있다. 이것보다도 시간 지연이 작아지고 마이너스 영역이 되면 피험자는 섬광이 앞이라고 지각한다. 역으로 시간 지연이 커지면 차차 예의 보고가 증가, 100밀리초 이상의 지연에서 피험자는 거의 100% "키를 두드린 뒤 섬광"으로 지각하고 있다는 것을 알 수 있다.

시간 지연 도입 실험에서는 어떻게 될까? 전체의 곡선 형상은 그대로 유지하면서 곡선이 플러스 방향으로 평행이동하고 있다는 것을 알 수 있다. 예, 아니오의 판정 50%, 즉 동시로 지각하는 동시지연은 거의 90밀리초로 변한다. 실제로 기준 실험에서 44±7밀리초 정도 플러스 방향으로 평행이동한다. 여기서 <그림 7-6>의 회색 직사각형 영역에 주목해 보자. 이 영역은 기준 실험에서 동시로 간주되는 순간에서부터 시간 지연 도입 실험에서 동시인 순간까지의 동시 영역을 나타낸다. 이것을 보면 같은 시간 지연에 대해 기준 실험에서는 높은 확률로 '키를 두드린 뒤에 섬광'으로 판단하고 시간 지연 도입 실험에서는 '섬광 뒤 키를 두드린다'고 판단하고 있다는 것을 알 수 있다. 바로 이 영역에서 인과 관계가 역전되어 지각된다.

여기서 주의해야만 하는 것은 대푯값에 대한 인지적 편향(bias), 대푯값 경향이다. 말하자면 인간은 몇 번이나 선택을 반복할 때 선택의 분포가 편재하지 않도록 균형을 취해 버리는 경향이 있다. 시간 연장 도입 실험에서 피험자는 판단 불가능한 경우에는 전체의 수를 조정(調整)하고 키→섬광과 섬광→키의 판단 수가 같게 되도록 조정(調整)할 것이다. 실제로 135밀리초의 지연은 충분히 큰 지연이므로 60%의 시행에 관해서는 키→섬광으로 판단할 것이다. 따라서 판단 불능의 경우 이것과는 역으로 대부분 섬광→키로 판단한다고 생각할 수 있다. 그러므로 시간 지연 도입 실험에서는 키와 섬광 사이가 짧고 <그림 7-6>의 회색 직사각형 영역에서는 대부분 섬광→키로 판단된다. 역으로 기준 실험에서는 적응을 위한 60%의 시행이 무릇 키와 섬광 순서에 관해 판단 불가능하므로 창의 영역에서 중심화 경향이 작용해도 섬광→키라는 판단이 우월할 필요는 없다. 따라서 기준 실험에서는 인과의 역전이 일어나지 않는다고 생각할 수 있다. 이렇게 대푯값 경향만으로 실험 결과를 설명할 수 있는 듯 생각되기도 한다.

그래서 스테트슨 연구팀은 손가락이 키를 두드린다는 현상을 역전시켜 키가 자동적으로 움직여 손가락을 두드린다는 대조 실험을 구성했다. 섬광에 관해서는 이전의 실험과 마찬가지로 135밀리초의 시간 지연 도입 실험과 지연이 없는(35밀리초의 지연만) 기준 실험이 있고 피험자는 이전의 실험과 마찬가지로 키의 움직임과 섬광의 순서를 질문받는다. 이전의 실험에서 키 조작과 섬광을 동시로 하는 지각은 기준 실험과 시간 지연 실험 사이에서 44±7밀리초 어긋나 있었다. 그러나 이 대조 실험에서는 겨우 16밀리초로 이전의 실험에서 있었던 유의차(有意差)가 확인되지 않는다. 이전의 실험과 대조 실험 사이의 상이점은 자발적으로 키를 두드리는가 아닌가라는 차이뿐이기 때문에, 대푯값 경향은 대조 실험에 관해서도 적용될 것이다. 그러나 여기서는 그러한 효과가 나타나지 않는다. 따라서 최초 실험의 인과 관계 역전은 대푯값 경향이 아니라 자발성에 의한 것이라 생각할 수 있다.

대푯값 경향의 효과를 보다 명확하게 배제하기 위해 실험 설계는 최초의 실험과 같지만, 피험자는 40%에 달하는 적응과 무관계한 시행에 관해서만 키와 섬광의 순서를 질문받는 실험도 시행되었다. 특정 지연(135밀리초 또는 35밀리초) 시행에 관해서는 질문받지 않으므로 대푯값 경향이 특정 편향을 갖지 않는다는 것이다. 이 실험에서는 인과의 역전은 41±8밀리초로 유의미하게 다르다. 이리하여 대푯값 경향의 효과는 거의 부정(否定)된다.

이 실험으로 첫 번째로 '내'가 자발적으로 원인을 만들 때 그 결과의 시간 지연에 적응해서 인과 관계의 동기를 만들어 낼 수 있다는 것, 두 번째로 늦은 사건에 동기한 결과 자발적 원인보다 늦고, 동기한 사건보다 빠른 사건에 대해 자발적 원인보다 빨라 선후 관계가 역전된다는 것을 알았다. 시간 지연에 대한 적응이 자발적 원인 및 그 결과에 대한 적응이었어도, 우선 '나'가 이미 있고, 자발성이 이미 있다는 논의는 성립하지 않는다. 확실히 내 행동의 결과라는 지각도 발달 과정에서 내가 획득해 온 것에 다름없기 때문이다. 결국 인과 관계의 역전을 발견하게 된다. 이것은 이글먼 등이 말하듯이 시간 폭의 수축과는 다른, 시간 축의 미끄러짐과 같은 별도의 현상인 것일까? 여기서 A계열, B계열의 상호작용이 관여하게 되는데, 이것을 논하기 전에 우리 연구실에서 행한 데자뷔 실험에 관해 살펴보자.

4. 능동·수동의 전도와 데자뷔

내 연구실에서는 꽤 이전부터 데자뷔를 실험적으로 만들 수 없는지 논의해 왔다. 처음부터 마음에 걸렸던 점은 능동·수동의 전도였다. 2장에서 기술했듯이 나의 개인적 데자뷔 체험에서 나와 세계의 관계가 전도할 때 데자뷔 감각이 나타났다. 이것은 정확히 기술한다면 나와 세계의 관계가 중층적으로 되는 것이다. 원근법에서는 무한원(無限遠)에서 모든 것의 근경이 교차하는 점을 소실점이라 부르지만, 바로 이 소실점과 역의 의미로 나는 통상 이 세계를 관찰하는 세계에 대해 계속 극한으로 존재한다. 이 이미지는 나의 발달 과정에서 견고하게 훈련되고 간단히 붕괴하지는 않는다. 따라서 2장에서 기술한 나와 세계의 관계가 전도하고 세계 속의 존재자로서 자기 자신이 재파악되는 찰나, 내가 보는 세계 속에 내가 재차 파악된다는 중층적 이미지가 출현한다. 바로 이 이중성이 현재완료 내에서 과거완료를 발견하는 데자뷔의 기제라고 우리는 논의했던 것이다.

일인칭적인 카메라 눈(camera eye) 속에 삼인칭적 카메라 눈이 중층적으로 출현한다. 그것이야말로 영화를 보고 있던 내가 세계 속의 존재자로서 자신을 재파악하는 찰나였다. 졸릴 때 반각성 상태인 나는 역의 이중성에 의해 데자뷔를 느낀다. 내 꿈의 대부분은 삼인칭적 카메라 눈이지만 반각성일 때 자주 일인칭적 카메라 눈으로 전환된다. 이때 데자뷔를 느끼는 것이다. 이것도 역시 삼인칭적 카메라 눈 속에 중층적으로 일인칭이 출현하는 것이 원인이라고 생각된다. 이중성은 내 꿈이 대부분의 경우 삼인칭을 전제로 해서 출현하는 일인칭에서 기인하는 것으로 일인칭 그 자체가 이중성을 갖는 것은 아니다.

이러한 이중성을 만들기 위해서 통상 능동적으로 세계에 대해 행동할 수 있는 '내'가 세계에게 제어되고 조종당하면서, 일인칭적 나는 담보될 것이다. 여기서 나와 세계의 관계가 갖는 이중성이 나타나고 데자뷔를 느끼는 것은 아닐까 하는 것이다. 즉, 세계에 대한 나의 자발성, 능동성이 수동성으로 역전한다. 당초 우리는 차의 운전에 관해 능동·수동의 전도를 도입하는 실험계를 구상했다. 차를 운전할 때 교차점에서 핸들을 꺾는 경우 인간은 핸들을 꺾기 이전에 무의식중에 꺾으려는 방향을 본다. 오른쪽으로 꺾는다면 오른쪽 저편으로 일순간 눈길을 보내고, 그 뒤 오른쪽으로 핸들을 꺾는다. 이 시선의 움직임은 무의식적이기 때문에 이것을 카메라로 포착하면 운전자의 핸들 조작을 예측할 수 있다. 그래서 모니터상으로 가상적 운전을 하는 운전자에게 교차점마다 이 예측된 방향을 지시한다. 예컨대 교차점에서는 좌우 양쪽으로 전등이 있지만 예측된 방향만 전등이 점등되도록 하는 것이다. 운전자는 자유롭게 운전하고 있음에도 불

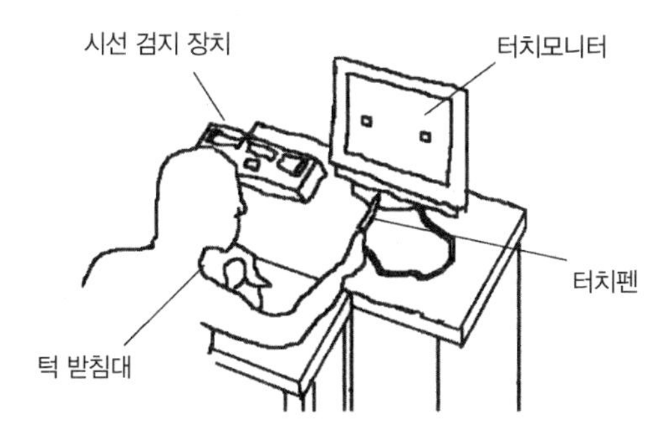

그림 7-7 시선 검지를 사용한 능동·수동 행동의 전도 실험. 모니터에 나타난 사각형 중 하나를 자유롭게 터치하지만 경우에 따라서는 시선 검지 장치에 의해 그 선택이 예측되고 모니터에 그 예측이 반영된다.

구하고 전등에게 유도되고 있는 듯 느낄 것이다. 이때 운전자는 데자뷔를 느끼는 것 아닐까? 이것이 최초의 발상이었다.

대학원생인 와카쓰키 준이치로(若槻淳一郎, 현재 무로란공업대학 PD)는 이 실험계를 보다 단순화해서 실험을 행했다. 실험은 오사카대학 공학부의 이시구로 히로시(石黒浩) 교수, 미나토 다카시(港隆志) 박사와의 공동연구로 실현되었다. 문제는 시선 검지를 고속으로 실행하는 것이었지만 이는 이시구로 교수의 협력을 받아, 그럭저럭 시선 검지가 가능한 실험계가 되었다. 실험은 <그림 7-7>에 나타난 형태로 도입되었다. 피험자는 터치모니터 앞의 턱 받침대에 턱을 올리고 얼굴의 위치, 눈의 위치를 고정한다. 이 단계에서 눈을 모니터의 중앙, 모서리 등으로 이동시켜서 시선 검지 장치를 조정(調整)해 둔다. 이 상황에서 터치모니터에 도형이 나타나고 피험자는 지시된 대로 터치모니터에 접촉한다. 전술한 운전 조작과 마찬가지로 피험자는 이 자유로운 선택에 임하여 선택하려고 의도한 방향으로 순간 눈길을 보낸다. 이것을 시선 검지 장치가 파악하여 선택할 도

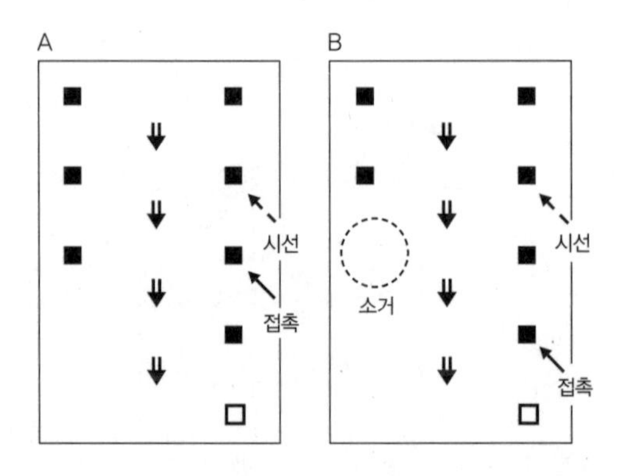

그림 7-8 시선 검지를 사용한 능동·수동 행동의 전도 실험에서 기준 실험 (A)와 본 실험 (B). 시선은 피험자 시선의 움직임, 접촉은 피험자의 터치펜이 터치모니터상의 도형에 접하는 것을 의미한다. 소거는 예측해서 시선을 떨어트리지 않았던 사각형을 터치 이전에 없애는 것을 의미한다.

형을 예측한다. 이 예측값을 터치모니터상의 영상에 반영함으로써 자유로운 선택임에도 불구하고 그렇게 하도록 강제되고 있다는 수동감을 만들려고 하는 것이다.

터치모니터에는 실제로 두 사각형이 나타난다. 피험자는 이 중 하나를 자유롭게 터치펜으로 접촉하도록 지시받는다. 피험자가 한편을 접촉하면 선택되지 않았던 다른 한편이 사라지고 접촉한 쪽은 흰색 사각형으로 변한다(그림 7-8A). 그다음 모든 도형이 사라져 하나의 시행이 종료한다. 이것이 기준 실험이고 수동·능동의 전도조건에 대한 대조 실험이 된다. 수동·능동의 전도는 전술했듯이 시선 검지 장치를 사용해 실현된다. 피험자의 시선이 선택하려는 사각형을 응시하는 찰나(이것은 어떤 단위시간으로서 설정한다), 이것을 계산기로 보내고 선택되지 않는다고 예측된 사각형을 피험자가 터치하기 이전에 없애 버리는 것이다(그림 7-8B). 피험자는 자발적으로 자신의 의지로 선택한 셈이지만 접촉하려고 하는 사각형이 하나로 됨으로써 '선택하도록 강제되고 있다'는 착각을 느끼게 된다. 의식적으로 골라 접촉하려고 하는 시점에서는 사각형은 하나로 되고 선택이라는 개념 자체가 붕괴하기 때문이다. 이리하여 기준 실험은 능동적 선택을, 본 실험에서는 수동적으로 전도시킨, 정확히는 능동 내에 중주(重奏)적으로 구성된 수동적 선택을 도입한 셈이다.

기준 실험도 본 실험도 우선 피험자 앞에 두 개의 도형이 출현하고 마지막에는 접촉한 사각형이 흰색이 되어 하나의 시행이 끝난다. 각 시행에서 피험자는 두 개의 사각형이 출현해서 하나가 흰색이 되기까지 걸리는 시간을 숫자로 보고하도록 요구받는다. 각 피험자에게 부과되는 실험은 이 시행을 몇 번이나 반복한다. 피험자마다 시행 전체의 몇 할인가가 본 실험, 나머지가 기준 실험이 되고 그 순서는 무작위로 설정된다. 따라서 피험자는 어떠한 순간에 수동으로 전도가 일어나는지 알 수 없다. 결과는 수동으로 전도가 일어날 때 상대적으로 시간을 같게 느낀다는 것으로, 감정 결과 유의미한 차이를 얻었다. 우리는 당초 데자뷔 감각을 체험하기를 의도했지만 거기까지 효과는 기대하지 않았다. 그러나 선택하려고 한 찰나 다른 쪽이 사라져 선택을 강요받는 체험은 기묘한 위화감을 야기한다(그 정도는 피험자에 따라 다르다). 그 결과 주관적 시간 간격에 차이가 있음은 명백했다.

이 실험에서는 이 장 1절에서 기술한 자유낙하 실험과 마찬가지의 결과가 나왔다. 양자를 비교할 때 자유낙하 체험에서 중요한 요소는 공포 체험이 아니라 피험자가 능동성이 배제되고 자신은 어떻게 할 수도 없는 상황으로 내던져지는 것, 철저하게 수동적 상황에 놓이는 것이리라고 생각된다. 이 장에서 우리는 주관적 시간의 단축, 인과 관계 역전 지각의 원인으로 생각되는 몇 가지 관점을 살펴보았다. 첫 번째로 공포 체험, 두 번째로 반복(적응), 세 번째로 자발성, 그리고 네 번째로 우리의 수동·능동 전도 실험에서 등장한 능동성, 수동성이 있다. 특히 스테트슨과 이글먼의 인과 역전 지각 실험에서는 자발적 반복의 중요성이 제시되었다. 또한 지금 여기서 첫 번째 공포 체험은 실은 능동·수동의 전도가 본질이라고 주장된 셈이다. 따라서 바야흐로 주관적 시간의 원인으로서 첫 번째 자발적 반복, 두 번째 능동과 수동의 전도, 도합 두 개의 요인에만 초점이 맞춰진다.

여기서 독자는 자발성과 능동성의 차이에 주의해 주었으면 한다. '자발성'은 '내가 나의 의지로 행동할 때 그것은 자발적 행위가 된다'라 할 때 나의 자유로운 의지가 나에게 고유하고 내 안에 있다는 것이 전제되어 있었다. 그것은 세계의 존재 양식, 환경의 존재 양식과는 무관계하게 지정되었다. 그렇다면 자발성을 부정(否定)할 때만, TMS등에 의한 외부로부터의 제어가 도입된 것이다. 이 장에서 내가 몇 번이나 언급한 문제는 이 '나'의 자명성에 대한 회의였다. '내가 나의 의지로 행동한다'라는 현상도 또한 나에게 지각된다. 다시 말해 이 세계에서 성장하고 지각을 훈련해 온 나에게 지각된다. 그렇다면 내 안에 이미 반복, 적응은 분리하기 힘든 형태로 침윤되어 있다. '외부로부터의 작용이 없는 한 나는 자발적으로 행동할 수 있다'는 더 이상 자명하지 않고 그렇게 지각하는 세계에 내가 당면 적응하고 있는 한에서의 자명성이 된다.

내가 든 능동성, 수동성은 모두 나와 외부환경이 조정(調整)될 때 성립한다. 자발성, 비자발성은 나와 세계를 분리하고 난 다음 세계로부터 오는 작용의 유무에 의해 명확하게 정의되었다. 능동성은 내가 자발적으로 선택하는 것과 차이가 없는 듯 생각된다. 그러나 그 대개념인 수동성(으로 전도된 실험)과 비자발성의 차이 때문에 능동성과 자발성의 상이점이 명백해진다. 수동으로 전도된 환경에서 피험자인 내가 하는 것은 능동적 환경과 전혀 다르지 않다. 스스로 선택하고 선택한 것과 접할 뿐이다. 단, 선택하려고 하지 않은 것이 사라짐으로써 나의 선택이라는 개념 자체가 쓸모없어진다. 환경이 변화함으로써 자발성이 무너져 간다. 수동성으로 전도되는 것은 수동 조건을 설정하면서 실은 자발성이 자발성을 자명한 것으로 할 수 있는 특정 환경에서만 성립하는 것이라는 사실을 개시한다. 자발성-비자발성의 대립 도식에서 '나'는 전제되고 '나'의 행동을 방해하지 않는다, 방해한다에 의해 대립 조건이 성립된다. 이에 비해 능동성, 수동성의 대립 도식에서는 이 쌍이 '나'의 성립의 정도로만 상관을 갖는다. 능동적이라 할 때 '나'의 존재에 의문이 없고, 수동적일 때 능동성의 성립 기저뿐만 아니라 '나'의 성립 기저도 해체되어 버린다.

수동적 상황으로 전도되는 것은 '나'의 해체를 의미하고 명시적 지시의 해체를 의미하며 전경에서 배경으로 전도되는 것을 의미한다. 여기서 말하는 전경에서 배경으로 전도되는 것이란 2장에서 논한 의식되는 2할, 남은 8할의 예에서 말하는 전경과 배경이다. 나는 2장에서 전경의 지정이 명확한 경계, 완료, 과거의 지정을 시사하고 배경으로 회수되는 것이 비일정한 것으로 회귀하기, 결정되지 않는 것으로, 미래로 지향하기를 시사한다고 논했다. 능동-수동과 전경-배경의 대비는 주관적 시간 해독을 도와준다. 시간 지연을 의식하고 그것을 대상화, 전경화할 때 나의 운동과 시간 지연은 동기하고 그 사이의 시간이 무화된다. 수동적 상황에 내던져졌을 때 대상화, 이미지화는 성립하지 않고 주관적 시간은 배경 그 자체 내에 내던져진다. 이것이 주관적 시간의 신장에 기여하고 있는 것은 아닐까? 만약 그렇다면 주관적 시간의 신장과 분해 능력의 향상이 무관계하다는 것도 수긍할 수 있다. 수동적 상황으로 내던져졌을 때 의식적인 대상화는 거의 작동하지 않을 것이다. 의지적인, 명시적 정보의 증대는 오히려 기대할 수 없다. 그러나 대상화되지 않아 의식에 떠오르지 않는 정보에 대한 뇌의 접속은 오히려 향상되지는 않을까?

무의식적 기억에 관해서는 다양한 실험이 고안되어 있다. 예들 들어 보자. 우선 피험자에게 예컨대 영단어 cup(컵), table(테이블), flower(꽃), obesity(비만)……등 몇 개의 단어를 기억시킨다. 그 뒤 기억의 체크라 하여 목록에 있는 단어에서 기억한 것을 골라 체크해 달라는 지시를 피험자에게 내린다. 목록에는 cup, table 등의 정답에 reed(목관악기의 취구, 리드)라는 단어도 섞여 있다. 여기서 reed의 역할은 단순한 장애물이라는 점에 주의했으면 한다. 그다음부터가 잠재기억에 관한 본래의 실험이 되는데, 기억 실험이라 칭한 실험을 행하고 수시간 뒤, 수일 뒤에 리드라는 단어를 써 달라고 음성만으로 지시하는 것이다. 영어권 사람은 리드라 들으면 곧 read(읽다)를 상기한다. 따라서 통상이라면 read라 쓴다. 그러나 전술한 기억 실험을 경험한 피험자의 대부분은 reed 쪽을 써버린다. 기억 대상과는 무관계한, 단순한 배경으로서의 단어가 무의식중에 기억에 남아 있다는 것이다. 자유낙하 실험이나 우리의 능동·수동 전도 실험에서는 그러한 무의식적 기억, 말하자면 배경적인 기억을 조사해야 한다. 여기서는 다음과 같은 실험을 제안할 수 있을 것이다. 낙하하는 동안 피험자는 지각 정밀시계를 바라본다. 그러나 그 배경으로서 지상에 있는 스누피 복장이 시야 가장자리에 들어온다. 물론 피험자는 스누피 따위는 의식적으로 기억하고 있지 않다. 하지만 자유낙하 후, '당신의 집에 스누피나 미키마우스가 방문했다고 합시다. 어느 쪽이라고 생각합니까' 하고 물으면 피험자는 '무슨 바보 같은 소리냐' 하고 생각하면서도 스누피라고 답해 버린다. 그러한 무의식적 기억의 향상이 있지는 않을까?

수동-능동이라는 대개념은 자발성과 적응만이 아니라 '나'의 성립과

정도 포함하는 상황 설정이 된다. 그것은 주관적 시간의 수축·신장의 해독에 본질적 역할을 행하는 듯하다. 그렇지만 스테트슨과 이글먼이 제시한 인과 관계 역전 지각은 다른 시간 축의 배열성과 그 상대적 이동을 시사하는 것이었다. 시간 축의 상대이동과 신축·신장은 다른 메커니즘일까? 다음 절에서는 이 문제를 A계열, B계열의 조정을 통해 해독해 보자.

5. A와 B의 조정이 만드는 시간신축과 인과 관계의 전도

주관적 시간의 수축, 신장을 현재의 신축이라는 관점, 즉 B계열과 A계열의 조정이라는 관점에서 논하고자 한다. 여기서는 A계열, B계열을 추상적 개념이 아니라 뇌 속의, 어떤 종류의 실재하는 구조라 생각하자. B계열은 감각기관으로 받아들인 정보를 배치하고 사건의 계열로서 구축되는 기억구조이다. A계열은 이 사건의 계열에 시간 양상이라는 해석을 주고 현재, 과거, 미래로서 생성된 구조이다. 이렇게 생각할 때 B계열이 관찰자인 '나'와 독립적으로 존재하는 불변 구조일 수 없고, A계열과 함께 변화해 간다고 생각하는 것이 오히려 자연스러울 것이다. 여기서 B계열로서 상정되는 계열은 항상 뇌에 의해 예기되고 끊임없이 만들어지는, 아직 지각되지 않은 계열도 포함한다.

이 B계열의 한 점을 현재로서 지정하는 것이 A계열을 개설할 터였다. 그러나 앞 장에서 살펴봤듯이 현재의 한 점을 지정하는 것과 한 점 내에서 사건의 집합을 읽어들여 현재를 팽창시키는 것은 구별할 수 없다. 오히려 현재는 팽창, 복수의 사건에 의해 구성되는 순서 구조이고 동시에 이 구조를 축퇴(縮退)해서 점이 됨으로써 새롭게 팽창하는 계기를 이룬다. 단, 팽창하고 또 점으로 축퇴하는 A계열과, A계열의 내부에서 성장하고 집합으

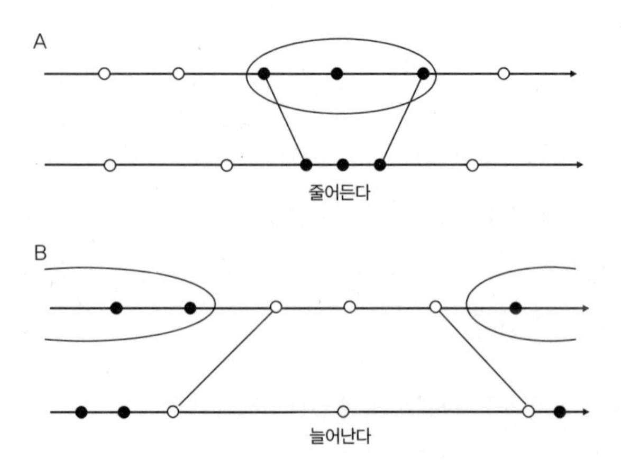

그림 7-9　A계열 및 B계열의 조정 결과 얻을 수 있는 주관적 시간의 신축

로서 통합되며 또한 각 사건이 원소로서 지정되는 B계열 간에는 본질적인 혼동, 본질적인 교체가 있다고 생각된다. 그것이야말로 A계열 및 B계열 사이의 조정이었다.

이상의 사항에 주의해서 우선 시간의 수축, 신장에 관해 생각하자. A계열과 B계열의 조정은 A계열이 야기하는 B계열과 B계열이 야기하는 A계열을 정합케 한다. 앞 장에서는 그것이 사건집합 내에 사건집합을 야기하고 데자뷔적 구조를 야기한다고 시사했다. 즉, 어떤 원소는 집합과 혼동되고 집합으로 변화한다. 역으로 사건집합이 원소와 혼동된다면 사건집합의 일부가 원소로 변화할 수도 있다. 이 상황에서 시간의 수축, 신장 일반을 생각할 수 있을 것이다.

<그림 7-9>는 이미 B계열이 집합에 의해 편가름된 것 중 몇 개가 원소로 축퇴한 계열을 나타낸다. 따라서 어떤 사건은 통합되어 어떤 시간 양상의 단위로서 지각되고, 다른 어떤 사건은 벌거벗은 시간인 채 지각된다.

편가름되고 같은 시간 양상에 있다고 지각되는 것은 내부의 시간적 차이를 무효화 한다. 그것이야말로 사건 편가름의 의미이기 때문이다. <그림 7-9A>에서 중앙부근에 위치하는 사건이 편가름되고 대상화되어 현재를 구성한다. 단, 화살표는 시간의 방향을 나타낸다. 복수의 사건이 현재라는 찰나를 구성하고 이것들이 동기하고 있다고 간주됨으로써 현재를 구성하는 사건 간의 객관적 시간 간극은 무시된다. 그것은 상대적으로 현재를 구성하는 시간 간극이 줄어드는 것을 의미할 것이다. 여기서 화살표의 방향에 대한 현재의 전후에 과거, 미래라는 편가름을 행해도 상관없다. 그 경우에도 현재를 구성하는 사건 사이가 수축하는 데 변함은 없다.

시간 신장의 예가 <그림 7-9B>이다. 여기서는 우측, 좌측에 위치하는 사건군이 편가름되고 중앙 사건은 벌거벗은 사건으로서 현전한다. 편가름이란 대상화, 전경화이고 능동적인 지각이었다. 이에 비해 벌거벗은 지각은 배후적, 배경적, 수동적인 지각을 의미한다. 우리는 통상 자기 자신을 세계에 대해 능동적으로 작용할 수 있는 주체라고 생각한다. 그런 한에서 통상 이러한 수동적인 벌거벗은 사건 지각은 곤란하다. 그렇다. 바로 자유낙하 실험과 같은 상황이 <그림 7-9B>와 같은 상황이라 생각된다. 자유낙하에서 '나'는 이미 자신은 어떻게 할 수도 없는 상황, 철저하게 수동적인 상황에 내던져진다. 실험 자체를 생각해 보자. 스스로 자유낙하 체험을 한 뒤 피험자는 자신의 자유낙하 체험을 상기하고 주관적 시간을 평가했다. 이때 피험자는 자유낙하 전후에 관해 그 경험을 대상화할 수 있을 터이다. 자유낙하 전 그는 스스로의 의지로 엘리베이터에 올라타서 철탑 위까지 올라갔기 때문이다. 마찬가지로 자유낙하 체험 뒤 지면에 발을 대고, 스스로의 의지로 걷고, 결과를 명확하게 보고한다. 양자 사이에 있는 자유낙하 체험만이 대상화하고 해석하며 의미를 부여하는 것을 거부하는 체험 그 자체=사건 그 자체인 것이다. 그것이 철저하게 수동적인 벌거벗은 사건의 의미이다.

따라서 자유낙하 체험에서 자유낙하의 전후만이 대상화되고 편가름되며 이전의 군에 동기되어 그 내부의 시간이 수축한다. 자유낙하 이전, 이후 양자에서 시간이 수축함으로써 상대적으로 자유낙하에 있던 벌거벗은 시간 계열은 신장한다. 이리하여 자유낙하 체험에서 주관적 시간은 신장한다. 그렇게 설명할 수 있다.

A계열과 B계열의 혼동으로, 즉 집합과 원소의 혼동으로 시간의 수축, 신장을 이해할 수 있다. 그러면 인과 관계 역전의 지각은 어떠한가? 우선 실험상황을 다시 정리해 두자. <그림 7-6>에 있던 회색 직사각형 영역의 섬광이 기준 실험에서는 키 조작 뒤에서, 시간 지연 적응 뒤에는 앞에서 지각되었었다. 이 영역에 있는 섬광이란 통상 키를 두드리는 조작과 거의 동시의 순간에 빛나는 섬광이다. 기준 실험에서 35밀리초의 시간 지연은 인간에게 지각가능한 시간의 순서(order)는 아니기 때문이다. 또한 피험자는 실험자의 신호를 받고, 어떤 시간 내에 키를 두드리도록 요청받는다. 키 조작은 항상 신호 직후에 있어서는 안 되고 시간을 넘겨서도 안 된다. 따라서 피험자는 그 순간을 가늠해서, 여기라고 짐작되는 시점에서 키를 누르게 된다. 여기에는 의지 결정의 순간이 있다. 그것은 자발-비자발인가, 능동-수동인가로 말하자면 능동적인, 의도가 발로되는 순간이다. 왜냐하면 그것은 유한의 시간 내의 어딘가에 실현되는(어떤 시간의 끝보다 앞인), 미래를 포함하고 미래의 추인을 포함한, 말하자면 반복을 함의한 것으로서만 있을 수 있기 때문이다.

즉, 각 시행은 명확한 의도의 순간을 갖는다. 이 의도의 순간 뒤 피험자는 키를 두드린다. 그리고 시행마다 거의 동시인 섬광이 주어지는 경우

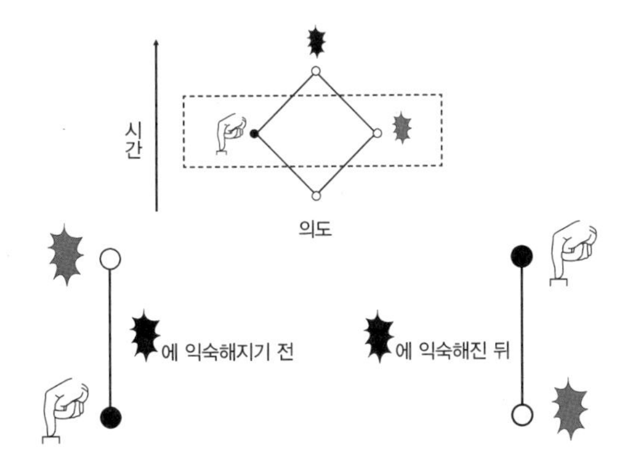

그림 7-10 스테트슨과 이글먼의 인과 관계 전도 실험의 상황. 객관적으로 키를 두드린 직후의 섬광(회색 섬광 기호)은 키 조작과 거의 동시라고 지각되는 섬광이다. 135밀리초라는 늦은 섬광은 검은 섬광 기호로 표시되었다. 명확한 시간적 선후 관계만 선으로 묶고 앞을 상대적으로 아래, 뒤를 위로 표시하면 의도, 키 조작, 직후의 섬광, 늦은 섬광은 위와 같은 순서 관계를 구성한다.

와 늦은 섬광이 주어지는 경우가 있다. 이 일련의 시행을 통해 사건에 관한 피험자의 선후 관계가 구성되고 그것이 뇌 안에서 표상되는 B계열을 부여한다. 우리가 그려내는, B계열과 A계열의 상호작용이라는 이미지는 그렇게 갖추어진다. 만약 사건이 의도의 순간 키 조작, 키 조작과 거의 동시의 섬광, 늦은 135밀리초 순서(order)의 섬광이라면 이것들에 의해 구성되는 순서 관계는 <그림 7-10> 위 그림처럼 될 것이다. 의도→키 조작→늦은 섬광 사이에는 명확한 선후 관계가 있고 키 조작과 거의 동시라고 생각되는 빠른 섬광에 관해서도 의도→빠른 섬광→늦은 섬광이라는 선후 관계를 얻는다. 그러나 점선 직사각형으로 제시되었듯이 키 조작과 빠른 섬광 사이에서 명확한 선후 관계는 결코 구성되지 않는다. B계열은 경험적인 선후 관계를 그려 내는 현재를 개설하기 위한 지침이다. 따라서 일련의 시행 경험을 통해 B계열이 선구적으로 구성되고 여기서부터

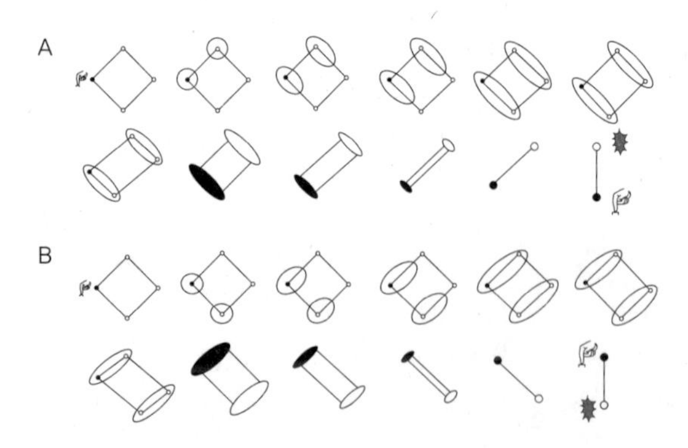

그림 7-11 경험을 통해 선구적으로 구성된 B계열로부터 적응조건에 따라 일반화된 A계열~B계열을 얻는다. A. 135밀리초의 시간 지연에 적용하기 전의 일반화된 A계열로의 변화를 나타내는 개념도. B. 시간 지연 적응 후의 일반화된 A계열로의 변화

일반화된 A계열이 생기한다. 실제로 일반화된 A계열~B계열로서 적응 환경에 따른 두 인과적 순서, 키 조작→빠른 섬광 및 빠른 섬광→키 조작은 얻어질까? 그것이 여기서 문제이다(그림 7-10).

선구적으로 생성된 B계열은 개별적인 그때그때마다 현재의 생성을 갖추고 대기하고 있다. 즉, 시행마다 현재가 만들어지고 편가름을 얻어, 일반화된 A계열이 만들어진다. 단, A계열의 구성 방식은 적응 환경에 의존할 것이다. 그것이 우리의 모델이 된다. <그림 7-11>은 일반화된 A계열이 구성됨으로써 인과 관계 지각이 전도되는 것을 나타낸다. <그림 7-11A>에서는 35밀리초의 시간 지연에 적응하는 기준 실험의 경우이다. B계열로부터 일반화된 A계열~B계열로의 변화는 상단 왼쪽에서 우측으로, 또한 하단 왼쪽에서 우측으로 진행한다. 최초의 사각형은 <그림 7-10>으로 나타낸 선구적인 B계열이다. 이제 키를 두드렸다는 '나'의 행위에서 기인하여 현재가, A계열이 어떻게 구성되는가를 생각한다. 여기서는 135밀리초 뒤의 시간 지연을 나의 키 조작과 구별된, 후속하는 사건이라고 지각한다. 거의 동시인 35밀리초의 시간 지연은 선후 관계를 지각할 수 없고 거의 동시로 지각되며, 선후 관계에 관해 무관계하다고 간주될 뿐이다. 선구적으로 준비된 B계열상에서 시간 양상이 해석되고 구성된다. 그러므로 B계열 상에서 선후 관계를 갖는 것만이 반복을 전제로 하는 예기나 과거로 소급되도록 허용되고 현재를 구성할 수 있다. 그렇다면 135밀리초의 시간 지연에 적응하기 이전에 키 조작과 동기를 취해 현재를 구성하는 사건은 키를 두드린다는 의도의 순간뿐이고, 현재는 의도와 키 조작의 편가름에 의해 구성된다.

의도의 순간과 키 조작으로 구성되는 현재는 B계열을 거칠게 낱알화하고 일반화된 A계열을 야기한다. 이때 B계열의 순서가 보존되기 위해서는 (이것은 6장에서 기술했듯이 편가름이 합동 관계를 갖는 것이다) 나머지 두 사건에 관해서도 편가름될 필요가 있다. 이리하여 빠른 섬광과 늦은 섬광이 일괄된다. 이 편가름은 B계열에 대한 해석에서 시간 양상을 부여함과 함께 거칠게 낱알화되고 기호화된 사건 계열의 선후 관계를 부여한다. 그것은 선구적인 B계열의 순서 관계를 보존하면서 군 내의 원소와 군 그 자체가 혼동됨을 의미한다. 이리하여 일반화된 A계열에서 <그림 7-11A>와 같이 키를 두드린 뒤 빠른 섬광이라는 선후 관계를 얻는다.

같은 선구적 B계열이 135밀리초의 시간 지연에 적응할 때 적응이 개시될 당초 뒤라고 간주되던 늦은 섬광과 '나'의 키 조작이 이 현재를 구성한다(그림 7-11B). 실제로 35밀리초에 적응하고 있던 상황과 마찬가지로 선구적 B계열의 순서 관계와 모순되지 않도록 일반화된 A계열이 구성되고 군과 군 내 원소가 혼동되어 일반화된 A계열~B계열을 얻는다. 기준 실험에서 키 조작은 그것보다 이전 의도의 순간으로 편가름되고 늦은 섬광이 귀속하는 또 하나의 군 이전을 구성했다. 이것과 역으로 늦은 섬광에 대한 적응에서 키 조작은 이후의 늦은 섬광으로 편가름되어 빠른 섬광이 귀속하는 또 하나의 군 이후를 구성한다. 그러므로 빠른 섬광 뒤 키를 두드린다는 순서 관계를 얻는다.

일반화된 A계열~B계열에 의해 인과 관계가 역전한다고 할 때 일반화된 현재, 시간 단위의 생성이 중요한 역할을 한다. 그것은 복수의 사건을 편가름해서 통합해 내고 하나의 (거친 낱알화된) 사건으로 축퇴하는 것이므로, 주관적 시간의 신축을 동반한다. 이글먼 등이 주장하는 것처럼 상대적 시간 축이 미끄러지는 것이 아니라 오히려 신축을 동반하지 않으면 인과적 전도는 지각되지 않는다. 이 점에 주목한다면 인과 관계의 전도 실험과 능동-수동의 전도 실험은 같은 메커니즘으로 설명할 수 있다.

인과 관계의 전도 실험은 인과 관계가 실제로는 변화하고 있지 않음에도 불구하고 그 역전을 지각시키는 것이었다. 이것과는 역으로 능동-수동의 전도 실험에서는 실제로 인과 관계를 역전시켜 이것에 의해 주관적 시간이 신축하는가를 평가했다. <그림 7-11>에서 보듯이 우리는 인과 관계의 전도를 일반화된 A계열, 즉 사건의 편가름으로 설명했지만 그것은 같은 군에 속하는 사건 간의 시간을 줄이고 다른 군에 속하는 사건 간의 시간을 늘리는 것을 의미한다. 이것에 의해 능동·수동 전도 실험은 다음과 같이 이해할 수 있다.

<그림 7-12>는 능동-수동 전도 실험의 결과를 일반화된 A계열로 설명하는 그림이다. 이 실험 결과를 설명하는 경우에도 우선 선구적인 B계열을 생각한다. 그것은 <그림 7-12A>의 우측에 있는 하세도표(단 편가름을 푼 형식)로 제시된다. 기준 실험은 이러했다. 모니터 화면 위에 두 개의 사각형이 나타나고 피험자는 그 어느 쪽을 선택해 접촉한다. 접촉한 사각

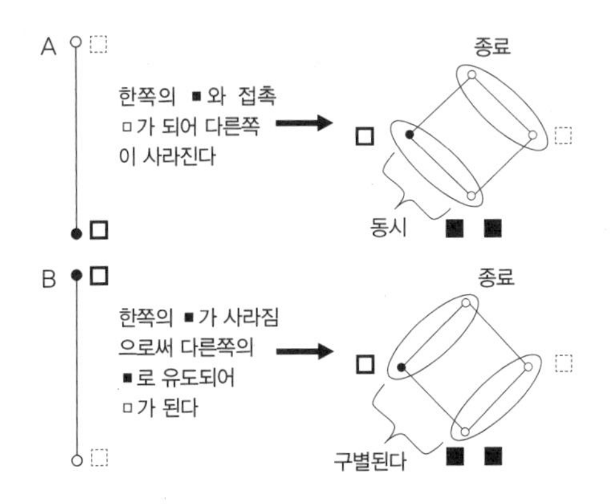

그림 7-12 능동-수동 전도 실험에서 주관적 시간수축의 설명. A. 나의 행동이 모니터 영상에 반영되는 인과 관계가 유지되고 내가 능동적인 경우. B. 나의 행동과 모니터 영상의 인과 관계가 역전되는 경우

형은 흰색으로 변하고 접촉하지 않은 사각형은 사라진다. 그 뒤 전부 사라져 한 시행이 종료된다. 피험자에게 명백한 선후 관계는 두 사각형의 제시 → 고른 사각형에 대한 접촉(흰색으로 변화) → 시행의 종료이다. 사각형에 접촉하고 그것이 화면에 반영되기까지의 시간은 충분히 짧아서 무시할 수 있다. 그런 한에서 접촉과 사각형이 흰색으로 변형되는 것은 동일시된다. 또 하나 선택되지 않은 사각형에 관한 선후 관계도 역시 두 사각형의 제시 → 선택하지 않았던 사각형의 소실 → 시행의 종료라는 순서 관계를 갖는다. 순서 관계를 명확하게 부여하지 않는 것은 고른 사각형의 변형과 고르지 않았던 사각형의 소실이다. 이상을 정리하면 <그림 7-12A> 오른쪽과 같은 하세도표를 얻는다.

기준 실험의 시행이 반복되는 한, 선택한 사각형에 접촉함으로써 선택하지 않았던 사각형이 사라진다는 지각을 가질 것이다. 그것은 일상생활을 이 세계에서 영위하는 한 일상적인 판단이다. 인과 관계의 이러한 지각이 일반화된 A계열로 인해 야기되었다고 하자. 조금 전의 인과 관계 전도 실험을 설명할 때와는 완전히 반대 경로를 더듬게 된다. 일반화된 A계열로서 <그림 7-12A> 왼쪽과 같은 순서 관계를 얻기 위해서는 선구적 B계열을 어떻게 편가름하면 좋을까? 그것이 여기서 생각해야 할 문제이다. 인과 관계 전도 실험의 논의가 그대로 사용된다. <그림 7-12A> 오른쪽 그림과 같이 분류하면 목적하던 인과 관계를 얻는다는 것은 곧 알 수 있다. 즉, 기준 실험에서는 두 사각형의 제시라는 사건과 선택한 사각형의 접촉, 변형이라는 사건이 확장된 현재라는 단위를 구성한다. 다른 한편 선택하지 않았던 사각형의 소실과 한 시행의 종료라는 사건이 또 하나의 시간 양상 단위를 구성한다.

능동을 수동으로 전도한 실험 조건에서는 사정은 어떻게 변할 것인가? 시선 검지에 의해 선택이 예측됨으로써 '내'가 원인을 주고 모니터 영상에 결과가 반영된다는 인과 관계는 역전한다. 모니터 영상에서 '선택하지 않을 터인' 사각형의 소실이 원인이 되어 나의 선택이 결과가 된다. 즉, 인과 관계의 지각은 <그림 7-12B> 왼쪽 그림과 같다. 이 경우에도 이 인과 관계를 일반화된 A계열로서 얻기 위해서는 선구적 B계열에서 어떻게 사건을 편가름해야 하는지 생각해 보자. 그를 위해서는 <그림 7-12B> 오른쪽 그림과 같이 하면 된다. 이것도 <그림 7-11>에서 사용한 군과 군 내 원소의 혼동이 그대로 사용된다. 이리하여 능동-수동 전도조건에서는 두 사각형의 제시와 선택하지 않았던 사각형의 소실이 하나의 시간 단위를 구성하고 선택한 사각형으로 접촉, 변형하는 것과 종료라는 사건이 또 하나의 시간 단위, 현재라는 시간 양상을 구성한다고 생각할 수 있다.

두 실험 조건의 차이는 B계열에 대한 분류의 차이로서 나타난다. 기준 실험 조건에서는 두 사각형의 제시와 선택 사각형의 변형이라는 두 사건이 하나의 군을 구성하고 결과적으로 양자 간의 주관적 시간은 수축하리라고 생각된다. 다른 한편 능동-수동 전도조건에서는 같은 두 사건이 다른 군에 귀속하고 구별된다. 그 결과 양자 사건 간의 주관적 시간은 상대적으로 신장하리라고 예상된다. 이 결과는 확실히 실험 결과와 일치한다. 이리하여 일반화된 A계열로서 인과 관계의 지각을 생각할 때 주관적 시간의 신축을 잘 설명할 수 있음을 간취할 수 있다.

6. 객관적 · 주관적 상황의 구별과 혼동

우리가 제시하는 A계열-B계열의 조정-혼동에 의한 시간모델은 추상도가 높은 개념적인 모델이다. 그러나 주관적 시간 생성에 관하여 실험 결과와 조합할 수 있게 해 주는 모델이다. 이 장에서 든 주관적 시간에 관한 인지실험은 리벳의 실험에 대한 재평가를 계기로 해서 주관적 시간이야말로 '나'의 본질이리라고 생각하는 최근의 연구 동향을 나타낸 것이다. 여기에서는 세계에 대한 '나'의 관계방식, 반복의 존재 양식이 인과적 순환을 야기하도록 기획된다. 그럼으로써 주관적 시간의 신축, 시간적 순서 관계의 역전 지각 등이 실험적으로 파악되었다. 그러한 주관적 시간의 생성, 순서지각 이해의 배후에 있는 것은 감각기관으로 막 입력된 생(生)정보와 이것을 변형하고 해석한 끝에 출현하는 나의 지각의 구별이다. 말하자면 뇌 속에서 생 정보라는 객관 이미지와 최종적 출력인 주관 이미지가 구별된다고 생각된다. 그다음 객관 정보로부터 주관 정보로 변환되는 특정 양식이 상정되고 그것이 주관적 시간을 생성하는 메커니즘으로 간주된다.

객관적 정보와 주관적 정보를 구별하고 계층적인 정보 처리 과정을 병렬적으로 실행한다. 이러한 이미지는 대부분의 계산기 프로그램이 채용하는 정보 처리 과정의 이미지이기도 하다. 어떤 층위의 프로그램 일부가 기호화되고 함수화된다. 그 구체적 내용은 보다 하위 층위에서 기술되지만 해당 층위에서는 어떤 종류의 기호로서 사용된다. 물론 해당 층위에서 이 기호를 구체적으로 사용할 때는 하위 층위의 구체적 프로그램을 하나하나 참조해서 계산한다. 여기서는 계층과 계층 간의 주고받음이 존재한다. 그러나 이러한 정보처리 과정에는 계층 간의 상호작용이나 간섭은 존재하지 않는다. 만약 존재한다면 상호작용으로 말미암아 각 층위는 변질되고 계층의 독자성도 잃어버릴 것이다. 즉, 계층 간의 독립성이 엄격히 지켜지는 계층적 정보처리 과정에서는 결코 계층 간 상호작용은 없다.

이 책에서 제시하는 A계열과 B계열의 상호작용은 계층이 있으면서 계층 간의 혼동이나 상호작용을 허용하는 정보 처리 과정을 의미한다. B계열로부터 얻어지는 일반화된 A계열은 어떤 정보 처리 과정의 일부가 편가름되고 기호화되며, 꼬리표(tag)가 되어 사용되는 과정을 의미한다. 그것뿐이라면 흔한 계산 과정과 다르지 않다. A계열과 B계열의 상호작용에서 중요한 점은 양자의 혼동이다. B계열의 해석으로서 출현한 일반화된 A계열, 시간 양상이 그 군의 내부 원소와 혼동되어 새로운 B계열로서 현전하고, 더욱더 A계열화를 재촉한다. 이 점에서 어느 것이 진정한 생(生) 객관 정보(B계열)이고 어느 것이 그 상위에 있는 해석(A계열)인지 원리적으로 분명하지 않다. A인가 B인가, 객관인가 주관인가 하는 구별은 이미 상대적인 것으로만 존재한다.

이 객관 정보와 주관 정보의 혼동을 도입할 때 우리는 주관적 시간의 신축과 인과 관계 역전의 지각을 같은 틀 아래에서 이해할 수 있다는 것을 살펴보았다. 인과 관계의 역전에 관해 운동계, 감각계에서 독립적인 시간축을 상정하고 그 상대적 이동을 상정할 필요는 없을지도 모른다. 그렇다는 것을 확실히 하기 위해서는 인과 관계의 역전이 반드시 주관적 시간의 신축을 동반할 것, 또한 어떤 사건 간의 시간이 수축할 때 다른 사건 간의 시간이 신장하고 전체로서 상대적으로 객관적 시공으로 상정된 선구적 B 계열이 변형하고 있다는 것 등을 평가할 필요가 있을 것이다. 스테트슨과 이글먼의 인과 전도 실험에서 B계열의 A계열화가 그 본질이라면 키 조작과 빠른 섬광의 순서는 빠른 섬광과 늦은 섬광 사이의 시간 길이 지각에 상관적일 것이다. 키 조작→빠른 섬광이라면 빠른 섬광과 늦은 섬광 사이의 시간은 짧다고 느끼고 빠른 섬광→키 조작으로 지각한다면 같은 시간 간극을 길다고 느끼는 것이다.

우리가 실행한 능동-수동 전도 실험은 A계열과 B계열의 혼동을 강하게 시사한다고도 말할 수 있을 것이다. 왜냐하면 그것은 말하자면 일반화된 A계열~B계열을 실험환경으로 줌으로써 B계열에 A계열을 겹치는 것이 뇌 속에서 진행 중일 가능성을 시사하기 때문이다. 스테트슨과 이글먼의 인과 전도 실험도, 능동-수동 전도 실험도, B로부터 A를 얻는 과정에 변조(變調)를 주고 후자에서는 결과로서의 A를 제시함으로써 변조를 부여한다. 어느 쪽에서 출발하는 것도 가능하다. 이것이 다른 계층의 혼동을 강하게 시사한다.

세계 내에서 사는 것은 세계를 파악하는 것, 세계에 적응하는 것이다. 그것은 나와 세계의 구별을 생성하면서 동일화하려고 하는 운동이다. 거기서부터 현전하는 대상과 그 표상이라는 구별이 발생하고 경험이 발생한다. 이리하여 현실-가능의 구별로부터 시간의 방향이 출현하고 A계열이 출현한다. 현재의 단독성이 세계에서 구상됨으로써 현재, 과거, 미래의 구별이 나타났듯이, A계열적 시간의 단독성을 옹호하려고 할 때 그것을 개설하기 위한 B계열이 출현한다. 구별은 양자의 뚜렷한 구별을 제안하지만 구별은 본래 분화이기도 하기 때문에 뚜렷이 구별할 수 없는 양의적 개념 장치가 발견되어 버린다. 그것은 뚜렷하게 구별되었다고 간주되는 A계열, B계열의 상대운동의 불가능성이라는 형태로 발견되었다. 그러나 이 책에서는 이 양의적 개념 장치가 A계열과 B계열의 혼동이라는 형식으로 도입되고 혼동되어 해소된다는, 말하자면 영원한 쳇바퀴 돌기야말로 시간의 형식이라고 제시한 셈이다. 그것은 극히 동적이고 상대적이며 취약한 개념이지만 철학적으로 구상되는 시간과 인지과학적·뇌과학적 실험에서 검증되는 종류의 시간을 결부 짓는 모델이 될 수 있을 것이다.

물론 시간이 '나'로부터 야기되는 것은 아니다. 시간의 논의를 통해 주관적 시간을 만들어 내는 '나'나 나의 의지, 자발성은 탈구축되고 '나'는 이미 해체를 내재한 형태로서만 확인할 수 있기 때문이다. 나의 의지 내에 세계성, 외부를 경유한 공공성이 침윤한다. 우리는 '나'의 개설을 시간(=시간론)을 통해 실감하고 주관·객관의 상대성과 동시에 구별의 실행성을 시간(=시간론)을 통해 육체적으로 이해하게 된다.

후기

당초 시간론 일반이나 맥태거트가 논하는 시간이 무엇을 논의하고 있는지 명확하게 감이 오지 않았다. 그것은 시간이라는 문제가 자신의 일상생활에서 그다지 절실한 문제가 아니기 때문일지도 모른다. 시간이 없다, 시간이 아깝다, 과거를 후회한다, 미래를 설계한다 등의 표현에 관해 그다지 떠오르는 바는 없었다. 오토바이로 통근할 때 정신을 차렸더니 어느새 이 교차점까지 와 있구나 하는 느낌을 받는 경우는 종종 있었다(이러한 일이 빈번히 있었으므로 운전은 그만두었다). 그때도 시간이 '어' 하는 사이에 지나쳐 갔다는 감각은 그다지 없고 오히려 자신이 어떻게 하고 있었는지를 생각할 뿐이었다. 시간과 '나'는 밀접한 관계에 있지만 나의 주의는 시간보다도 항상 '나'로 향해 버렸다.

'나'와 '생각하는 나'와 같은 양의성이 얽힌 문제, 거기서부터 출현하는 생명 시스템의 다양한 운동을 생각할 때, 맥태거트가 주장하는 B계열과 A계열의 상대운동이라는 문제는 극히 특수한 문제라고 생각했다. 그러나 이 문제의 본질이 사건을 원소로 해서 지정하는 것과 집합으로서 지정하는 것의 양의성에 있고, 바로 '현재'는 그 양의성 속에서만 개설할 수 있다고 생각하기에 이르렀을 때, 맥태거트의 문제가 시간에 머무르지 않는 극히 보편적 문제라는 것을 깨달았다. 그리고 존재와 규정 작용을 동반하는 존재의 양의성이라는 문제에 있어서 이만큼 비본질적인 부분을 제거한, 또 더할 것도 뺄 것도 없는 형태가 달리 있을까 생각하게 되었다.

시간이란 변화이다. 그것을 나타내기 위해서는 운동체와 그 운동을 지정하기 위한 토대, 공간이 필요하다. 이것뿐이라면 도로를 달리는 차를 상상하면 된다. 내가 현재라는 차에 탔다고 하자. 잇달아 다가와서 지나쳐 가는 풍경을 미래가 현재를 경유하여 과거가 된다고 생각하면 시간을 이해할 수 있을 듯한 기분도 든다. 대지를 달리는 차의 경우 내가 차에 탔는가, 차의 밖에 섰는가는 명확하게 분리할 수 있다. 시간에 관해서는 어떠할까? 현재의 밖에 서는 것은 원리적으로 불가능하다. 그럼에도 불구하고 현재가 향수하는 변화는 토대를 필요로 한다. 말하자면 차 밖에 나온 적이 한 번도 없는 자가 외부 전체를 보고 파악하듯이 하지 않으면 향수하고 있는 변화를 이해할 수 없다. 그것은 차 속에 있는 나에게 있어서 차의 밖과 안을 명확하게 구별 가능하다고 상정하면서 실제로는 자신이 향수하는 '지금'이 안에 있는지 밖에 있는지 불분명하게 됨을 의미한다. 안과 밖을 구별하면서 그 구별이 동시에 역전됨을 받아들이는 것. 시간의 문제는 이러한 문제 일반의 최소화된 형태를 준다.

시간에서부터 시계를 생각한다는 방향성이 발견될 것이다. 시간은 철학적이고 심원한 문제지만 시계는 주기진동이 가능하면 되고 기계적이고 단순한 문제라 생각된다. 시간론까지 거슬러올라가 시계를 생각할 필요 따위는 없는 듯 생각된다. 그렇지만 생물 시스템에서 발견되는 분자시계는 시간에서부터 생각해야 할 시계의 문제를 제시한다.

생물은 태양의 운동에 동조하는 생활을 영위하고, 거의 24시간 주기로 활동한다. 이것을 개일주기(Circadian rhythm)라 한다. 최근 개일주기에 관해 단백질 층위의 메커니즘이 판명되었다. 나고야대학 곤도 다카오(近藤孝男) 교수 등의 연구팀은 남조류에서 카이 단백질의 인산화-탈인산화 상(相)의 주기진동이 개일주기의 본질적 메커니즘이라는 것을 밝혀냈다. 이 주기진동은 시험관 내에서 실현할 수 있다. 이것이 중요한 점이다. 이 주기진동은 촉매를 통해 인산화상에서 탈인산화로, 다른 접촉을 통해 탈인산화상에서 인산화상으로 반응이 진행한다. 인산화상에 있는 카이 단백질의 농도는 완만하게 변화하고 주기진동을 나타낸다는 것이다.

이 반응에 기초해서 추측하면 인산화상에 있는 카이 단백질과 탈인산화상에 있는 카이 단백질은 신속하게 일정 비율로 혼재하는 균형 상태에 이르고 그것이 계속 유지되는 듯 생각된다. 즉, 진동은 일어나지 않는다. 진동을 일으키기 위해서는 이 반응을 방해하는 메커니즘이 필수적이다. 반응이 세포 속에서 진행한다면 카이 단백질의 양은 유전자에 의해 제어되고 이것이 반응의 방해 작용을 형성할 수 있다. 그러므로 이 주기진동은 세포 속에서가 아니면 일어나지 않으리라고 생각되었다. 그러나 주기진동은 시험관 내에서 가능했다. 유전적 제어는 필요없었다. 그러면 무엇이 방해 작용을 구성하고 주기진동을 실현하는 것일까?

수많은 모델이 제안되었다. 첫 번째로 방해 작용이 뭔가 다른 생화학 물질에 의해 도입된다고 가정하는 모델. 그러나 이것들은 거의 부정(否定)된 듯하다. 두 번째로 단백질 한 개(단량체monomer)의 층위와 집합체나 중합체의 층위라는 두 층위를 생각, 두 층위의 반응에 대한 전환으로 방해 작용을 형성하고 진동을 실현하려고 하는 것이다. 예컨대 단량체 층위에서는 일방적으로 인산화가 진행되지만 이 반응이 진행됨과 함께 응집이 진행, 중합체가 되면 역으로 탈인산화가 일방적으로 일어난다고 한다. 또한 중합체에서 탈인산화가 어느 정도 진행하면 흩어져서 단량체가 된다고 생각한다. 이때 중합체화가 진행함으로써 카이 단백질 전체가 인산화할 때까지 탈인산화는 대기하게 되고 역으로 중합체가 인산화를 방해하여 전체를 천천히 탈인산화하게 된다. 어떤 경우에는 단백질의 개체적 성격이 반응에 기여하고 다른 경우에는 집단으로서의 성격이 기여한다. 이것이 진동을 만든다는 것인데, 진동을 실현하기 위해서는 너무나도 설명하기 편리한, 층위의 전환을 상정하는 셈이다. 이것은 극히 자의적인 가정일 것이다.

지금 기술한 두 번째 모델은 그래도 개체 층위, 집단의 층위라는 두 층위의 조정(調整)이라는 관점을 제공한다. 집단은 개체가 존재하는 환경을 의미한다. 따라서 그것은 운동 담체(担体)와 그 토대의 관계에 다름없다. B계열과 A계열의 상대운동이라는 틀을 여기서 발견할 수 있다. 시간에 있어서 양자의 상대운동을 소박하게 실현할 수 없듯이, 시계(주기진동)에서도 두 층위를 소박하게는 전환할 수 없는 것은 아닐까? 실제로 그렇다. 그것을 나타내는 현상이 단량체 셔플(shuffle)이다. 중합체(여기서는 육량체hexamer)를 만들고 집단으로서의 운동을 보이면서, 집단을 구성하는 개체가 인산화상에 있는 집단과 탈인산화상에 있는 집단 사이에서 교환된다. 두 층위를 상정하고 그 전환을 상정하면서 층위의 구별이 역전되고 있다.

이 상황은 상정되는 층위가 실재한다고 말할 수 있는지 없는지 분명하지 않다는 점에서 곤란하다. 이 비일정성은 원리적인 것이다. 집단과 개체의 층위에 관해 개인과 정당의 비유로 생각해 보자. 두 대립 정당 X와 Y

가 있다고 하자. X의 당원을 셀 때 개인의 당에 대한 신뢰나 애착의 정도는 무시되고 전부 같은 당원으로서 셀 수 있다. 당이 행사하는 압력은 개인의 행동을 제약한다. 그러나 당원인 한 개인은 개인으로서 각각 정당을 바꿀 가능성을 갖고 당칙과 독립적으로 행동할 수 있다. 그런데 당원의 수가 일정 비율 이하일 때 당칙이 기능하지 않고, 어느 쪽이냐 하면 개인의 선택으로 다른 정당으로 이동한다고 하자. 그러나 한쪽 정당이 커지기 시작하면, 정당의 분위기나 당의 구속 강화를 선호하는 경향이 높아지고 성장이 가속화한다. 그렇지만 한쪽이 너무 커지면 독재를 우려해서 당의 구속을 무시하고 개인으로서 다른 당으로 옮기게 된다. 집단으로서, 개인으로서 의사결정이 이렇게 전환된다면 정당 인구는 진동할 것이다.

개인이기도 하고, 정당원이기도 하다는 양의성은 이렇게 편리하게 분리 가능할까? 집단으로서 크게 기여한다는 것은 개인이 동기한다는 것을 의미한다. 동기 같은 것이 실현되어 있는 것일까? 아니, 각각의 개인에게 있어서조차 자신의 결단이 개인적인 선택인지 집단의 효과인지 명확하게 판정할 수 없지 않을까? 더욱이 이 현상을 관찰하고 진동을 모델화하는 관찰자는 알 수 없다(아니, 누구도 알 수 없다). 관찰자는 집단 층위, 개인 층위의 선택을 자의적으로 구별할 수밖에 없다. 그러므로 기술되는 현상과 기술의 어긋남은 원리적으로 피할 수 없다. 여기에 층위의 구별이 끊임없이 뒤집히는 이유가 있다.

관찰자의 모델에 따라 지금 정당 X가 커지기 시작하여 집단으로서의 제약이 X의 성장에 기여할 때라고 하자. 제약에 의해 이 시기에 일단 X당원이 된 사람은 Y당원은 되지 않을 것이다. 그러나 실제로는 X당원은 개인으로서 Y당으로 신속하게 옮기고 다시 X당으로 신속하게 돌아간다. 단량체 셔플이란 그러한 현상이다. 관찰자가 층위의 전환을 잘 상정해서 진동을 기술하려고 할 때 관찰자는 분자의 동기를 가정한다. 관찰자의 자의적인 동기 가정과 현실의 어긋남이 단량체 셔플로서 현전한다.

단량체 셔플은 진동을 실현하기 좋은 층위의 전환을 경우에 따라서는 파괴하는 듯 생각되기도 한다. 그러나 임의의 층위 전환이 자의적인 것이다. 임의 층위의 전환이 출현하고 이것이 끊임없이 뒤집힌다. 이때 진동은 출현하는가 하는 물음이야말로 생각해야 할 물음이다. 여기에 시간에서부터 시계를 생각한다는 문제가 있다.

집단의 층위와 개체 층위 양자를 생각한다 할 때, 개체 층위에서 모든 것을 망라하면 충분한 듯 생각된다. 분자시계와 같은 현상의 경우 물질의 농도 변화로서 진동을 기술한다. 그것은 아보가드로 수(數) 오더(order)라는 방대한 수의 분자를 몰개성화하고 요동의 효과를 무시할 수 있다는 것을 의미한다. 소수(少數) 분자 집단이라면 한 분자 한 분자마다 실제 움직임이 문제가 되고 요동의 효과도 크다. 이것을 무시하고 거칠게 보는 것이 문제이므로, 미시적(micro)인 개체의 층위로 되돌아와서 이것을 전부 망라하면 된다. 그렇게 생각된다.

그러나 개체 층위가 관측하고 실재한다고 상정하는 것에 오류는 없을까? 적어도 정당을 선택, 판단하는 예의 경우 사회성과 완전히 독립적으로 상정 가능한 개인의 선택 같은 것은 있을 수 없다. 즉, 개체 층위란 이미 집단 층위를 혼재시킨 층위임에도 불구하고 개체 층위로서 상정되는 것이다. 물론 집단 층위는 개체 층위로부터 분리될 수 없다. 두 층위는 어느 것이나 독립적으로 상정되면서 이미 다른 쪽을 서로 포함하는 것으로 상정된다. 그러므로 층위 간의 조정으로서 현상은 기술되고 또한 그것은 층위의 해체를 포함한다.

시간에서부터 시계를 발상한다. 그렇게 함으로써 이 책에서 발견한 데자뷔나 인과 관계 역전 지각의 구조가 분자 층위의 현상에서도 발견될 것이다. 그것은 물질현상 내에서 어떤 종류의 시간을 지각하는 주체, 변화를 인식하는 관측 담체를 발견하는 것에 다름없다.

참고문헌

■ 1장

Bergson, H. *Matière et mémoire*, PUF, 1896[『物質と記憶』, ベルグソン全集 2, 田島節夫 訳, 白水社, 2001].

Blanke, O., Landis, T., Spinelli, L. and Seeck, M., "Out-of-Body Experience and Autoscopy of Neurological Origin, *Brain*, 127, 2004, pp.243~258.

Brown, A. S., *The déjà vu Experience: Essays in Cognitive Psychology*, New York: Psychology Press, 2004.

Delueze, G., *Différence et répétition*, PUF, 1968[『差異と反復』, 財津理 訳, 河出書房新社, 1992].

_______, "La conception de la différence chez Bergson", *Les Études Bergsoniennes* IV, PUF, 1956[『差異について』, 平井啓之 訳, 青土社, 1989].

_______, *Le Bergsonisme*, PUF, 1966[『ベルグソンの哲学』, 法政大学出版会, 1974/1981].

Deleuze, G. and Guattari, F., *Qe'est-ce que la philosophie?*, Minuit, 1991[『哲学とは何か』, 財津理 訳, 川出書房新社, 1997].

Ehrsson, H. H., "The Experimental Induction of Out-of-Body Experience", *Science*, 317, 2007.

Krugman, P., "Baby-Sitting the Economy", *Slate*, 14, August, 1998.

_______, *Peddling Prosperity: Economic Sense and Nonsense in an Age of Diminished Expectations*, W. W. Norton & Company, 1995[『経済政策を売

り歩く人々』, 北村行伸 · 妹尾美起 訳, 日本経済新聞社, 1995].

_______, *The Accidental Theorist: And Other Dispatches from the Dismal Science, Expectations*, W. W. Norton & Company, 1998[『グローバル経済を動かす愚かな人々』, 三上義一 訳, 早川書房, 1999].

Leggenhager, B., Tadi, T., Metzinger, T. and Blanke, O., "Video ergo sum: Manipulating Bodily Self-consciousness", *Science*, 317, 2007, pp.1096~1099.

Markopoulou, F., "The Internal Description of a Causal Set: What the Universe Looks like from the Inside", *Comm, Math. Phys*, 211, 2000, pp.559~583.

McTaggart, J. E., "The Unreality of Time", *Mind, A Quarterly Journal of Psychology and Philosophy*, 17, 1908, pp.456~473.

上野修, 『精神の眼は論証そのもの: デカルト, ホッブズ, スピノザ』, 学樹書院, 1999.

_______, 「意志と意図, あるいは責務の時間」, 『山口大学文学会誌』 53, 2003, 89~97頁.

植村恒一郎, 『時間の本性』, 勁草書房, 2002.

安富歩, 『貨幣の複雑性: 生成と崩壊の理論』, 創文社, 2000.

養老孟司, 『まともバカ, 目は脳の出店』, 大和書房, 2006.

入不二基義, 『時間は実在するか』, 講談社現代親書, 2002.

■ 2장

Brown, A. S., "A Review of *The déjà vu Experience*", *Psychological Bulletin*, 129(3), 2003, pp.394~413.

_______, *The déjà vu Experience: Essays in Cognitive Psychology*, New York: Psychology Press, 2004.

Burnham, W. H., "Memory, historically and experimentally considered. III. Paramnesia", *American Journal of Psychology*, 2, 1889, pp.431~464.

Gilovich, T., *How We Know What isn't So: The Fallibility of Human Reason in*

Everyday Life, New York: The Free Press, 1991『人間この信じやすきモの』, 守一雄 · 守秀子 訳, 新曜社, 1993].

Gloor, P., *Experimental Phenomena of Temporal Lobe Epilepsy: Facts and Hypotheses*, *Brain*, 113, 1990, pp.1673~1694.

_______, *The Temporal Lobe and Limbic System*, New York: Oxford University Press, 1997.

James, W., *The Principles of Psychology*, New York: Henry Holt, 1890.

Schacter, D. L., *Searching for Memory: The Brain, the Mind and the Past*, New York: Basic Books, 1996.

_______, *The Seven Sins of Memory: How the Mind Forgets and Remembers*, Boston: Houghton Mifflin, 2001.

Snyder, A. W. and Mitchell, D. J., "Is Integer Arithmetic Fundamental To Mental Processing?: The Mind Secret Arithmetic", *Proc. Roy. Soc. B.*, 266, 1999, pp.537~647.

Weinand, M. E., Hermann, B., Wyler, A. R., Carter L. P., Oommen, K. J., Labiner D., Ahern, G. and Herring, A., "Long-Term Subdural Strip Electrocorticographic Monitoring Of Ictal Déjà Vu", *Epilepsia*, 35, 1994, pp.1054~1059.

松浦寿夫 · 岡崎乾二郎,『絵画の準備を!』, 朝日出版社, 2005.

深尾憲二郎,「死のまなざしとしてのデジャビュ」,『講座生命』97(2), 1997, 111~147頁.

村田勉,「知覚闘争のメカニズムとダイナミズム」,『生体の科学』58, 2007, 11~20頁.

■ 3장

Awodey, S., *Category Theory*, The Oxford Logic Guides Series, Oxford: Oxford University Press, 2006.

Bombelli, L., Lee, J., Meyer, D. and Sorkin, R, D., "Space-Time as a Causal Set",

Physical Review Letters, 59, 1987, pp.521~524.

Criscuolo, A. and Waelbroeck, H., "Causal Set Dynamics: A Toy Model", *Classical and Quantum Gravity*, 16, 1999, pp.1817~1832.

Davey, B. A. and Priestley, H. A., *Introduction to Lattices and Order*, Cambridge: Cambridge University Press, 1990[2nd ed., 2002].

Goldblatt, R., *Topoi: the Categorical Analysis of Logic*, Amsterdam: North-Holland, 1979[3rd ed., 1991].

Markopoulou, F., "The Internal Description of A Causal Set: What The Universe Looks like From The Inside", *Comm. Math. Phys*, 211, 2000, pp.559~583.

Martin, K. and Panagaden, P., "A Domain Of Spacetime Intervals In General Relativity", *Communications in Mathematical Physics*, 267, 2006, pp.563~586.

Moore, C., "Comment on 'Space-Time as a Causal Set'", *Physical Review Letters*, 60, 1987, p.655.

Sorkin, R., "Causal Sets: Discrete Gravity", gr-qc/0309009, 2003.

_______, "Spacetime and Causal Sets", eds. J. D'Olivo et al., *Relativity and Gravitation: Classical and Quantum*, Singapore: World Scientific, 1991.

■ 4장

Delueze, G., *Différence et répétition*, PUF, 1968[『差異と反復』, 財津理 訳, 河出書房新社, 1992].

_______, "La conception de la différence chez Bergson", *Les Études Bergsoniennes* IV, PUF, 1956[『差異について』, 平井啓之 訳, 青土社, 1989].

_______, *Le Bergsonisme*, PUF, 1966[『ベルグソンの哲学』, 法政大学出版会, 1974/1981].

Gregory, R. L., *Eye and Brain: The Psychology of Seeing*, Oxford: Oxford University Press, 1998[『脳と視覚: グレゴリーの視覚心理学』, 近藤倫明 訳, ブレーン出版, 2001].

Gunji, Y.-P., Sasai, K. and Wakisaka, S., "Abstract Heterarchy: Time/State-Scale Re-entrant Form", *Biosystems*, 91(1), 2008, pp.13~33.

Kripke, S. A., *Wittgenstein On Rules and Private Language*. Cambridge Mass.: Harvard University Press, 1982[『ウィトゲンシュタインのパラドックス』, 黒崎宏 訳, 産業図書, 1983].

Matsuno, K., *Protobiology: Physical Basis of Biology*, Boca Raton: CRC Press, 1989[『プロトバイオロシー』, 東京化学同人, 1991].

Sasai, K. and Gunji, Y.-P., "Hiererarchy in Biological Systems: A Logic-based Dynamical Model of Abstract Biological Network Derived from Time-State-Scale Re-entrant Form", *Biosystems*, 92(2), 2008, pp.182~188.

Sawa, K. and Gunji, Y.-P., "Dialogue and Causality: Global Description from Local Observations and Vague Communications", *Biosystems*, 90(3), 2007, pp.783~791.

Uragami, D. and Gunji, Y.-P., "Lattice-driven Cellular Automata Implementing Local Semantics", *Physica D: Nonlinear Phenomena*, 237, 2008, pp.187~197.

郡司ペギオ-幸夫,『原生計算と存在論的観測』, 東京大学出版会, 2004.

_______,『生命理論』, 哲学書房, 2006.

_______,『生きていることの科学』, 講談社現代親書, 2006.

郡司ペギオ-幸夫・上浦基,「複雑性の本質: 観測由来ヘテラルキー」, 早稲田大学複雑系高等研究所 編,『複雑さへの関心』, 共立出版, 2006, 1~54頁.

郡司ペギオ-幸夫・太田宏之・浦上大輔,「ただ流れる時間へ—いかにして辿りつけるか」, 小泉義之・鈴木泉・檜垣立哉 編,『ドゥルーズ/ガタリの現在』, 平凡社, 2008, 58~79頁.

■ 5~6장

Davey, B. A. and Priestley, H. A., *Introduction to Lattices and Order*, Cambridge: Cambridge University Press, 1990[2nd ed., 2002].

Dummett, M., *Truth and Other Enigmas*, London: Duckworth, 1978[『真理という謎』, 藤田晋吾 訳, 勁草書房, 1986].

Gratzer, G., *General Lattice Theory*, Basel: Birkhauser Verlag, 2002.

Grey, W., "Time and Becoming", *Cognito*, 11(3), 1997, pp.215~220.

Gunji, Y.-P., Haruna, T. and Sawa, K., "Principles of Biological Organization: Local-global Negotiation Based on 'Material Cause'", *Phusica D: Nonlinear Phenomena*, 219, 2006, pp.152~167.

Gunji, Y.-P., Haruna, T., Kamiura, M. and Uragami, D., "Causal and Acausal Sets Based on a Quotient Lattice", *Journal of Computer Engineering & Information Technology*, 5(1), 2016.

Gunji, Y.-P., Haruna, T., Uragami, D. and Nishikawa, A., "Subjective Spacetime Derived from a Causal Histories Approach", *Phusica D: Nonlinear Phenomena*, 238, pp.2016~2023.

Hawkins, E., Markopoulou, F. and Sahlmann, H., "Evolution in Quantum Causal Histories", *Classical and Quantum Gravity*, 20, 2003, pp.3839~3854.

Isham, C. J., "Topos Theory and Consistent Histories: The Internal Logic of The Set of All Consistent Sets", *International Journal of Theoretical Physics*, 36, 1997, pp.785~814.

Mellor, D. H., *Real Time II*, London: Routledge, 1998.

Markopoulou, F., "An Insider's Guide to Quantum Causal Histories", *Nuclear Physics B*, 88, 2000, pp.308~313.

_______, "The Internal Description of a Causal Set: What the Universe Looks like from the Inside", *Communications in Mathematical Physics*, 211, 2000, pp.559~583.

_______, "Quantum Causal Histories", *Classical and Quantum Gravity*, 17, 2000, pp.2059~2072.

Nielsen, M. A. and Chuang, I., *Quantum Computation and Quantum Information*, Cambridge: Cambridge University Press, 2001.

Penrose R., "Gravitational Collapse and Space-Time Singularities", *Physical*

Review Letters, 14, 1965, pp.57~59.

Mclane, S., *Categories for the Working Mathematician*, New York: Springer. 1971.

McTaggart, J. E., "The Unreality of Time", *Mind, A Quarterly Journal of Psychology and Philosophy*, 17, 1908, pp.456~473.

宮地尚子, 『環状島=トラウマの地政学』, みすず書房, 2007.

入不二基義, 『時間は実在するか』, 講談社現代親書, 2002.

______, 『時間と絶対と相対と』, 勁草書房, 2007.

清木明, 『量子論の基礎』(SGCライブラリ22), サイエンス社., 2003.

■ 7장

Cunningham D. W., Billock, V. A. and Tsou, B. H., "Sensorimotor Adaptation to Violations of Temporal Contingurity", *Psychological Science*, 12, 2001, pp.532~535.

Cunningham D. W., Chatziastros, A., von der Heyde, M. and Bülthoff, H. H., "Driving in the Future: Temporal Visuomotor Adaptation and Generalization", *Journal of Vision*, 1, 2001, pp.88~98.

Eagleman, D. M., "The Where and When of Intention", *Science*, 303, 2004, pp.1144~1146.

Eagleman, D. M., and Holcombe, A. O., "Causality and the Perception of Time", *TRENDS in Cognitive Sciences*, 6(8), 2002, pp.323~325.

Eagleman, D. M., Tse, P. U., Buonomano. D., Janssen, P., Nobre, A. C. and Holcombre, A. O., "Time and the Brain: How Subjective Time Relates to Neural Time", *The Journal of Neuroscience*, 25(45), 2005, pp.10369~10371.

Grasso, R., Prévost, P., Ivanenko, Y. P. and Berthoz, A., 1998, "Eye-Head Coordination for The Steering of Locomotion in Humans: An Anticipatory Synergy", *Neuroscience Letters*, 253, 1998, pp.115~118.

Haggard, P. and Clark, S., "Intentional Action: Conscious Experience And Neural Prediction", *Consciousness and Cognition*, 12, 2003, pp.695~707.

Haggard, P., Clark, S. and Kalogeras, J., "Voluntary Action and Conscious Awareness", *Nature Neuroscience*, 5(4), 2002, pp.382~385.

Harnd, S., "The Symbol Grounding Problem", *Physica D: Nonlinear Phenomena*, 42, 1999, pp.335~346.

Holcombe, A. O., Clifford, C. W. G., Eagleman, D. M. and Pakarian, P., "Illusory Motion Reversal in Tune with Motion Detectors", *TRENDS in Cognitive Sciences*, 9(12), 2005, pp.559~560.

Horstmann, A. and Hoffmann, K.-P., "Target Selection in Eye-hand Coordination: Do We Reach to Where We Look or Do We Look Where We Reach?", *Experimental Brain Research*, 167, 2005, pp.187~195.

Land, M. F., "Predictable Eye-head Coordination During Driving", *Nature*, 359, 1992, pp.318~320.

Land, M. F., and Lee, D. N., "Where We Look When We Steer", *Nature*, 369, 1994, pp.742~744.

Lau, H. C., Robert D., Rogers, R. D., Haggard, P. and Passingham, R. E., "Attention to Intention", *Science*, 303, 2004, pp.1208~1210.

Libet, B., 2004, *Mind Time: The Temporal Factor in Consciousness*, Cambridge Mass.: Harvard University Press, 2004[『マインド·タイム: 脳と意識の時間』, 下條信輔 訳, 岩波書房, 2005].

Libet, B., Gleason, C. A., Wright, E. W. and Pearl, D., "Time of Conscious Intention to Act in Relation to Onset of Cerebral Activity(Readiness-Potential)", *Brain*, 106, 1983, pp.623~642.

Pévost, P., Yuri, I., Renato, G. and Alain, B., "Spatial Invariance in Anticipatory Orienting Behaviour during Human Navigation", *Neuroscience Letters*, 339, 2002, pp.243~247.

Roediger, H. L., III and McDermott, K. B., "Creating False Memories: Remembering Words not Presented in Lists", *Journal of Experimental*

Psychology, 21(4), 1995, pp.803~814.

Scherberger, H., Goodale, M. A. and Andersen, R. A., "Target Selection for Reaching and Saccades Share a Similar Behavioral Reference Frame in the Macaque", *Journal of Neurophysiology*, 89, 2003, pp.1456~1466.

Stetson, C., Cui, X, Montague, P. R. and Eagleman, D. M., "Motor-sensory Recalibration Leads to an Illusory Reversal of Action and Sensation", *Neuron*, 51, 2006, pp.651~659.

Stetson, C., Fiesta, M. P. and Eagleman D. M., "Does Time Really Slow Down during a Frightening Event?", *PLOS ONE*, 2(12), 2007, e1295.

Tse, P. U., Intriligator, J., Rivest, J. and Cavanagh, P., "Attention and the Subjective Expansion of Time", *Perception and Psychophysics*, 66(7), 2004, pp.1171~1189.

찾아보기

| A·B |

| ㄱ |

| ㄴ |

| ㄷ·ㄹ |

| ㅁ |

| ㅂ |

| ㅈ·ㅊ |

| ㅋ·ㅌ·ㅍ |

| ㅎ |